本书为国家社科基金重点项目"新柏拉图主义哲学基本经典集成及研究"（17AZX009）的项目成果

希腊化和中世纪早期哲学经典集成

章雪富 主编

奥古斯丁书信集
第1卷

[古罗马]奥古斯丁 著

石敏敏 花威 译

HELLENIZED
AND
EARLY-
MEDIEVAL
CLASSICS

中国社会科学出版社

图书在版编目（CIP）数据

奥古斯丁书信集. 第1卷 /（古罗马）奥古斯丁著；石敏敏，花威译. —北京：中国社会科学出版社，2022.9
（希腊化和中世纪早期哲学经典集成）
ISBN 978 – 7 – 5203 – 9769 – 8

Ⅰ. ①奥… Ⅱ. ①奥…②石…③花… Ⅲ. ①奥古斯丁（Augustine, Aurelius 354 – 430）—书信集 Ⅳ. ①B503.1

中国版本图书馆 CIP 数据核字（2022）第 031060 号

出 版 人	赵剑英
责任编辑	冯春凤
责任校对	张爱华
责任印制	张雪娇

出　　版	中国社会科学出版社
社　　址	北京鼓楼西大街甲 158 号
邮　　编	100720
网　　址	http://www.csspw.cn
发 行 部	010 – 84083685
门 市 部	010 – 84029450
经　　销	新华书店及其他书店

印刷装订	北京君升印刷有限公司
版　　次	2022 年 9 月第 1 版
印　　次	2022 年 9 月第 1 次印刷

开　　本	650×960　1/16
印　　张	17.75
插　　页	2
字　　数	239 千字
定　　价	148.00 元

凡购买中国社会科学出版社图书，如有质量问题请与本社营销中心联系调换
电话：010 – 84083683
版权所有　侵权必究

目 录

导论 | 1
书信1：奥古斯丁致赫尔摩格尼亚努斯（386年末或387年初） | 10
书信2：奥古斯丁致芝诺比乌斯（386—387年） | 13
书信3：奥古斯丁致内布利提乌斯（387年初） | 15
书信4：奥古斯丁致内布利提乌斯（387年） | 21
书信5：内布利提乌斯致奥古斯丁（388年） | 23
书信6：内布利提乌斯致奥古斯丁（389年） | 24
书信7：奥古斯丁致内布利提乌斯（389年） | 26
书信8：内布利提乌斯致奥古斯丁（389年） | 32
书信9：奥古斯丁致内布利提乌斯（约389年） | 34
书信10：奥古斯丁致内布利提乌斯（约389年） | 37
书信11：奥古斯丁致内布利提乌斯（约389年） | 40
书信12：奥古斯丁致内布利提乌斯（约389年） | 44
书信13：奥古斯丁致内布利提乌斯（约389年） | 45
书信14：奥古斯丁致内布利提乌斯（391年前） | 48
书信15：奥古斯丁致罗马尼亚努斯（约391年） | 52
书信16：马克西姆致奥古斯丁（390年） | 54
书信17：奥古斯丁致马克西姆（约391年初） | 57
书信18：奥古斯丁致凯勒斯提努斯（约389—390年间） | 62

书信 19：奥古斯丁致盖伊乌斯（389—390 年） | 64

书信 20：奥古斯丁致安托尼努斯（389—390 年） | 66

书信 21：奥古斯丁致瓦勒里乌斯主教（约 391 年复活节前） | 68

书信 22：奥古斯丁致主教奥勒留（约 392 年） | 72

书信 23：奥古斯丁致马克西米努斯（391—395 年间） | 79

书信 24：保利努斯和塞拉西娅致阿利比乌斯（394 年冬） | 87

书信 25：保利努斯和塞拉西娅致奥古斯丁（约 394 年） | 92

书信 26：奥古斯丁致利肯提乌斯（394 年） | 97

书信 27：奥古斯丁致保利努斯（394 年） | 111

书信 28：奥古斯丁致杰罗姆（约 394—395 年） | 118

书信 29：奥古斯丁致阿利比乌斯（约 395 年） | 124

书信 30：保利努斯致奥古斯丁（394 年或 395 年） | 133

书信 31：奥古斯丁致保利努斯和塞拉西娅
（395 年末和 396 年初） | 136

书信 32：保利努斯和塞拉西娅致罗马尼亚努斯（396 年） | 143

书信 33：奥古斯丁致普洛库莱亚努斯（约 396 年） | 153

书信 34：奥古斯丁致优西比乌（约 396 年） | 158

书信 35：奥古斯丁致优西比乌（396 年） | 163

书信 36：奥古斯丁致卡苏拉努斯（397 年初） | 168

书信 37：奥古斯丁致辛普利奇（约 397 年） | 196

书信 38：奥古斯丁致普洛福图鲁斯（约 397 年中） | 198

书信 39：杰罗姆致奥古斯丁（约 397 年） | 201

书信 40：奥古斯丁致杰罗姆（约 397 年末） | 203

书信 41：奥古斯丁致奥勒留（397 年） | 211

书信 42：奥古斯丁致保利努斯（约 397 年夏末） | 214

书信 43：奥古斯丁致格罗里乌斯等（396 年末或 397 年初） | 215

书信 44：奥古斯丁致埃莱厄西乌斯等（397 年末或 398 年初） | 239

书信45：奥古斯丁致保利努斯（约398年初） | 251
书信46：普布利科拉致奥古斯丁（约398年） | 253
书信47：奥古斯丁致普布利科拉（约398年） | 259
书信48：奥古斯丁致优多克西乌斯（398年） | 265
书信49：奥古斯丁致荷诺拉图斯（398年） | 269
书信50：奥古斯丁致苏菲斯的长官（约399年） | 272

译名对照表 | 274

中译者后记 | 279

导论[1]

圣奥古斯丁的《书信集》没有获得应有的知名度。或许是因为它们被读者拿来与《忏悔录》或《上帝之城》相比较；如果翻开书信指望欣赏到一幅幅丰富多彩的人格画轴，或者激荡起伏的人生乐章，那么结果会是大失所望。奥古斯丁在《忏悔录》袒露了个人的早年生活，但也仅止于《忏悔录》。即使他曾写过纯粹的社交或私交书信，也没有保存下来；至少我们没有看到他与某个家庭成员来往的任何书信。我们所看到的书信完全是另外一番样子：它们是奥古斯丁打击无知、谬误、异教学说、分裂主义以及异端言论时运用的军械库里的众多兵器之一。它们是锐利而坚硬的武器，因为书信不同于论文，可以直接指向某个个人或某个团体，也可以针对某个特定的谬论。其实，有些书信形式上也是一篇论文，并引用论文中用过的材料。

然而，这并不能否认《书信集》的伟大意义，它们是具有非凡价值的人类文献，为我们呈现了人类历史上最强有力的心灵之一。《书信集》向我们展现出一个在其自己时代就备受尊敬的奥古斯丁，他能够以深刻的见解处理方方面面不同的论题，同时对自己可能的错误保持谦卑的自知态度。它们使我们看到他在同时代人中所占据的地位，

---

[1] 导论作者为 Sister Wilfrid Parsons。

各色人等，不论贵贱，无不服膺于他。他既平和又不失权威地帮助几乎无知无识的平信徒，解决其在处理与异教徒事务上的忧虑和疑惑，又以一丝不苟的逻辑层层剖析多纳图派主教自以为是的论证。每一封信都有自己的目的——教导、商榷、告诫、鼓励和抨击。信中很少显现作者个人的品味和意向，有的只是他对真理的全然的爱，偶尔也会流露出些许遗憾，因为不能与亲爱的朋友比如诺拉的保利努斯（Paulinus of Nola）有见面的时间和机会。论题的范围极广，包括当时大部分的神学争论，对经段的释义，对教会教义和戒律的阐述，对良心案件的解答。还有许多关于非洲教会生活和习俗的有趣插曲，以及克服各种弊端所需要的罕见的能力，既要机智灵活，也要坚定强硬，达到策略与原则相结合。总之，《书信集》提供的信息量之大，真可谓是动人心魄。

按照年代顺序，书信可分为四类：（1）写于奥古斯丁皈依之年即386年至他被按立为主教的395年之间的书信（Nos. 1－30）；（2）写于他的按立年395年至迦太基会议411年的书信（Nos. 31－123）；（3）写于411年至429年的书信（Nos. 124－231）；（4）第三类中不确定可归于哪个确定时间的书信（Nos. 232－277）。其中有五十封是奥古斯丁的通信者所写，之所以包括在内是因为他回复了他们或者他们回复了他。

为方便起见，本译本把《书信集》分成四卷，各卷基本平分，最后一卷加上索引。第一组最有意思的书信可能就是与内布利提乌斯（Nebridius）的通信。这些书信相比于其他书信，更接近私信，信中作者对这位年轻朋友——他在自己及奥古斯丁皈依后不久去世——的舐犊之情跃于纸上，尽管他不得不作出正式的哲学解释。奥古斯丁捍卫教会教义和戒律的工作在他按立为主教前就已经开始，所以在这些早期书信中，我们看到他挑战异教学说，挑战多纳图派——这注定是一场马拉松战役——挑战大公教徒中某些不道德的行为。他还开启了与圣杰罗姆（St. Jerome）关于圣经翻译的漫长而活泼的讨论。前二十封信写于他成为司铎之前。本卷包括的第二组书信涉及这样一些主题：教会关于禁食的规定、修道生活的优点、保障神职人员稳定性的规章、圣杰罗姆提出的圣经翻译等。

根据论题，书信可分为以下类别：（1）神学的；（2）论战的；（3）释经的；（4）教会的；（5）道德或灵性指导的；（6）哲学的；（7）历史的；（8）家庭的。有些书信不只是属于其中一个类别。在第一类中，我们看到有关道成肉身教义、三位一体、上帝的临在、我们主生命中各种神迹、自由意志、恩典、洗礼、圣餐的解释。在第二类别里有与阿里乌派（Arians）、异教徒、摩尼教徒（Manichaeans）、多纳图派（Donatists）、诺瓦提亚努派（Novatianists）、普里斯西利安派（Priscillianists）以及佩拉纠派的论战。在这些书信中，奥古斯丁表现出对谬误、异端和分裂主义猛烈的抨击，是个令人畏惧的对手。在释经书信中，涉及对《圣经》各卷经文的解释：《但以理书》《约拿书》《诗篇》多篇、福音书里的一些寓言及使徒书信里有争议的经段。正是在这里，他与圣杰罗姆陷入了一场漫长的争论。与教会有关的问题涉及教会的普世性、复活节及其他节日的庆祝、禁食、司铎和主教的职责、教会权限、修道生活、教会财产、对失职神职人员的惩罚以及诗歌和赞美诗的唱诵；关于祷告、仁爱、悔罪、各种美德和各样罪的论述。哲学书信讨论的主题有记忆、想象、梦、念头的本质、灵体分离的状态。归于历史类的书信提供皇帝反对异端和分裂的各项法案信息，记载教会的各次大公会议以及会上采取的反对多纳图派、佩拉纠派的行动；还记载了多纳图派的详尽历史、教宗塞莱斯汀（Celestine）的选举、阿拉里克（Alaric）围攻罗马事件。亲友书信寥寥无几，包括写给内布利提乌斯、罗马尼亚努斯（Romanianus）、利肯提乌斯（Licentius）以及诺拉的圣保利努斯的书信。

奥古斯丁这些书信的受信人，或者给他写信的人，构成当时社会

3

的一个很好截面。各个阶层、各色人等都出现在这些书信中：不同层级的神职人员、不同职业的平信徒，从高位的皇帝——他不觉得把官方公告寄给奥古斯丁有失尊严——到卑微的速记员——需要引导正当生活的某些行为，主教同仁提出权限和圣职人员纪律问题上的困惑，以及他们的毫不妥协的回复。一名异教修辞学家以讽刺的口气写道，可以用基督教殉道者可笑的古迦太基名字来替换异教万神殿的高贵诸神，然后得到一针见血的回复，配上维吉尔的引语（43，44）。利肯提乌斯是奥古斯丁任教时的一名年轻弟子，他给奥古斯丁寄了一首装腔作势、矫揉造作的长诗，满纸都是对维吉尔、奥维德（Ovid）和卢坎（Lucan）的模仿，而他收到的回信不是他所渴望的文学评论，而是严肃劝诫他思考自己灵魂的需要（26）。狄奥斯科鲁斯（Dioscorus）列了一长串他读西塞罗哲学作品时发现的难题，请求奥古斯丁解答，免得他被问到这些问题时一副愚蠢的样子。奥古斯丁严厉地告诫他，主教们事务已经不堪重负，不要再给他们增添无足轻重的琐碎工作，然后对虚荣作了简短的布道，对某些希腊哲学学派的要义作了详尽分析（118）。一位名叫德奥格拉提亚斯（Deogratias）的司铎想要得到异教徒经常提出的六个不同问题的答案，从第一个关于基督复活到最后一个关于约拿与鲸鱼的故事。他让一位朋友送交这些问题，他认为如果这些问题得到满意的回答，这位朋友很可能就会因之而皈依。奥古斯丁对这些问题都作了极为精彩而令人信服的讨论（102），他还揶揄地指出，人若是相信台阿纳的阿波罗尼乌斯（Apollonius of Tyana）和马道拉的阿普列乌斯（Apuleius of Madaura）的魔术诡计，就很难持之以恒地嘲笑《圣经》故事了。不论问题看起来多么无聊或多么琐碎——各色人等向他提出各色问题——他都不遗余力地回答所有真正难点，还往往引用一系列深刻的经文。罗马军队在非洲最后一站攻打汪达尔人（Vandals）时的指挥官叫波尼法士（Count Boniface），他是奥古斯丁最著名的通信人之一，他从这位伟大主教领受的不仅有灵性上的指点，也有世俗事务上的建议。与圣诺拉的保利努斯及其妻子塞拉西娅的通信中，奥古斯丁表现出对友谊的独特理解能力。显然，这两位圣徒从未谋面，但他们彼此倾慕，他们的书信充满非常虔诚的相互赞赏，也内植大量的圣经引文。保利努斯几乎不引经文即不成文，哪怕最简单的陈述，也要引用经段作佐证，奥古斯丁在与保利努斯的通信过程中也养成了同样的习惯。

需要特别提一下写给妇女的那组书信，量不多，但有意思，因为信中非常清晰地表明五世纪有这样一群教育水平极高、神学知识渊博的妇女。与这些女通信者讨论的话题和阐述的方式在深度上一点不逊色于男通信者。在所有书信中最富灵性营养的莫过于写给普罗巴（Proba）论祷告的信（130），或者为保利娜（Paulina）写的讨论上帝异像的信（147）。在写给一群修女的信中，他解答了一个有争议的观点，然后用极为简练的拉丁语概述了敬虔生活的法则，许多要点今天仍然适用，一如十五个世纪之前。他还对较世俗的日常事务提出同样清晰的建议。他写信责备埃克迪西娅（Ecdicia）捐助之事未让丈夫知晓也未经他同意，指责她穿戴得像个寡妇（262）；他写信给贞女萨庇达（Sapida），感谢她寄来衣服，还说他会穿上它以纪念她死去的兄弟（衣服原是为他所织），希望以此安慰她（263）；他鼓励"勤奋的女孩"福罗莱提娜（Florentina）继续学习，在理解《圣经》上需要什么帮助，随时都可以找他（266）。

与圣杰罗姆的通信独居一格，流露出某种歉意味道，这是其他信中所没有的。奥古斯丁于394年或395年，他的朋友阿利比乌斯访问当时杰罗姆所居住的圣地回来之后，开始给他写信。他刚刚听说杰罗姆正在思考翻译希伯来文《圣经》；他认为纠正拉丁文本使其与七十子希腊文本相一致要比重译《圣经》更有意义得多。他给出的理由之一是，许多人都懂希腊语，可以将拉丁语与七十子希腊文本比照，但几乎没有人知道希伯来语。此外，七十子希腊文本是教会迄今一直使用的《圣经》版本，所有人都知道，也都喜爱。与此相关，他讲到有这样的会众，因为向他们读了《约拿书》的新译本，这个译本里把遮盖这位先知的藤蔓称为常春藤，而他们原来一直认为是一种结葫芦的藤，于是他们几乎闹事。杰罗姆对此的回复不太合乎逻辑，但这个问题原本就难以回答。写给杰罗姆的第一封书信还提出另一个问题，即如何准确解释圣保罗对圣彼得的责备，如《加拉太书》二章11—14节所记载的，这个问题将开启一场旷日持久的冲突。这引出了所谓的客套（或善意）谎言问题，奥古斯丁对此毫不动摇地加以反对。显然，他对这位通信者相当暴躁的脾气基本不了解，所以他的批判有点尖锐。如果涉及的不是信仰问题，他对自己的观点保持很强的客观意识，他也常常愿意接受比他自己的更有说服力的观点。很自然地，他以为一个像杰罗姆这样的博学之士，也必是持这样的态度。但杰罗姆不是这样想的。他对自己的观点很敏感，对他来说那是永远正确的，他憎恨任何于其不利的批评。他已经受到很多批评，尤其是在翻译圣经这件事上，所以可以理解他会如此激动而粗暴地为自己辩护。他把奥古斯丁的批评看作人身攻击，而使情形变得尤为复杂的是，奥古斯丁的第二封信既没有送达他手，也没有回到作者手中，而是因某种事故传遍意大利。从他对另一书信的回复中看出，他深受伤害，既因奥古斯丁对其工作的批评，也因他以为反驳他的是一本"书"，以为是奥古斯丁传送到罗马，目的是毁损他的名誉。奥古斯丁想尽办法并放低姿态安抚他，向他证明那只是一封信，不是一本书，表明他完全没料到送信人这么不可靠。尽管奥古斯丁竭力道歉反复解释，杰罗姆对此的回应生硬冷淡，仍然不断唠叨："请保证写给我的信先到我手里。"奥古斯丁原本极其渴望自己与杰罗姆之间有一场真正的辩论，期待通过思想的碰撞，双方都能获得真理，但想到爱竟然被真诚的观点之间的分歧伤害，他很沮丧，也很悲哀。他原本指望两位旗鼓相当的对手之间可以有一场彻底而美好的论辩，现在亦准备放弃，不敢再奢望。但是经过相当老练的措辞和大堆好话的斡旋，终于使杰罗姆回答了他的异议，并接受他关于真正不带情绪地交换思想的提议。值得注意的是，有了这次经历，他在提出自己论点时放弃了以前的那种策略，即为达到驳倒对手的目的，总是开足马力不遗余力地反击，而是对确定性有所保留。由于他的谦卑和冷静，两位圣学者之间的神圣友谊始终没有破裂。

书信没有统一的风格，奥古斯丁依据论题和通信者采取不同的调子。有些简短到寥寥数语，有些简单到白丁也能理解，而有些则精雕细琢到有些浮华。当思想变得晦涩，语言就容易趋向复杂，句子结构也变得冗长而烦琐。有些句子实在太长，还有没完没了的插入语，永远不可能在布道时使用，因为讲道者很可能远未把话讲完就已经喘不过气来。有时思想如同泉涌一般带着作者写了一页又一页，或者从句一个套一个，根本停不下来，甚至有那么一阵子都忘了主题是什么。那些经要求回答或解释教义要点的书信则比较深思熟虑，表现出最高程度的文学功底；那些反驳异端或抨击分裂的书信，他的风格就变得极为雄辩，很显然他正在脑海里驳斥一群敌对听众。

奥古斯丁的文风是他时代的产物，也表明那个时代的特点：刻意追求古风，使用会话术语，大量外来词，随意创造新词。他也频繁使用智者学派常用的修辞性装饰。不过，还有三个因素塑造了他的风格。首先，他是一个非洲人，他的拉丁语风带有强烈的非洲色彩：华丽、活泼、浓墨重彩，常常矫揉造作。但他又是一位造诣很深的古典学学者，对西塞罗和维吉尔推崇备至，以至当他第一次接触圣经时认为它的拉丁语粗俗不堪，令人厌恶。这种古典学品味帮助他在使用新词时既保持创新又避免极端，对循环结构的常规节奏也不是全盘抛弃，但没有阻止他用各种比喻装饰他的措辞。我们不得不承认他有时做得有些过分，尤其是在使用对比和某些与发音有关的比喻上。后者总是使他陷入双关语——并非总是那么恰当。除了非洲人和古典学学者之外，奥古斯丁还是一位圣职人员，这也影响他的文风。他在选择隐喻时，倾向于《圣经》里的比喻，喜欢福音书里的寓言，更愿意通过一系列的比喻使人理解一个观念。他也必然广泛使用教会学术语，其中许多术语都有希腊词源。

对于《书信集》总体风格，我们可以说，奥古斯丁显然把圣保罗的名言作为了自己的座右铭：向什么人，说什么话；在通信中他完全做到向什么人说什么话，不论男人女人还是教士俗人。

《书信集》的格式是基督教会文件的常规格式，只是开头的寒暄更加精致，对荣誉称号的使用更为随意。西塞罗式的纯粹套话"你若好，它就好，我也好"让位于更加仪式化的引言，溢美之词洋洋洒洒。显然，许多表述已经丧失了最初的含义，但它们通常透露出写信人和受信人的尊贵头衔。有时在信尾会重复这些尊称。在正文中——除非是附有导言的纯粹专论——可以发现许多荣誉称谓，有些是我们闻所未闻的。"Your Holiness"今天只用于教宗，当时随意用于主教，偶尔可用来称呼平信徒。甚至"papa"这个词也被朋友们用来称呼奥古斯丁。一些最常用的尊称有：your Charity, your Benignity, your Blessedness, your Benevolence, your Dignity, your Piety, your Paternity, your Reverence（不限于神职人员），your Serenity, your Worthiness，以及今天常用的 your Excellency。与此相关的一种奇怪用法，就是作者自己的谦称，比如，my Insignificance, my Mediocrity, my Humbleness，就如我们说"鄙人"或"你的末仆"。这些谦称常与用于收信人的尊称形成对比。

对现代书信来说必不可少的写作时间和地点，奥古斯丁的书信中都没有。有时候信中可以找到某种线索，有时候学者们得费尽心思去解决书信的日期和顺序问题。古代世界没有常规的邮政服务，只有送公信的信差，私信来往就只能依赖于顺路朋友的友情。所以信中多处提到必须利用每一个这样的机会，为此有时信就写得非常匆忙，因为船长已经再三提醒送信人，船要起航了。也因为如此，有时候信会送错地方，给写信人带来不良后果，由此也能明白为何写一封信与得到回信之间会间隔这么长时间，有时长达三四年。

书信1：奥古斯丁致赫尔摩格尼亚努斯
（386年末或387年初）

奥古斯丁向赫尔摩格尼亚努斯（Hermogenianus）[①]解释为何学园派（Academicus）要隐藏真理（n.1），但是他们可能提供一种"不可知论"（agnosticismum, n.2），然后奥古斯丁就他在《驳学园派》第三卷对于这些哲学家的论断，请教赫尔摩格尼亚努斯的看法（n.3）。

真理为何被学园派隐藏

1. 说真的，我哪敢抨击学园派[②]，哪怕只是开开玩笑呢！那些哲学家如此杰出，若不是我相信他们持有完全不同于常人所认为的那种观点[③]，他们的权威怎么可能不时时困扰我呢？因此，我总是尽我所能模仿他们，而不是反驳他们——我还真没实力反驳他们。在我看来，在这样的时世，如果有纯净之流从柏拉图的哲学之泉流出，那么最恰当的方式是引导它在浓荫密布荆棘丛生之处传播，为极少数人所

[①] 赫尔摩格尼亚努斯是奥古斯丁最早最亲密的朋友之一，也是他在文学和哲学研究上的伙伴。不过，若不是因为赫尔摩格尼亚努斯对学园派了解很多，奥古斯丁征询他对自己的一本新书《驳学园派》的意见和看法，他的名字可能无人知晓。

[②] Academy（Academicus）原是祭祀阿提卡英雄阿卡德穆（Academos）的一片小树林，位于雅典附近克菲索（Kephisos）河岸。柏拉图在那里建立了学校，于是它就成了柏拉图哲学学派的名称，即学园派。学园派有三个分支，分别是老学园派、中期学园派和新学园派。学习柏拉图主义是奥古斯丁走向皈依的一个预备阶段。

[③] 奥古斯丁在《驳学园派》第三卷末指出，学园派以怀疑论为外衣向大众隐藏了他们的真实观点，他们事实上主张柏拉图的教导。

拥有，而不是任它在毫无遮蔽的敞开之地流淌，因为这样的地方，无法避免牧群（pecus）闯入，不可能保持纯洁无污。而对普通牧群[①]来说，最能接受的莫过于灵魂就是身体（animam corpus esse）的观念。[②]我认为针对这一类人，设计出那种隐藏真理的方法和技艺是非常有益的。然而，在这个时代，我们找不到真正的哲学家——那些身披哲学家斗篷到处溜达的人，我认为根本配不上这个高贵的称号——必须引导人们（如果因为学园派用词精微而妨碍他们理解问题）对发现真理重生希望；免得当时有利于铲除根深蒂固之谬误的东西，现在开始妨碍知识的培育。

学园派孕育"不可知论哲学"

2. 在那个时代，各个学派对哲学的研究热情空前高涨，唯一需要担心的事就是有可能接受错误。因此，每当有人迫于（怀疑论哲学家的）那些论证而放弃自己原本以为坚不可摧的观点时，他就要去寻找另外的观点取而代之，他的性格越是执着，就越持之以恒、小心翼翼地寻找，就越意识到深奥难辨的真理就藏在事物和心灵的本性里。然而今天，人们厌恶奋发努力，鄙视研究学问，只要有人宣称，在最聪明的哲学家看来，没有什么事是可理解的，人们就会即刻放弃探寻，任心灵陷入永恒的黑暗之中。因为他们实在不敢设想自己比那些人厉害，像卡尔奈亚德（Carneades）[③]这样的人，有天分，有闲暇，有广博而精深的学问，关键还活得那么长，经过艰苦卓绝的探求，尚

[①] 奥古斯丁这里故意用了"pecus"（牧群）这个词，喻指普通民众。——中译者注
[②] 这是当时西方拉丁文化圈通行的哲学观，只有奥古斯丁在米兰遇到的极少数几位新柏拉图主义者除外。
[③] 卡尔奈亚德，昔勒尼（Cyrene）哲学家（约前214—前129年），斯多亚学派狄奥根尼（Diogenes）的学生，约于公元前155年来到雅典，创立新学园派。他进一步推进阿尔克西劳（Arcesilas）的怀疑主义倾向，认为感官、理智和想像不断地欺骗我们，因此不可能作出绝对可靠的真理性判断。他提出了一种可能性理论。

不能发现真理,他们怎么可能发现呢?如果有人总算克服了懒散,哪怕一点点,鼓起勇气阅读那些论著,却发现书里似乎表明人的本性是不可能领会真理的,于是彻底放弃,自此陷入沉睡,就是天上最后的号角也吹不醒他了。

奥古斯丁请教朋友的看法

3. 我非常信任并乐意接受你对拙作的评价,我完全依重于你,因为在我看来,你的判断睿智谨慎不会出错,你的友谊真挚诚恳不会蒙人,所以恳请你三思之后回信告诉我,你是否认同我在第三卷末作出的结论①,这个结论与其说是确定不疑的,不如说还带着几分顾虑,但我认为是有意义的、值得信任的,而非不可思议的。最后,不论我那三卷本作品有何价值,让我大为开怀的并不在于你所说的我胜过了学园派——你这样说更多的出于感情,而非事实——而在于我破除了那个最可恶的锁链,它阻止我品尝哲学的甜美,让我对获得真理丧失信心。而真理乃灵魂之粮!

---

① 《驳学园派》3.37 – 42。

书信 2：奥古斯丁致芝诺比乌斯[①]
（386—387 年）

奥古斯丁希望见到芝诺比乌斯（Zenobius），面对面谈话，并提醒始于两人之间的讨论应由他们两人来作结。

1. 我想，我们已经一致认为，凡是身体感官所感知的事物，一刻也不能保持原样，总是变动不居，转瞬即逝，抓不住当下，用拉丁语来说，就是没有存在（esse）。所以，真实而神圣的哲学[②]告诫我们要克制并制服对这些事物的欲望，它们是多么有害，会给我们带来种种恶果。这样，灵魂即使在推动身体活动时，也能完全专注并热心于那始终保持同一的事物，不以外在而短暂之美吸引人的事物。尽管如此，尽管我的心灵可以始终如一地看见真实而单一的你，可以无所顾虑地热爱这样的凝视，然而我不得不承认，在你与我们分别，远离我们的时候，我是多么希望能与你相聚，能看见你的面，而这样的愿望是现实的，所以我真诚地欲求。如果我对你的了解没有错，你必定喜欢在我身上看到这样的弱点；虽然你希望你至亲至爱的朋友拥有一切美好的东西，但对于这样的弱点，你并不希望反倒担心他们治愈。然而，如果你有非常强大的灵魂，不仅能识别这个陷阱，而且能嘲笑被它罗网的人，那么你真的是了不起，与众不同！就我来说，当我想念

---
① 芝诺比乌斯，佛罗伦萨主教，奥古斯丁曾把《论秩序》题献给他。
② 奥古斯丁意指基督宗教。

不在身边的朋友时，我也希望自己在他的挂念之中。不过，我要尽我所能保持警醒，努力不去爱那些本可违吾意而失去的东西。我要以此为职责，同时也要提醒你，不论你心境如何，你我之间已经开始的讨论必须有个结论，如果我们彼此尊重的话。我不会同意与阿利比乌斯①来结束这个讨论，就算他愿意。事实上他并不愿意。因为按他的人品，他不会在这个时候②——你不知因何急事离开我们——不助我一臂之力，尽可能多多写信，使你与我们保持联系。

---

① 阿利比乌斯，奥古斯丁非常亲密的朋友，"他的灵魂兄弟"，他在《忏悔录》6.7 谈到他说："阿利比乌斯是我的同乡，他出身于城中望族，年龄比我小。我在本乡和迦太基办学时，他曾受教于我。他见我待他好，非常敬爱我；我见他年纪虽轻，却有杰出的天赋德性，所以也喜爱他。"奥古斯丁皈依后，他也步其后尘，后来成为塔迦斯特的主教。

② Migne, PL 本此处为"nunc"，但 Goldbacher, CSEL 本为"non"，根本上下文的意思，中译本采纳了 PL 本。——中译者注

书信 3：奥古斯丁致内布利提乌斯[①]
（387 年初）

奥古斯丁回复内布利提乌斯（Nebridius），他不知道的东西那么多，不配自称为幸福（n.1）。真正的幸福在于什么（n.2）；灵魂比身体更应为人所爱（n.3-4）；针对几个琐碎的语法问题（n.5）。

所知不多的人不配幸福

1. 我不知道，我是否应该把这看作只是你的恭维话，还是事实确实如此，我无法确定。因为我突然产生一个念头，未经充分思考：究竟在多大程度上可以相信人言？你想知道答案是什么。你又如何认为呢？你几乎让我相信自己是幸福之人，当然不是真正的幸福，因为那是惟有智慧人才享有的奖赏；而是相对幸福或者相似的幸福（quasi beatum），就好比我们说，一个人相比于柏拉图所理解的人，只是相对的人或相似的人。或者说，我们看到的圆和方都是相对的或相似的，真正的圆和方远在它们之上，只有极少数人的灵魂才能看见。[②]

[①] 奥古斯丁的"好朋友"，出身富裕的年轻人，跟随奥古斯丁到了米兰。他的皈依和受洗也在奥古斯丁之后不久，如《忏悔录》9.3 所记载的："当我们皈依并藉着你的洗礼获得重生后不久，他也受洗接受大公教信仰，留在非洲与朋友们一起在完全的贞洁和自制中事奉你，使他全家都一起皈信了基督教，你就召他脱离尘世。现在他生活在亚伯拉罕怀中。"

[②] 奥古斯丁是指柏拉图的理念论，可感世界的事物只是理念世界的影像和相似物，它们的理念才是真实的原型，但惟有少数人的心灵才能看见。

当我展开你的来信时，已是晚餐后，我就着灯光读信；虽已是就寝时间，但还不到入睡时分，于是，我坐在床上长时间地思考，就有了以下这些奥古斯丁自己与自己的对话："内布利提乌斯声称我是幸福的，他说得不对吧？""不完全对，因为他自己也不敢否认，我至今还是愚人。""如果幸福生活甚至也是愚人可企及的，那怎样呢？""那几乎不可能吧，不然，愚蠢本身似乎只是一种微不足道的不幸，难道还有比愚蠢本身更大的不幸之源吗？""那他为何这么认为呢？难道是因为他读了我的那本小书，就贸然以为我是个智慧人？就算喜出望外，也不可能如此鲁莽，尤其是像他这样一个人，我们清楚地知道，他的论断是如何举足轻重。要不就是这样的：他认为这样的话可能会让我特别开心，就写上了；因为我写的那本小书使他特别高兴，他写信时情绪高涨，没有注意到兴致勃勃的笔下应如何谴词造句。如果他读了《独语录》①，那会怎样呢？他会更加喜不自禁，但很可能找不到更好的措辞向我表达，就会像现在这样说我是幸福的。他把这个最高层次的名称毫不吝惜地倾注在我身上，无所保留，万一哪天他从我这儿得到更大的快乐，还能找到什么词表达呢？看看，快乐（laetitia）所做的事！"

幸福生活在哪里

2. 但是，真正的幸福生活在哪里？在哪？在哪呢？如果它就在于拒斥伊壁鸠鲁②的原子，那多好！如果它就是知道地上除了这个物质世界再没有别的，那多好！如果它就是了解球的边缘比中心转运速度更慢，以及其他我所知道的诸如此类的事，那多好！但是现在，我哪里是幸福的，我又有怎样的幸福呢？我不知道世界为何是这个样

---

① 奥古斯丁在写这封信前不久完成了这篇作品。
② 伊壁鸠鲁，公元前341—270年的希腊哲学家，唯物主义者和无神论者，他的思想通过卢克莱修的《物性论》为人所知。

子，构成各种形状的比例（rationes）为何没有阻止事物扩张，只要有人愿意，就可以变成更大的比例？为何不能对我说，我们岂不是被迫承认物体无限可分，从而一定数量的粒子可以从某个基础膨胀到某个量级？因此，既然没有哪个物质可以被认为是最小的，我们又怎么承认哪个是最大的，不可能再增大了？除非我曾悄悄告诉阿利比乌斯的那件事大起作用，即可理知的数可以无限增大，但不能无限减小[①]，因为它不可能减小到一（monadem）[②]之下；而可感知的数（所谓可感知的数，就是物质部分或物体的量）可以无限减小，但不能无限增大。因此哲学家明智地把财富放在可理知世界，把匮乏放在可感知世界。最大的不幸岂不就是一直变小？最大的富足岂不就是想多大就多大，想去哪就去哪，想何时回就何时回，想多远回就多远回，并热爱那不会变小的事物？凡是了解那些数字[③]的人，最爱的莫过于一了，这不足为奇，因为他所喜欢的其他一切事物，都从这个一形成。然而，既然这个世界是可以更大或者更小的，那为何就是现在这个样子呢？我不知道，但它就是这个样子。它为何就在这个位置，而不是另外地方？对这样的事最好不要提问，因为无论给出什么回答，总可以提出新的问题。最困扰我的一点乃是：物质无限可分。或许从可理知数目的相反特性可以对此作出解释。

事物的可感形象

3. 但请稍等，我们要来考察一下那个不知怎么跃入脑海的念头。可以确定，这个可感知世界被认为是可理知世界的影像。然而我们看

---

① 如果奥古斯丁知道小数记数法，他就不会对阿利比乌斯这样说。
② 这里的"一"似乎是指普罗提诺思想中那个可理知的"太一"。参见《真宗教》32，60－34，63，奥古斯丁在那里谈到太一时使用了类似的措词。
③ 奥古斯丁有过一些迷失，其中之一就是曾经对数字命理学（numerology）着迷，并且似乎从未对数字失去兴趣，一直很喜欢基于数字的论证方式。

到的镜子中折射的影像让人感到奇怪，因为尽管镜子很大，却不能把影像变得更大，即使反射的是最小的物体。然而，在极小的镜子里，比如瞳孔，即使反映的对象极大，也能根据镜面大小按比例形成极小的影像。[1] 因此，镜面变小，物像可以变小，而镜面变大，物像不能变大。毫无疑问，这里有某种奥妙存在。不过，现在该睡觉了。如果在内布利提乌斯看来我是幸福的，那不是因为寻找，而是因为有幸找到某些答案。但这有什么特别的吗？它不就是我一直视为至爱并从中汲取最大快乐的推理能力吗？

应爱灵魂而非身体

4. "我们由什么构成呢？""由灵魂和身体。""这两者哪个更好呢？""当然是灵魂。""身体中可赞美的是什么？""我想就是身体之美了。""身体之美是什么？""各肢体的和谐加上悦人的肤色。""这样的形态是真实的好，还是虚假的好？""谁会否认当它是真实时更好呢？""那它的真实性在哪里呢？""当然在灵魂里。因此灵魂比身体更值得爱。""但是那真理存在于灵魂的哪一部分呢？""在心灵和理智里。""与此相对的是什么呢？""感觉。因此要用灵魂的全部力量去抵抗感觉。""不言而喻。如果可感事物让人乐不思蜀，那当如何？""那就不让它们提供快乐。""如何做？""通过不断操练，避开可感事物，追求更好事物。""如果灵魂会死，那怎样呢？""那真理就会消失，或者真理不在理智中，或者理智不在灵魂中，或者灵魂里有部分必死，有部分不朽。然而，我们在《独语录》里指出并充分证明，所有这些都是不可能的。[2] 只是由于恶的习性影响，我们感到害怕，我们站立不稳。最后，就算灵魂会死——在我看来这是绝不可

---

[1] 奥古斯丁对光学基本原理的了解以及对凹面镜、凸面镜、平面镜的知识非常有限。
[2] 《独语录》2.33。

能发生的事——幸福生活也不可能在于可感事物的短暂快乐之中，这是我经过慎重思考已经充分证明了的。"

或许正因为这些原因以及其他诸如此类的原因，在我们的内布利提乌斯看来，即使我不是绝对幸福的，也必定是相对幸福的。但愿我自己也这样认为！由此我会丧失什么呢，或者我何必要拂逆他的好意呢？这就是我与自己之间的对话，然后一如既往地祷告，就睡了。

琐碎的语法问题

5. 给你写信是件愉快的事，因为我对你无须掩饰，怎么想就怎么写，你为此感谢我，这令我很欣慰。你高兴，我就欢喜。所以，我这些傻话若不跟你这个永不生气的人说，还能跟谁说呢？如果说一个人爱另一个人属于运气，那看看我这人是多么幸福——我受命运恩赐，拥有这么多快乐，我也承认我希望这些善好能多多加诸于我。然而，真正智慧的人——惟有他们才可合理地称为幸福之人——认为，命运的善好既不应惧怕，也不应欲求——应该用 cupi 还是 cupiri？①你来告诉我吧。这个问题问得很及时。因为我希望你帮我解决这类动词变位问题。当我联想到其他同类动词时，我就更难确定了：与 cupio 同类的动词，比如 fugio, sapio, iacio, cupio 等，我一直不太确定它们的不定式究竟是 fugiri, sapiri, 还是 fugi, sapi。我还可以加上 iaci, capi②，但我担心有人——开玩笑哈——会把我"抓住"（caperet），然后随意"扔出去"（iaceret），因为他会证明 iactum 和 captum 是一回事，fugitum, cupitum, sapitum 是另一回事。同样，关于这最后三个词，我不知道它们的倒数第二音节是该发长音和重音，

---

① Cupi 是动词 cupere（欲求）的不定式被动时态。当时内布利提乌斯正受教于米兰的语法学家维莱昆都斯（Verecundus），所以奥古斯丁认为他应该熟悉动词变位问题。

② 分别表示动词 catch（抓）和 throw（扔）的不定式被动时态。

还是该发短音和轻音。我可能要迫使你写一封更长的信，恳请你就写长一点吧，让我可以用更多时间来品读。你不知道，读你的来信能给我带来多大的快乐，简直难以言表啊！

书信 4：奥古斯丁致内布利提乌斯
（387 年）

奥古斯丁向内布利提乌斯表明他在退休期间在沉思永恒之事上有什么进步（n.1），并承认心灵优于感官（n.2）。

沉思可理知之事

1. 非常神奇的是，当我检查你的来信，看看是否遗漏需要回答的问题时，意外地发现只有一封信还未给予回复。你在信中请求我告诉你，在我如此美好的闲暇①中——你希望自己也有这样的大好时光，或者能分享我的闲暇——在分辨可感知事物与可理知事物的本性上取得了多大的进步。但是我想你不可能不知道，一个人越是浸淫于谬见之中，就越是与它们同流合污，亲密无间；灵魂对真理也同样如此。我们的进步是一点一点的，就如我们的身体慢慢生长。诚然，童年与青年之间有巨大差别，但是一个人若从童年起就天天被人问，那他不可能在某一天就认定自己已是一青年。

心灵优于感官

2. 但是我不希望你由此推断说，既然我在这些事上有比较深刻的理解，那我的心灵必已到达某种成熟状态。其实我们都是孩子，或许是好孩子，如常语所说，而非坏孩子。因为每当心灵之眼受到可感

---

① 这是指奥古斯丁在卡西西亚库（Cassiciacum）的乡村别墅度假时期。

事物的冲击，引发焦虑，深陷困扰，你所熟悉的那个推理过程就会挺身而出，提振它们，即心灵和理智优于眼睛和通常的视觉；之所以如此，乃因为我们所理解的事物优于我们所感知的事物。恳请你帮我检查一下，这个推论是否无可辩驳。当我因此恢复元气，又求告上帝帮助我之后，我就开始抬头看向上帝本身，以及那些最真实的事物，有时候我完全沉醉于这样的视域，享受对永恒事物的某种领会，甚至怀疑是否还需要对它们进行推理，因为这些事物在我心里呈现，如此亲密，就如自己向自己呈现，我完全相信它们是真实存在的。

不过，请你自己也检查一下——我承认你会比我更细心地处理这类事务——免得留下无意中忘记回复的信件。因为我原以为会有很多未回之信，现在一下子从这个重担中解脱出来，觉得有点不敢相信呢。不过，有一些我给你的回信，我确定你已收到，尽管未得你的回复。

书信 5：内布利提乌斯致奥古斯丁
（388 年）

内布利提乌斯报怨奥古斯丁过于被同胞事务打扰，没有时间沉思，并呼求他到自己的乡间住所来休息。

我亲爱的奥古斯丁啊，你为（塔迦斯特的）同胞事务任劳任怨，鞠躬尽瘁，而你渴望已久的退休却未得允许，这是真的吗？请问，是谁如此强用你的好性格，剥夺你的闲暇时间？我相信那些人不知道你所爱为何，你所求为何。难道你身边的朋友没有一个人告诉他们你的所爱吗？罗马尼亚努斯（Romanianus）① 没有吗？鲁西尼亚努斯（Lucinianus）② 没有吗？那就让他们听听我的。我要宣告，我要呼求，上帝是你的至爱，事奉上帝、忠于上帝，是你的所求。我希望能说服你来我的乡间小屋，在那里休养生息。我可不怕被你的那些同胞——你爱他们至深，他们也爱你至深——说拐走了你。

---

① 罗马尼亚努斯，富裕的塔迦斯特公民，在经济上不止一次资助奥古斯丁，使其得以完成学业。他的儿子利凯提乌斯成为奥古斯丁的学生之一。
② 鲁西尼亚努斯，也有写作鲁西努斯（Lucianus）和鲁西利亚努斯（Lucilianus）的，很可能是奥古斯丁另一位有钱有势的朋友。

书信6：内布利提乌斯致奥古斯丁
（389年）

内布利提乌斯写信说，在他看来没有想象就不可能有记忆（n.1）；但想象的形像不是来自感官，而是来自它自身（n.2）。

为何记忆伴随想象

1. 我多么高兴能拥有你的书信，它们就像我的眼睛一样宝贵。因为它们很伟大，不是篇幅大，而是讨论的主题大，因为它们包含重大问题的伟大证明。它们向我传讲基督，讨论柏拉图和普罗提诺。因此，对于我，它们听来总是那么甜美，因为语言优美；读来总是那么容易，因为表达简洁；理解起来总是对人有益，因为包含智慧。你总是费心地把你认为圣洁而美好的东西教导我。至于我这封信，你可以等到预备更深入细致地讨论想象和记忆时再作回复。我是这样认为的：虽然并非所有想象（phantasia）都与记忆有关，但任何一种记忆不可能没有某种想象而存在。你会说：当我们靠记忆回想起我们曾理解或思考的某物时，那怎样呢？对此我回答说，这事之所以发生，是因为当我们理解或者思考某个有形的或时间中的事物时，我们就产生与形像有关的东西：或者用语词将理解和思考结合起来——这些语词具有时间特性，且与感官或形像有关；或者（如果没有加上语词）我们的理智在思考过程中总会经验某些东西，它们可以在灵魂中产生形像，由此引导记忆。以上所述，不够周全，有点混乱，一如我的表达风格，劳你回信帮我筛选，去伪存真，给我指正。

想象的这些形像从何而来

2. 还有一个问题，请你听听：请问，我们为何不能说想象的所有形像来自它自身，而非来自感官？因为正如灵魂的理智部分从感官得到信号，看见自己的可理知对象，而不是接受某个被动的印象；同样，灵魂的想象部分也从感官得到信号，沉思它自己的形像，而不是从外部获得形像。或许正因如此，我们可以理解感官没有感知到的东西，想象可以看见。由此表明，想象在它自身中拥有从自身中获得的所有形像。关于这个问题，也请你告诉我你的想法。

书信 7：奥古斯丁致内布利提乌斯
(389 年)

奥古斯丁回复内布利提乌斯的上述书信，解释记忆可以没有形像（n.1），灵魂里的形像是由感官产生的（n.2 - 3），这样的形像有三类（n.4）；灵魂对它们的虚假性负责（n.5）；解答异议，告诫内布利提乌斯要抵制它们（n.6 - 7）。

记忆可以没有想象

1.1. 我就略去前言，开门见山，直接进入你希望我谈论的话题，但我也不会马上结束（这个话题需要时间）。你认为没有形像或者想象的形像，也就是你所谓的 phantasiae，就不可能有记忆，但我不以为然。首先，我们必须注意，我们记忆的并非总是过去的事物，很多时候是仍然存在的事物。因此，虽然记忆是对时间中流逝之事物的保留，但显然，其中一部分是离开我们的事物，一部分则是我们离开的事物。比如，当我回忆我父亲的时候，我所回忆的就是离开了不再存在的对象；而当我回忆迦太基的时候，它仍然存在，是我离开了它。当然，这两个例子都属于通过记忆保留过去；我记住的这个人和这个城市，不是出于现在所见，乃是出于过去所见。

何谓记忆，何谓回忆

1.2. 这里你或许会问：这些事说明什么呢？尤其是你注意到这两个例子中，回忆的对象若不是在想象中看见，就不可能出现在记忆中。对我来说，目前这足以表明，记忆也可以包括那些还未过去的事物。你专注留意，就会明白这对我有多大帮助。有些人诽谤苏格拉底提出的那个著名理论，即我们学习的知识并非如同全新的东西灌输给我们，而是通过回忆从记忆中回想起来的；他们说，记忆只是关涉过去之事，而我们通过理解习得的知识，根据柏拉图的权威①，永远留存，不会消失，因此不是过去之事。然而这些人没有注意到，这种理智活动，即我们通过心灵看见事物，是会过去的。因为我们顺着这理智之河而下，就把它们留在后面，从而开始以不同的方式注意另外的事物，所以我们只有通过回忆即记忆才能恢复它们。因此，不说其他例子，如果永恒本身始终留存，不需要任何想象出来的形像作为工具使它进入心灵，而且如果我们不回想，它就不能进入我们心里，那么对某些事物可以有记忆而无须任何想象。

灵魂不使用感官就没有形像

2.3. 其次，至于你认为灵魂不使用身体感官也能想象有形物体，这一点可以通过以下方式证明是错误的。如果灵魂在使用身体感官从而感知某个物体之前，就能想象那个物体，而且，如果灵魂在受到易犯错的感官干扰之前处于更好的状态——心智正常者都不怀疑这一点——那么，入睡者的灵魂应比清醒者的灵魂拥有更好的形像，精神失常者的灵魂比健全者的灵魂拥有更好的形像，因为他们拥有这些影像时还未受到那些极易骗人的传信者即感官的影响；这样说来，或者他们看到的太阳比正常而清醒的人看到的更真实，或者虚假的东西比真实的东西更好。如果说这样的结论是荒谬的——这是毫无疑问的——那么，亲爱的内布利提乌斯啊，你所说的那种想象不是别的，就是感官留下的印象，由此导致的结果也不是如你所写的，只是某种

---

① 参见柏拉图《斐德鲁篇》（Phaedrus）72E，75C。

提示记号，提醒那些形像在灵魂里形成，而是实实在在地把错误引入灵魂，或者更确切地说，把错误印在灵魂里。你感到十分困扰的一点，即我们为何能设想从未见过的形状和样式，确实是个令人困惑的问题。所以我这封信恐怕要写得比平时长一点，但你肯定不会嫌长，因为我的信越是写得洋洋洒洒，在你这儿越是欢迎致至。

三类形像

2.4. 我想，所有这些形像——你以及其他许多人称之为phantasias——可以十分合宜而准确地分为三类：第一类是通过感官产生的真实事物的印象；第二类是通过想象产生的印象；第三类是通过推论产生。第一类的例子有，我的灵魂在自身中向我呈现你的容颜、迦太基或者我们已故朋友维莱昆都斯（Verecundus）① 的样子，以及任何其他尚存或已逝事物的形像，都是见过或感知过的事物。第二类包括那些我们想象曾如此或现如此的事物，比如，为了讨论中的某个证明，我们构想出并不存在但完全无损于真理的例子；当我们读史书、听故事、编神话时，就在自己脑海里描绘出鲜活的情节。比如，我在自己心里构想出埃涅阿斯（Aeneas）的面容②，构想出美狄亚（Medea）和她那翼龙所驾的车③，克雷梅斯（Chremes）或者某个帕尔梅诺（Parmeno）的形像。④ 这一类还包括那些智慧人为阐明真理而构想出来的形像，以及愚笨人创立的各种形式的迷信，比如，阴间的佛勒格顿河（Phlegethon）⑤，黑暗区域的五个居住洞穴⑥，北方的

---

① 维莱昆都斯是米兰语法教师，他把自己在卡西西亚库的乡村别墅借给奥古斯丁及其朋友居住，奥古斯丁在那里完成了他最早的对话作品。参见《忏悔录》IX, 3, 5-6。
② 埃涅阿斯是维吉尔的史诗《埃涅阿斯纪》里建立罗马城的主人公。
③ 在希腊神话里，美狄亚帮助伊阿宋（Jason）偷了她父亲的金羊毛。
④ 克雷梅斯和帕尔梅诺是特伦斯（Terence）喜剧里的人物。
⑤ 阴间的三条河之一，火河。参见维吉尔《埃涅阿斯纪》VI, 551。
⑥ 摩尼教的迷信之一。参见《忏悔录》3.6。

擎天柱，以及诗人们和异端们构想出来的各种千奇百怪的神物。因此我们在论证的时候会说，设想有三个我们这样的世界，彼此叠加；想象地球被一个四边形包围，如此等等。所有这些都是我们根据自己幻想的内容构思想象出来的。至于第三类形像，主要与事物的数目和尺度相关，它们部分存在于事物本性之中，比如人先构想出整个世界的形状，然后这个概念又在他的心里产生一个形像；部分存在于学科之中，比如几何学的图形或者音乐的节律，以及其他各类数目，无穷无尽。虽然它们本身作为理智的对象是真实的——如我所认为的——但它们使想象产生虚假形像，理性本身几乎难以抵挡；然而，要让论辩学科本身远离这种恶，并不容易，因为我们在分门别类和总结归类时，总会自动想象出某种方便计算的符号或代码。①

灵魂对虚假形像负责

2.5. 在所有这三类形像中，我想你会认为第一类不属于灵魂——因为它还没有依赖于感官，所以这里不必过多讨论。对于其他两类，都可以合理地提出一个问题，灵魂既然还未接受感官的虚妄和感性印象，那么它是否对虚假和错误负有更大责任。谁会怀疑那些形像比可感事物的形像更虚假？因为我们想象的、相信的或构思的事物，是完全虚假的，而我们看见的、感知的事物，如你所知，要真实得多。就第三类形像而言，无论我在心里构想一个怎样的物理空间，虽然这似乎是我的思想通过几乎不会出错的理性推论过程产生的，但通过同样的理性论证我也可以证明它是虚假错误的。所以，我绝不会相信，灵魂在还没有使用身体，还未因虚妄的感官受到那必朽而可灭之物的击打之前，会陷入如此可耻的虚假之中。

---

① 以前用小石子在计算板上计算，有点类似于后来在算盘上用算珠计算。

解答异议

3.6. 那么，为何我们能构想不曾见过的东西呢？其中原因，若不是根植于灵魂的某种增减的能力（vis），你还能认为是什么呢？不论灵魂去向哪里，这种能力都必然伴随着它，尤其可见于数目之中。比如，乌鸦的形像，显然是眼睛非常熟悉的，如果把它放在（心）眼前，然后去除一些特点，再添加一些特点，就可能变成了某种从未见过的东西。因着这种能力，当灵魂在自身里习惯性地思考这样的虚构之物时，这类形像几乎就会自动地涌进思想之中。因此，灵魂的想象力完全有可能对感官带给它的那些信息进行加工，通过删减和添加，如上面所说，创造出一个从总体来看确实是任何感官都不曾感知过的事物，但从各部分来看，都是此时或彼时感知过的东西。所以，我们这些出生并成长在地中海地区的人，即使孩提时代，也能从小小杯子里的水想象出大海的样子，但是草莓和樱桃的味道，若不是我们在意大利尝过它们，就绝不可能进入我们的心灵。正是这个原因，那些天生眼瞎的人，被问到光和色时，无言以答，因为他们从未感知过颜色，不可能想象它的形像。

要抑制感官的影像

3.7. 你不必惊奇，那些根据事物本性形成也可以被我们所设想的形像，最初并非出自灵，它虽然能结合一切形像，但当它还未通过感官从外面接受形像之前，并不能从自身想象任何形像。比如，当我们因为愤怒或喜乐或其他情绪（灵魂活动）而在身体上产生各种表情和颜色时，并非由我们的思想引发这些结果（形像），它甚至还没想到我们有这样的能力。当灵魂里隐秘的数目活跃起来，作出回应，不借助任何歪曲的物体形像，这些结果（形像）就以奇异的方式出现，这点尤其值得你去深入思考。我希望你由此明白——你既然知道有那么多灵魂活动是完全独立于你所探讨的形像的——灵魂遭遇物体不论通过哪种活动,肯定不是通过构想可感事物的形式,因为我认为在它使用物体和感官之前,不可能产生任何这样的形式。因此,我最可亲可敬的朋友啊,凭着我们的友谊,凭着你对神圣律法的信心,我最真诚地告诫你,不要与那些恶魔的影子建立友谊,要毫不迟疑地切断与它们的任何关系。根据我们最神圣的戒律,如果我们对身体感官施加于我们的击打和伤口温柔以待,那要抵制它们是不可能的。

书信 8：内布利提乌斯致奥古斯丁
（389 年）

天上权能如何作用于灵魂，使形像和梦境潜入睡中之人。

因我急切地想要直入主题，请允许我免去开场和导入。亲爱的奥古斯丁啊，当高级权能——我是指天上的权能（即天使）——在我们入睡时欣然把某些梦境显示给我们时，究竟是怎么回事，或者他们究竟用了什么方式？所谓的什么方式，意思是说，他们是如何实施的，通过什么技艺，使用什么策略或工具或咒语？他们是把他们自己的想法植入我们的灵魂，使我们在我们自己的思想中把它呈现出来吗？或者他们是在自己的身体①或想象中构思出来，然后向我们显示？但是如果他们在自己的身体中构思梦境，那就意味着我们在入睡时有另外内在的肉眼，用它们可以看见他们在自己身体中构思的梦境。如果他们并不是借助于自己的身体产生那些东西，而是在他们的想象中构建它们，然后印入我们的想象，从而产生梦境，那么请问，为何我的想象不能作用于你的想象，使之产生我在我的睡眠中所产生的梦境？可以肯定，我拥有想象能力，我想要构想什么，它就能构想什么，但我完全不能在你里面制造任何梦境，尽管我看到甚至我们的身体也能在我们里面生产梦境。因为身体通过共情与灵魂连接，当它有什么经历时，它以奇妙的方式迫使我们通过想象重现它所经历的事。如果我们

---

① 他应该不是指物质性的身体。

书信 8：内布利提乌斯致奥古斯丁（389 年）

在睡觉时感到干渴，就往往梦见自己在喝水，感到饥饿就梦见自己在进食，以及其他许多诸如此类的事，好比是一种交换，通过想象从身体转移到灵魂。如果这些问题表述得不够优雅、不够精细，你不必惊奇，因为它们本身晦涩难懂，也因为本人缺乏经验，不足之处只有请你尽可能弥补了。

书信 9：奥古斯丁致内布利提乌斯
（约 389 年）

奥古斯丁回复内布利提乌斯的上述书信，说灵魂的朋友相聚不是在时空中（n.1）；要解答天使如何导致梦境产生的重大问题（n.2），通过例子表明这源于灵魂的活动，尤其是愤怒，体现在身体上（n.3-4）；再次劝告内布利提乌斯应重新研读回复他的《书信》7（n.5）。

灵魂的朋友相聚超越时空

1. 虽然你是我灵魂的知己，但你或许并不知晓，我有多希望看见你的面。相信总有一天上帝会赐给我们这莫大的善益。读你最近来信，你谈到孤独，好像被朋友遗弃，与朋友相聚生活才会阳光灿烂。我能对你说什么呢？惟有一点，我相信你已经这样做了：转回到你的灵魂，尽你所能将它提升到上帝面前。在那里你会以更确切的方式与我们相连，不是通过物质形像，如今我们在回忆时它们是必不可少的；而是通过思想的力量，藉此我们明白，我们在一起不受限于时空位置。

一个大问题

2. 再读你的来信，信中你笃定我会对你提出的重大难题给予答复，但那个问题着实把我难住了，你问，天使或恶魔如何在我们入睡时使我们产生某些念头和梦境。这确实是个大问题，敏锐如你，也必明白，要作出充分的回答不是一封书信能解决，而是需要面对面的讨论或者专门的论著。但是我深知你天资聪慧，就尝试对这个问题稍作阐述，抛砖引玉，你就能自己解出其余答案，或者至少不会对如此艰涩问题找到可能的答案感到绝望。

灵魂的活动传递到身体

3. 我认为灵魂的所有活动都会对身体产生某种影响。不论我们的感官如何迟钝、如何缓慢，只要灵魂的活动比较强烈，比如愤怒、悲伤、喜乐等，都会传递到感官，使它们有所感受。由此可以得出这样的结论，当我们思考某事时，虽然我们身体上并没有显现我们可以辨认的迹象，但可能显现了空中或天上赋灵者能辨认的迹象，他们的感官是极其敏锐的，与此相比，我们的感官简直不配称为感官。因此，如我所说，灵魂活动留在身体上的痕迹，既可以留存，也可以呈现某种表象（habitum）；当它们被悄悄地激醒，活跃起来，就按照激活者的意图，在我们里面产生念头和梦境，而且这是极其容易的。试想，如果我们这属地的极其迟钝的身体经过练习，尚且可以在乐器演奏、钢丝上跳舞以及其他数不胜数的奇观活动中取得不可思议的效果，那么完全可以合理地设想，天上那些拥有以太之体的存在者，拥有穿透一切身体的本性结构，所以完全有能力极其快速地激发他们想要激发的东西，我们虽然对此没有任何感知，但不可避免地受其影响。就如同我们也不知道大量的胆汁如何积聚，迫使我们不断地发火，然而，如我前面所说，这种胆汁积聚正是由我们的愤怒引发的。

何谓愤怒

4. 如果你不愿意一下了接受我前面所讲的这个比喻，那么请你尽可能对此反复思索。试想，如果灵魂不断受到某种困难的阻碍，使它无法做想做的事，完成欲求的目标，那它必然惭生愤怒。所谓愤

35

怒，按我的理解，就是这样一种混乱不堪又无法遏制的欲望，迫切想要除去阻碍它自由活动的障碍。因此我们往往不仅对人发泄愤怒，还对书写的笔发火，以至对它猛击，把它折断；就如掷骰子者对待骰子，绘画者对待画笔，以及任何手持某种工具的活动者，如果他认为自己受它妨碍，就会这样发泄愤怒。甚至医生也认定，这种持续性的愤怒导致胆汁不断增加。而胆汁的不断增加又反过来使我们更加易怒，往往毫无原因地发火。所以，灵魂通过自己的活动在身体上产生的效果，又能反过来影响它。

回顾写给内布利提乌斯的《书信》7

5. 这些观点可以更详尽地讨论，通过更多事实证据，可以对此作出更确定、更充分的论断。除了这封信，你可以结合我最近寄给你的讨论想象和记忆的那封书信①，再仔细思考一下这个问题，因为从你的回复来看，你并没有完全理解它。因此，当你将这封你即将读到的信与那一封书信——我谈到心灵具有在观念中随意增减事物某些特性的能力——结合起来，你或许就不会再被这个问题困扰，即我们从未见过的物体为何会呈现在我们思想或梦境之中。

---

① 即《书信》7。

书信 10：奥古斯丁致内布利提乌斯
（约 389 年）

奥古斯丁回复说与他相聚同住一处如何难以做到，要脱离世俗事务的纷扰也很难（n.1-2）；在内心深处以及信靠上帝之中可以找到平安（n.3）。

要实现与内布利提乌斯同住的目的何其困难

1. 你所提出的各种问题，没有一个像我在你最近的信中读到的这个让我思绪翻滚，内心不安。你在信里说，我没有用心作出安排，让你与我们能居住在同一个地方。这是一个严重的指控，如果属实，是很危险的。但更充分的理由似乎表明，我们住在这里（希波）比在迦太基甚至乡下更好，所以，亲爱的内布利提乌斯，我真有点拿不准该如何对待你。是否给你派一个最合适的交通工具呢？我们的鲁西尼亚努斯提议用轿子抬对你最无伤害。但我想到你母亲，你身体无恙时她尚且不能接受你离开，何况如今你身体虚弱之时呢？[①] 那么是否应该我到你那里去呢？但这里有些朋友无法跟着我同行，丢下他们也同样是犯罪。你已经可以与你自己的心灵和谐相处，但这些人恐怕还做不到。那我是否可以不断来回跑，一段时间与你一起，一段时间与他们一起？但这样的生活既不是相聚的生活，也不是我们想要的生

[①] 很显然，内布利提乌斯的病情使他变得自私而无理。当时他住在迦太基，不久后就去世了。参见《忏悔录》9.3。

活。因为这不是短途，而是长途，来回奔波，不可能获得所希望的闲暇。何况你知道我的身体也不好，因此我不可能随心所欲，力不从心的事，我只能完全放弃。

在安静中获得灵魂的智慧

2. 终其一生都在思想着对你来说既不可能安宁也不可能轻松的旅程，这不是一个思想那最后旅程——即死亡——的人应有的行为；人应当思考的，如你所理解的，就是这死亡或者说唯有这死亡。事实上，上帝已经赐能力给极少数人，就是他希望成为教会管理者的人，使他们不仅能坚强地等候死之降临，而且热切地欲求死亡，同时不急不躁地担当起管理之职的劳苦工作；但我认为这样的大恩不会赐给那些出于对世俗荣誉的爱慕而接受这类管理职务的人，也不会赐给那些已经不担任此类职位却仍贪恋这种生活的人，使他们在喧嚣忙碌的聚会和来回奔波的旅程中获得我们所寻求的那种对死亡的熟悉和亲近；而这两类人原本完全可以在安宁和闲暇中成圣。如果事实并非如此，那我不说自己是最愚蠢的人，也至少是最懒怠的人，因为对我来说，若没有某种远离事务、无牵无挂的闲暇，我就不可能品尝并享受那种真正的好。请相信我，一个人要无所畏惧，获得自由，不是靠迟钝麻木，不是靠胆大妄为，不是通过对虚荣的贪恋，也不是通过盲目的迷信，而是要在很大程度上脱离可逝之物的喧闹。由此产生的根深蒂固的喜乐，是任何其他快乐都无法比拟的。

信靠上帝是至高平安

3. 如果一个人命里注定不能有这样的生活，那为何有时会出现那种摆脱恐惧的自由？为何一个人越是在心灵内殿敬拜上帝，就越频繁地出现这种体验？为何当我们从我们的内殿回到属人活动时，那种内在平安甚至渗透于这样的活动之中？为何会出现这样的情形：当我们谈论死亡时，我们无惧死亡；当我们不谈论时，我们甚至欲求死亡？我告诉你——我不会对什么人都说，但对你，我要说，因为我深知你向上探求的努力：你既然经验了当灵魂断绝属体的爱之后理智生命是多么甜美，那你还会否认人的整个生命可以脱离恐惧，因而可以恰当地称之为智慧人吗？或者你胆敢声称理性所孜孜以求的这种灵魂状态也曾是你所拥有的状态——唯有当你转向内在心灵时才有可能拥有的状态？既然如此，你就明白剩下的唯有一件事可做，即你从你的角度思考我们如何可能相聚在一起。关于你母亲，你比我更清楚应该怎么安排，你兄弟维克多肯定不会把她独自留下。其他事我就不多说了，免得你分心不去考虑此事。

书信 11：奥古斯丁致内布利提乌斯
（约 389 年）

奥古斯丁向内布利提乌斯解释一个难题（n.1），即为何道成肉身单独归于子，尽管圣位格是不可分割的（n.2-3），从而藉着这谦卑的典范把人抬升到上帝面前（n.4）。

奥古斯丁回答难题

1. 你前不久提出的问题，即我们如何才能相聚一起——你甚至还带着出于友谊的怨气和责备——令我困扰至深，忧心忡忡，我打算专门为这个问题再次写信给你，并恳求你的回复，在此期间不想再讨论其他关于我们共同研究的话题，直到我们之间的这个问题彻底解决。然而，你最近写来的信提出了简单明了、合理有效的方案，顷刻解除了我的忧虑，使我顿时心安；我们不必再为这个问题绞尽脑汁了，因为你提出：我方便时我可以过到你那里，你方便时你必会前来会我。于是，如我所说，我的心绪恢复安宁，就开始检查你的所有来信，看是否还有尚需回复之信。我发现你的来信中有那么多的问题，这些问题即使是容易回答的，其数量之多也超出了一个人的能力和时间。何况它们还都是些大难题，哪怕拿出其中一个放在我面前，我也不得不承认压力重重。不过，我写这番引语的目的在于，请你不要在此期间再提新问题，直到我把所有这些债务都清偿了，你给我回信时也仅限于表达对我回答的看法。当然我知道，这期间不能分享你非凡的思想，即使只是短暂的时间，对我来说也是莫大的损失。

书信11：奥古斯丁致内布利提乌斯（约389年）

为何道成肉身只归于子

2. 那就先看看我关于道成肉身这个奥秘的理解，这是我们都受其熏陶的宗教倡导必须相信也要理解的教义，是为我们得救而成就的。我之所以从所有问题中挑出这一个，不是因为它最简单，我最容易回答，而是因为在我看来它比其他问题更值得思考和关注。你提出的其他关于这个世界的问题，在我看来与获得幸福生活没有太多关系；如果说考察这些问题能给我们带来某种快乐，那就要当心，免得它们占去太多时间，反而没有精力去探求更好的问题了。就目前要讨论的这个问题来说，首先让我吃惊的是，你困惑为何只说子道成肉身，而不说父和子道成肉身，甚至加上圣灵。因为根据大公教信仰，三位一体是完全不可分的，无论是在我们宣称时，相信时，还是极少数有福的圣徒理解时，都不可分割，所以不论做什么，都要认为是父、子和圣灵同时一起做的；凡父所做的，没有哪个不是子和圣灵一起做的，凡圣灵所做的，没有哪个不是父和子做的，凡子所做的，没有哪个不是父和圣灵做的。由此显然可以得出结论，三位一体整体成了人。因为如果子披戴了人性，而父与圣灵没有，那三位之间就有了分割。那么，在我们的奥秘和圣事中，为何只把道成肉身归于子呢？这个问题实在太深太难太大，三言两语无法解释清楚，也不可能找到充分的证据支撑。然而，我既然要给你写信，就斗胆提出我个人的一点想法，谈不上什么解释，其余的要通过你自己的天分和我们长久相识中你对我的充分了解，靠你自己去作出演绎。

三位一体中的位格及其形式或样式

3. 内布利提乌斯啊，没有哪一种本性，也没有哪一种实体不拥有并显现出这样三种特点：首先，它是（存在）；其次，它是这个或那个；再次，它尽其所能维持它的所是。第一点表明本性的原因

（causa），万有都由之产生；第二点表明样式（species），万物藉之形成，并以一定的方式形成；第三点可以说表明某种持续性（manentia），使万物得以留存。如果有可能出现这样的情形：某物存在但不是这个或那个，也不留存在自己的类别中；或者它是这个或那个，但不存在，也不尽其所能留在自己的类别中；或者它因拥有属于自己类别的力量而留存在自己类别中，却不存在，也不是这个或那个，那么在那三位一体中也可能出现某个位格独自成就某事而不需要另外两个位格的情形。如果你认为无论何物，只要存在，就必然是这个或那个，并且必然尽其所能留存在自己的类别中，那么那三位也一样，做任何事无不共同参与。我知道到此为止我还只是处理了这个问题的一个部分，而这一部分反倒使问题的解答更难了。其实我是想要简洁地告诉你——如果我做到了这一点——三位一体中三位格的不可分割性是大公教多么伟大的真理，理解起来需要多么敏锐的理智。

为何道成了肉身

4. 现在来看看那困扰你灵魂的如何才能不再困扰它。那专门归属于子的样式（species），关涉某种学问（disciplinam），关涉某种技艺（artem）——如果我们把这些术语用在这样的问题上是恰当的——也关涉理解（intellegentiam）——灵魂本身就在对事物的思考中得以形成。这样说来，既然通过道成肉身成就了这样的工作，即根据某些崇高而清晰的原则，把某种正当生活的学识和谨守诫命的典范有效地传达给我们，那么把这件事整体归于子并非没有道理。这就如同在我留给你自己的聪明才智去思考的许多问题中，虽然包含众多构成元素，但总有某一点特别突出，以至可以合理地宣称它拥有对整体的所有权。比如，在上述三类问题中，如果有人问某物是否存在，那就包含了它是什么这个问题，因为它若不是某种东西，就不可能存在；也包含对它是赞同还是不赞同的问题，因为不论它是什么，总可以对它作出某种评价。同样，当人问它是什么时，必然包含它是否存在以及是否值得考量的问题。如果有人问它是怎样的存在，也同样如此，因为这包含了它必然是某种存在。因此，所有这些方面都不可分割地联系在一起。但是问题的名称并不是根据所有这些方面而定，而是根据提问者的意向而来。因此人需要某种学科的训练，它教导人，熏陶人，按一定方式塑造人。但是，对于通过这种训练在人身上所产生的东西本身，我们不能说它不存在，或者说它不应欲求（当我们说"它是什么"时，就不可能不包含"它存在"以及"它是何种存在"的论断）；我们首先想要知道，我们通过什么能够获得某种知识，以及我们凭什么可以存留。因此首先要表明这种学科的某种准则和规范，而这是通过专属于圣子的道成肉身这种安排完成的，由此藉着子产生关于父本身——即万有得以存在的唯一的首要原理——的知识，以及因保有这种知识、看轻一切可朽者而产生的某种内在而不可言喻的甜蜜和喜乐，这是专属于圣灵的恩赐和工作。因此，虽然圣位格所行的一切事都是完全合一而不可分割的，但由于我们的软弱性——我们因之从统一性（unitas）跌入了多样性（varietas）——它们必须分别显示出来。无论如何，一个人若不通过一定方式降到对方所在之处，就不可能将对方抬升到自己所在的高度。

你收到的这封信可能并没有解答你关于这个问题的疑问，但可以使你的思考建立在某种坚实的根基上，这样，你才能以你的天资——那是我最清楚的——完成其余的论证，凭你的敬虔——这是我们尤其需要坚守的——获得问题的答案。

书信 12：奥古斯丁致内布利提乌斯
（约 389 年）

奥古斯丁重提上封信里讨论的道成肉身问题（留传下来的只有书信的一小部分）。

1. 你说你寄出的信多于我所收到的；对此我不可能不相信你，你也不可能不相信我。虽然我无法做到每信必回，但对你的每封信我都尽心保存，一如你殷勤地写信，一封又一封。不过，我们一致同意，我的长信你只收到两封，我没写过第三封。我检查备忘录发现，我基本上回答了你五个问题，只是有一个问题似乎回答得很匆促，虽然凭你的天资也能理解，但或许并不能满足你强烈的求知欲。对于这种欲望，你得有所克制，有时要甘愿接受简短的概述。但是，如果我回信寥寥数字是蒙骗你的智力，那我无可原谅，你理应要求得到应得的全部，而这对我来说也是具有某种强制力的义务，甚至是令人愉悦的义务。因此你必会把这封信归入我的短信之列，但是我不同意你说的，它不会减少我欠你的书信总量；无论如何，你不会给我写那种不增加我的回信债务量的短信。关于你所提的圣子问题，即为何道成肉身只归于子，而不归于父，尽管两者是不可分的，这个问题，如果你能回想一下我们的讨论——我已尽我所能阐述何谓上帝之子，这是一个不可回避的主题——那你就会很容易理解。简而言之，所谓圣子，就是上帝的计划本身，就是上帝的样式，一切被造的都是藉着他被造的。而藉着子的道成肉身所成就的，都是为了启蒙教导我们。①

---

① 根据 Vatican MS.，此信有六十七行空白。

书信 13：奥古斯丁致内布利提乌斯
（约 389 年）

奥古斯丁声称，关于灵魂的某种身体（或类身体）——它比感官所能感知的身体更精致——问题不是他所关心的问题（n. 1-2），他解释了何为可理知者，何为可感知者，以及何为通过心灵、何为通过感官所理解的事物（n. 3-4）。

深夜写信

1. 我写信给你不想讨论以往的旧话题，又无法讨论新话题；我认为前者不适合你，而后者我又没时间。自从离开你后，我就一直没有机会也没有时间去深究和琢磨我们一起时经常探讨的那些问题。诚然，冬夜漫长，我也并非都能睡到天亮，但一有时间，就会有更重要的事自己跑出来迫使我去思考，不可避免地占据我的时间。那我怎么办呢？我能对你装聋作哑，或者沉默不言吗？你不愿意，我也不愿意。那好吧，那就看看我能在这长夜尽头——只要它还在延续——在此时所写的这封信里，引出什么话题吧。

那被称为灵魂之"工具"的

2. 你必定记得有一个问题我们经常争论，并且争论得面红耳赤，那就是关于灵魂的某种永恒身体或者类似于身体的东西，你还记得有些人甚至称为灵魂的工具。很显然，这东西如果在空间有位移，那它必定不是可理知之物；而不是可理知的事物，就不可能被理解。理智之外的事物，如果它至少还在感官领域，那还是有可能形成某种近似于真理的观点。而对于既不可能理解也不可能感知的事物，那就只能产生毫无根据也毫无价值的推测了。我们所争论不休的这个东西就属于这一类事物，如果真有这样的东西存在的话。那么请问，我们为何不宣告放弃这种琐碎无聊的问题，然后向上帝祷告，把我们的整个身心抬升到至高永生者的完全平安之中呢？

论可感知的物体与可理知的物体

3. 这里你或许会说，虽然物体不可能被理解，但还是有许多关于物体的属性我们可以通过理智知道，比如我们知道有个物体存在。谁会否认这一点，或者谁会认为这只是近似真（verisimile）而非就是真本身（verum esse）？虽然物体本身是近似真，但有这样的物体在本性上存在这却是实实在在的真。因此，物体是可感知的，但有物体存在这样的判断是可理知的，否则它不可能被知道。我们所讨论的那个身体，我不知道它是什么，但人们认为它是灵魂的承载者，使灵魂能够从一处移到另一处；这身体虽然不是我们的感官能感知的，但那些比我们的感官更敏锐的感官可以感知，无论如何，它是什么这一点是可以通过我们的理智知道的。

关于可感思想和可知思想

4. 如果你这样说，那请注意，我们称为理解（intellegere）的这种智力活动以两种方式在我们心灵里发生：或者通过它自身内在地在心灵和理性中发生，比如我们理解理智本身是存在的；或者通过感官提供给我们的信息，比如我们上面刚说到的，我们理解物体是存在的。这两种认知活动中，第一种是认知我们自己，即关于我们内在的东西，我们通过求教上帝获得；第二种是关于物体和感官所报告的东西，我们同样通过求教上帝来理解。如果承认这一点，那么关于那种身体，若没有感官报告它的某些信息，无人能理解它，甚至不知道它是否存在。即使生命物中存在这样的身体，由于我们对此没有任何感知，所以我想我上面一开始所说的话仍然有效，即这个问题与我们无关。我希望你能再琢磨琢磨再想一想，然后告诉我你思考的结论是什么。

书信 14：奥古斯丁致内布利提乌斯
(391 年前)[1]

奥古斯丁回复内布利提乌斯的问题，为何太阳与其他星辰的活动不一样（n.1-2），进而谈到上帝所造的人，最高智慧是否包含每个人的样式（n.3-4）。

奥古斯丁的空余时间太少

1. 我选择先回答你最近的来信，不是因为我看轻你以前的问题，也不是那些问题让我不高兴，而是因为我回答你的问题是在从事一件比你所想的更重大的任务。虽然你命令我给你的回信要写得长一些，越长越好（超过最长者），但是我没有你所想象的那样空闲，不过如你所知道的，我一直渴望有闲暇，现在仍在渴望。不要问我为何如此，要列出那些纠缠我的事务很容易，要解释为何事务缠身就没那么容易了。

关于太阳与其他星辰

2. 你写道：为何我与你虽然是两个个体，却能做很多相同的事，而太阳却不能与其他星辰做相同的事。我尝试解释这类事的原因。如果说你与我做同样的事，那太阳也与其他星辰做很多同样的事；如果

---

[1] 该信写于 391 年前的某个时间，是奥古斯丁写给内布利提乌斯的最后一封信，后者在奥古斯丁成为司铎之前就去世了。参见《忏悔录》9.6。

说有些事太阳与其他天体做得不同,那你与我也有不同。我走路,你也走路;太阳运动,星辰也运动;我醒来,你也醒来;太阳发光,星辰也发光;我讨论,你也讨论;太阳循环,星辰也循环。当然心灵的活动绝不是我们看见的这些活动所能比拟的。如果你将灵魂与灵魂相比——理应如此——如果星辰也有灵魂,你应认为它们在思考或沉思——或其他更恰当的说法——上比人更具有统一性。另外,如果你仔细考察物体的运动,一如你惯常那样认真考察,就会发现两个人绝不可能做出完全相同的动作。比如,我们两人一起走路,你认为我们是在做完全相同的动作吗?聪明如你,当然不会作出这样的判断。如果我们两人以同样的步速走,那个靠近北边走的人必定比另一个更靠前,或者他要比另一个走慢一些①,只是这样的差别感官是不可能感知到的。但是——除非我搞错了——你所期望的是我们理解的事,而不是我们所感知的事。如果我们从地极转向南行,两人手贴手肩并肩,尽可能紧靠一起,就像一个人,然后走在光滑平坦的大理石或象牙地面上,即便如此,我们也不可能做到完全一致,无论如何,我们的脉搏不一致,我们的长相不相同,我们的脸型不一样。把我们换成道库斯(Daucus)的双生子②,也不会得出不同的结论,因为他们虽然长得一模一样,他们的活动却必然是个体的,一如他们的出生必然是个体的。

关于基督的人性和神性

3. 你可能会说,这是通过推论推导出来的,而太阳与星辰的区别通过感官就能清楚看到,一目了然。如果你要求我注意它们在大小上的区别,那么你知道,关于它们之间的距离,人们说过诸多不同观

---

① 只有当我们设想他们是在走圆圈时,才可能是这样。
② 参见维吉尔《埃涅阿斯纪》X,391,据说道库斯的双生子长得像两滴水珠一样难分彼此。

49

点，你刚说的那种清晰性一下子又回到巨大的不确定性。不过，我可以承认它们就是看起来的那样，我相信确实如此，那么请问，谁的感官会被奈维乌斯（Naevius）① 的身高蒙骗？他比最高的人（六英尺）还高一英尺。想必你曾全力寻找一个与他同等身高的人，当你发现几乎找不到这样一个人时，就希望我的信能写得足够长，能与那个高度相媲美。既然地上都可能存在如此奇异的事，那天上的事还有什么可惊奇的呢？如果你对这样的事——除了太阳没有别的星辰在白天把光给予我们——感到困惑，那么请问，在人类中间，还有比上帝所接纳的那个人——与他接纳其他圣徒和智慧人的方式完全不同——更不可思议的吗？如果你将他与其他人相比，两者之间的距离岂非比太阳与其他星辰之间的距离大得多了。你仔细思考这个类比，你卓越的心灵就会发现，我其实已经间接回答了你提出的关于基督人性的问题。

最高的智慧与事物的样式（rationes）

4. 你又问，那个最高真理、最高智慧、事物之形式——万物都是藉着他造的，我们的圣礼公开宣告他是上帝的独生子——他是包含普遍之人的样式，还是包含我们每个人的样式。这是一个很好的问题。在我看来，就人的创造来说，那真理包含的是人的样式，不是我的或你的样式；但从时间顺序来说，在那纯粹的完全（sinceritas）中活跃着不同之人的样式。我承认这样说过于含糊，但我不知道用什么样的类比来阐述，只有求助于内在于我们灵魂中的那些学科知识。在几何学中，角有一种样式，四边形有另一种样式。如果我想要表示角，我只要想到角的样式，不需要别的；但我若没有同时想到四个角的样式，我就不可能画出正方形。同样，任何一个人都是按照一个样式造

---

① 显然不是诗人奈维乌斯，而是以身高闻名的一个罗马人。参见老普林尼（Pliny the Elder）《自然史》（*Natural Histories*）VII, 16。内布利提乌斯必是在猜测他的身高。

的，据此他被认为是一个人。就一个民族的产生而言，虽然它本身也是一个样式，但不是单个人的，而是众多人的集合。因此，如果内布利提乌斯是这个宇宙的一部分，事实也如此，而整个宇宙是由各部分组成，那么宇宙的造主上帝不可能没有各部分的样式。所以，那是众人的样式，并不属于每个人自己的样式，尽管众人又以神奇的方式回归于一。你可以对此作更合宜的思考，现在就请你暂时满足这些吧，我的信恐怕已经太长，要超过奈维乌斯的身高了。

书信 15：奥古斯丁致罗马尼亚努斯
（约 391 年）

奥古斯丁表明他写了一部《论真宗教》的小书，要把它寄给他最爱的人罗马尼亚努斯①（n.1），他劝勉罗马尼亚努斯把天赐闲暇用于追求属天的神圣事物上（n.2）。

奥古斯丁关于真宗教的一本小书

1. 此信表明这里缺纸，但并不意味着至少还有充足的羊皮卷。我原有的象牙书板，随信寄给了你舅舅，因为我写给他的内容不能耽搁。但是如果因为没有纸张就不给你写信，我觉得太过荒唐，所以就用了这一点边角料的羊皮纸给你写信，相信你会比较容易谅解。不过，如果你那边有我的写字板，恳请你寄还给我，以解这种燃眉之急。我在主所允许的范围内尽我的能力写了些关于大公宗教的东西，希望在我来之前能寄给你，如果期间不缺纸张的话。不过，出于马约里努斯（Maiorinus）工厂的作品，无论什么样的，你都会宽宏地接受。至于你提到的那些抄本，除了《论演说家》②（de Oratore）一书，其他都已经没有了。但我能给你的最好的回复是，以前的作品你可以

---

① 《书信》5 有提到罗马尼亚努斯，参见那里的注释。奥古斯丁曾把罗马尼亚努斯引入摩尼教，于是把《驳学园派》和《论真宗教》题献给他，努力说服他回到大公教，但最后罗马尼亚努斯并没有成为大公教徒。参见《书信》32，这是保利努斯写给罗马尼亚努斯的，为奥古斯丁被祝圣为主教向他表示祝贺。
② 西塞罗的作品。

随意取用，现在这篇我也持同样的态度。相距遥远，我不知道我还能做点什么。

享有宁静可比作永恒的好

2. 你在上封信里希望我分享你的天伦之乐，这是令我开心无比的事。但是"你难道命令我无视平静海面的另一种险，温和波澜顷刻变成汹涌波涛吗"①？你当然不会这样命令我，你自己也不会无视。所以，如果有幸得赐一段闲暇时光能作更好的思考，就享用这神圣的恩福吧。当这样的幸运降临到我们头上时，我们不应独自庆幸，而要感恩那些为我们带来这幸运的人。因为在管理世俗事务上，若能公正有效，得心应手，温和节制，理性持重，忙而不乱，多而不杂，置身其中却不为其纠缠，那就能得永恒恩惠的回报。有话从真理之口说："倘若你们在别人的东西上不忠心，谁还把你们自己的东西给你们呢？"② 因此，我们要摆脱对可变事物的关注，超越我们在地上的一切拥有，去寻求那不变而确定的善好。当蜂巢里储存了大量蜂蜜时，蜜蜂的翅膀仍是大有益处的，它可以杀死被粘住者（haerentem）。

---

① 维吉尔《埃涅阿斯纪》V，848－849。这是埃涅阿斯船上的舵手帕利努鲁斯（Palinurus）说的话，刚说完，睡女神就让他入睡，从而从船上坠落了。
② 参见《路加福音》十六章 12 节。

书信 16：马克西姆致奥古斯丁
（390 年）

马克西姆（Maximus）① 是马道拉（Madaura）的异教文法家，他向奥古斯丁阐释那位至高的独一神被异教徒以各种不同的名称不同的方式崇拜（n.1），对基督徒崇拜自己的殉道者而不崇拜诸神表示义愤，嘲笑某些迦太基基督徒殉道者的古怪名字（n.2），他质问奥古斯丁基督徒秘密崇拜的神究竟是谁（n.3）。最后警告奥古斯丁他保留了自己书信的副本（n.4）。

至高的一神与外邦人的诸神

1. 我渴望能常常收到你的来信，你的话语让我快乐，你的推理使我激奋，就如不久前你出于完全的善意以最悦人的方式鞭策我，所以我忍不住回复你，免得你以为我的沉默意味着承认自己不对。但是，如果你认为这些话就如同我的老骨头，我恳请你多多包涵，姑且听之。希腊神话告诉我们（并非确定的信念），奥林匹斯山是诸神的居所。而我们真实地看到并证明我们城市的公共场所被一大群普度众生的神祇占据。无论如何，谁会疯狂、失智到否认最确定无疑的一点，即有一位至高神，他没有开端，没有血气子孙，可以说是一位伟大而全能的父亲呢？他的能力渗透整个于世界的运作之中，只是我们

---

① 马克西姆是努米底亚的马道拉或马道罗斯（Madauros）的异教文法家，这个城市靠近塔迦斯特，奥古斯丁年轻时曾在那里学习。参见《忏悔录》II, 3, 5。他很可能是在那段时间认识马克西姆的。

用各种不同的称呼求告他的大能,因为我们其实对他的真实名字一无所知。神(Deus)是所有宗教共同的名称。所以,当我们通过各种仪式崇拜他的各个肢体时,我们似乎就是在崇拜他的整体。

可怕之事:基督徒崇拜死人!

2. 我不可能假装我可以容忍这样一种错误。谁能容忍有人崇拜米格多(Mygdo)① 而不崇拜雷神朱庇特(Jupiter),或者崇拜萨奈(Sanae),而不崇拜朱诺(Juno)、米涅瓦(Minerva)、维纳斯(Venus)以及维斯塔(Vesta)?或者更可怕的,崇拜大殉道者拿姆法蒙(Namphamon),而不崇拜其他不朽之诸神?其中包括卢西塔斯(Lucitas)也受到同样的崇拜,还有其他无数神人共愤的名字——他们虽然意识到自己难以启齿的罪恶行径,还要罪上加罪,假装自己为高贵的事业死得光荣,然而最终得到的可耻下场正是其品性和作为所应得的。愚昧人离开我们的神殿,忘却自己祖先的神祇,涌向这些人的坟墓,似乎他们有什么值得记念的事,从而应验了他们诗人的悲愤预言:"罗马将在众神之殿向指着人的影子起誓。"② 然而在我看来,现在就如同展开了第二次亚克兴(Actiacum)战争,因为那些可朽的埃及怪物竟敢向罗马诸神挥舞兵器。

基督徒为何采用秘密聚会?

3. 但我恳请你,最有智慧的人,请暂且搁置并放下你那威力无边的口才——你的口才闻名遐迩;暂且放下克吕西普(Chrysippus)③

---

① 米格多、萨奈、拿姆法蒙以及卢西塔斯都是基督教殉道者的迦太基名字。马克西姆觉得这些名字丑陋不堪,并且认为对殉道者的崇拜就是崇拜独一神的部分。
② 卢坎(Lucan)《法沙利亚》(Pharsalia)7.459。
③ 克吕西普(约前280—前206年),斯多亚学派哲学家,喜欢对同一问题的正反两面提出论辩。

55

的论证——你常用来作为论辩的武器；暂且放下你的辩证法——它的目的就是在唇枪舌剑中不给对手留下任何确定的依据；请暂时放下所有这一切，仅凭事实表明，你们基督徒宣称专门属于你们自己的那位神，你们假装看见存在于隐秘处的那位神，他究竟是谁。[1] 就我们来说，我们公开崇拜我们的神，在光天化日之下，在众人的耳目之前，我们通过敬虔的仪式和蒙神悦纳的祭祀赢得恩惠，我们努力使这一切为所有人看见并认同。

这位神是外邦神和所有人的父

4. 但我年事已高，体弱多病，此后就退出这样的争辩，并欣然接受修辞学家迈图亚努斯（Mantuanus）的观点："让各人按各自的意愿行事吧。"[2] 优秀之人啊，既然你已离弃我的宗教，我敢肯定，以后此信定会被人偷走，或焚毁于火，或以其他方式消失。如果发生这样的事，那被毁的只是纸张，不是我的话语，我会把它的抄本永远留存在虔诚的人中间。愿诸神护佑你，通过他们，我们这些生活在地上的所有可朽者，虽然以千万种不同的方式，却协调一致地敬仰并崇拜众神的父，也是众人的父，神人共同的那位父。

---

[1] 马克西姆暗指基督教的圣餐礼。
[2] 维吉尔《农事诗》（Eclogues, Bucolics）2.65。

书信 17：奥古斯丁致马克西姆

（约 391 年初）

　　奥古斯丁首先反驳马克西姆的观点，即诸神可说是独一神的肢体（n.1），其次反驳他对某些基督徒的迦太基名字的侮辱，指出异教神的名字比基督教殉道者的名字更可笑（n.2-3），然后提到他们对酒神巴克斯的崇拜，揭开异教的秘密（n.4），最后指出，如果他想讨论问题，就要严肃提出问题（n.5）。

何谓异教的诸神

1. 我们之间是否应该严肃讨论问题，或者你只想随意调侃自娱自乐？从你信中所说的话来看，我不确定是因为你身体虚弱的原因，还是出于你谦恭的风格，你似乎更愿意表现自己的机智，而不是表达的严谨和准确。首先，你将你们的公共场所与奥林匹斯山作了对比，我不知道这两者有什么关联，它只是让我想起朱庇特在那个山上扎营，对他父亲发动战争，如你们的人所谓的圣史所讲述的；而你们的公共场所，让我想起有两个马尔斯雕像：一个手无寸铁；一个全副武装；两雕像对面则立着一个人的雕像，他伸出三个手指，遏制这个对公民最为不利的神灵。这样说来，我是应该相信，你提到这样的公共场所是希望更新我对这些神祇的记忆吗？或者你更愿意戏谑，而不是严肃地讨论问题！但是关于你所说的这些神是那位至高神的肢体，我要告诫你——如果你允许——千万当心，不要开这种亵渎神圣的玩笑。如果你说那位神是一，如古人所说的，是有知者和无知者一致认可的，那你为何又说那些神祇——他们的狂暴，或者你更愿意说，他们的力量受制于某个死人的雕像——是他的肢体？我本可以对此多说几句，因为聪明如你，应当看出你的立场已经为你打开被人驳斥的大门。但是我还是克制住了，免得被你认为是在卖弄修辞技巧，而不是讲真话。

神祇的名字比基督徒的迦太基名字更可笑

2. 关于你所收集的一些迦太基死者的名字，你似乎认为它们很可笑，有辱我们的宗教，对此我不知道应该作出反驳，还是忽略而过。如果以你稳重的性格把这些事看为琐碎的小事，正如它们事实上那样，那我没有时间浪费在这种奚落上；如果在你看来这些事举足轻重，那我就觉得很是奇怪，你既对那些名字的可笑发音感到困惑，却为何没想到你们的祭司里就有优卡底勒斯（Eucaddires）的名字，你们的诸神里有阿巴底勒斯（Abaddires）的名字。因此我不认为你在写信时真的没有想到这些名字，只不过你出于惯常的好意和幽默，希望让我们的心灵有片刻轻松，故提醒我们想起在你们的迷信里这些事是多么可笑。因为我想，你作为一个非洲人，当你写信给非洲人时——我们都定居在非洲——无论如何不可能健忘到认为这些迦太基名字是令人讨厌的。因为如果我们翻译一下那些名字，拿姆法蒙（Namphamon）的意思不就是一个拥有幸运脚步的人，即他的到来带来某种福气的人，正如当某人出现时有幸运之事发生，我们通常就说，他踩着幸运的脚步而来。如果这种语言让你厌恶，以至否定在迦太基书籍中有大量包含智慧的事记载下来，如博学之士们所承认的，那么你至少应该为自己出生在这样一个地方感到羞耻，在这里，语言的源头仍在发光发热，一直为这个民族使用和珍爱。如果说仅凭发音就讨厌我们的语言是不合理的，如果你承认我对你提到的那个名字的解释是有道理的，那么你完全有理由对你们的维吉尔发怒，他邀请你们的赫尔克勒斯（Hercules）参加由伊凡德（Evander）举行的纪念他的礼仪，维吉尔是这样邀请的："请你踩着你幸运的脚步来到我们中间，参加你的礼仪。"① 他让他踩着幸运的脚步而来，换言之，他希望赫尔克勒斯作为拿姆法蒙（Namphamon）前来，而你却对这个名字大加嘲笑。然而，如果你真的喜欢取笑，你们自己就有大量可取笑的素材：有叫粪堆（stercutium, Dunghill）的男神，有叫阴沟（Cloacinam, Sewer）的女神，维纳斯是秃头（Calvam, bald），还有叫害怕（Timorem, Fear）的神，叫苍白（Pallorem, Paleness）的神，叫发烧（Febrem, Fever）的神，诸如此类，数不胜数，古代罗马人为他们建立神殿，崇拜他们的雕像，认为这是正当的崇拜。如果你拒绝接受这些，就是拒绝接受罗马诸神，就不得进入罗马人的神殿；然而，你嘲笑并鄙视我们迦太基名称，似乎你献身于罗马神祇的祭坛。

神祇不过是可朽的人

3. 但在我看来，你或许比我们更轻视那些圣礼，你只是从这些故事中抓取一些笑料来伪装此生之短暂；你甚至毫不犹豫地求助于维吉尔，如你所写的，用他的诗句来为自己辩护："让各人按各自的意愿行事吧。"② 如果你喜欢维吉尔的权威，如你所表明的，那么另一段引文必定也会让你高兴："首先萨图努斯（Saturnus）离开高耸的奥林匹斯山，逃避朱庇特的兵器，他是一个丧失自己领地的被逐者。"③ 以及诸如此类的，他通过这些描述想要表明，萨图努斯和其他同类神祇只是人。维吉尔读过很多古代权威所确定的历史传说，西塞罗也读过，他在自己的对话里提出了同样的说法④，所用措辞比我们所能想

---

① 维吉尔《埃涅阿斯纪》8.302。
② 维吉尔《农事诗》2.65。
③ 维吉尔《埃涅阿斯纪》8.319。
④ 参见西塞罗（Cicero）《论神性》（De natura deorum）1.42.119。

象的更为直白，并且在他的时代所能容忍的范围内，尽他所能为人所知。

关于酒神巴克斯的秘密

4. 至于你说你们的圣礼比我们的更正当，因为你们公开崇拜诸神，而我们使用秘密的小型聚会，那么首先，我要请问你，你难道忘了你们的酒神巴克斯（Bacchus）？你们认为酒神崇拜应该在少数信众面前举行。其次，你自己也承认，当你提到你们的公开崇拜仪式时，你只是想让我们见识——就像看西洋镜——你们的市政官员和要人如何在酒神狂欢中沿街群魔乱舞。如果在那样的庆祝中你们真的被神灵附体，那你就清楚地看到这是一个怎样的神，他竟然使你们丧失理智；如果你们只是假装迷狂，那么这公开仪式揭示的是你们什么样的秘密，或者说这种可耻的蒙骗出于什么目的？最后，如果你们是先知，为何不预言未来？或者如果你们心智正常，为何抢劫路人？

应真诚而严肃地讨论

5. 因此，当你在信里谈到这些以及其他事——我想现在就不必再提它们了——时，凡是了解你的思维特点，读过你的书信的人，谁不认为你自己就在以极其微妙的方式嘲笑你们的诸神，那我们为何不可以取笑他们呢？所以，如果你真的希望我们之间对这些问题有所讨论，与你的年龄和智慧相称，也禁得起我们最亲爱的朋友对我们讨论目标的询问，那就请找出值得我们探讨的话题，并且要确保你说的话有利于你们的神，免得我们以为你背弃了自己的事业，因为你说了很多让我们觉得是在反对诸神而不是为他们辩护的话。最后，为了让你清楚地知道，也防止你胡乱奚笑，亵渎神圣，我要明确告诉你，我们大公基督教徒——我们也在你们的城市建立了教会——根本不拜死者，也不把上帝所造所立的任何东西作为神崇拜，我们只崇拜那至高上帝，独一真神，他创造并立定一切事物。等我确知你愿意严肃地讨论问题时，在这位独一真神的帮助下，我们再来更加详尽地讨论这些问题。

书信 18：奥古斯丁致凯勒斯提努斯
（约 389—390 年间）

奥古斯丁向凯勒斯提努斯（Caelestinus）索回驳摩尼教的作品（n.1），并简单地谈及三类本性及其理由（n.2）。

奥古斯丁索回驳摩尼教的作品

1. 真希望我能持续地跟你谈论某个事！不过，确实有一个事，即我们应摆脱无谓的事，只担当有益的事。至于完全摆脱俗事获得安宁这样的事，我不知道在此世是否能有所指望。我给你写了信，但没有收到任何回复。我寄给你驳摩尼教的作品，那是我尽我所能作了修改并定稿的作品，但没有收到你的任何回应，不知你对它们的判断和印象是什么。现在我该索回我的作品，你也该归还它们了。所以我恳请你立即寄还，并附上你的回信，我特别想要知道你对这些作品的看法，或者你认为还需要什么样的武器来摧毁那种错误。

三类本性

2. 由于我对你知根知底，就以简洁的方式表述一个重大问题，请你思考。有一类本性既在时间中变化也在空间中变化，比如物体；另一类没有空间上的变化，只在时间中变化，比如灵魂；还有一类既没有时间上的变化，也没有空间上的变化，就是上帝。我这里描述的以某种方式变化的，就是被称为造物的；不变的，就是造主。然而，当我们说某物存在时，我们的意思是指它留存，并且是一，所以统一

书信18：奥古斯丁致凯勒斯提努斯（约389—390年间）

性是一切美的形式；事实上，你在以上的本性分类中可以看到，哪个是最高的存在，哪个是最低的存在，两者都是存在的；那个居间的，比最低的要大，比最高的要小。那最高者就是幸福本身，最低者，虽然不可能是幸福的，但也并非是不幸的；而居间者，如果倾向于最低者，就不幸地生活；如果皈依最高者，就幸福地生活。凡是相信基督的人，不会爱那最低者，也不会为居间者骄傲，因而他应该依偎于最高者。这就是命令、敦促、激发我们去做的全部。

书信 19：奥古斯丁致盖伊乌斯
（389—390 年）

奥古斯丁把自己的作品寄给大公教徒盖伊乌斯（Gaius）——或许奥古斯丁正是通过讨论使他皈依了大公教会——阅读，并劝告他要坚固信心，保守美好的目标。

离开你之后，关于你的甜美回忆充满我的脑海，无以言表，并且时时浮现。我记得尽管你探求真理的热情令人惊奇，但你的讨论从未超出适当的界限。我很难找到像你这样提问时如此热切洋溢，倾听又如此安静耐心的人。真希望能有更多时间与你交谈，因为与你相谈，不论多长时间，都觉得不够长。但现在难以实现，又何必去追问原因呢？现在确实很难，或许将来某时会容易些，但愿上帝应允！只是现在远非如此。所以我把此信寄给一位弟兄，让他来负责把我的所有作品交给你，供你以最明智的爱阅读。他不会违背你的意愿把我的任何东西强加于你，因为我知道你心里对我的友谊。不过，如果你读了这些作品之后，表示赞同，并且认为它们是真理，请不要归功于我，因为它们都是赐予的，你也应该归向那赐予者，你能赞同那所赐予的真理，也是因着从他而来的能力。没有哪个读者是在他所读的作品本身，或者在撰写作品的作者那里看见真理，而是在他自身里面看见，只要他的心灵被真理之光照亮，这光，并不是通常意义上的亮光，更不是物质性的灯光。如果你读到一些错误和可指责的东西，你要知道那是沾染了人的迷雾，你要把这归咎于我，那确实是出于我。若不是我已经看见你张大心灵之口畅饮真理，我会敦促你去寻求它；若不是你已经如此确定无疑地拥有你心灵和意志的力量，我还会鼓励你坚守你认定为真的东西。因为在我们短暂的交往中，你身上整个鲜活的生命，就如同把身体的外壳撕开，明明白白向我显现出来。我们的主有最仁慈的神意，他绝不会允许你这样一个既善良又聪慧的人远离基督的大公教会。

书信20：奥古斯丁致安托尼努斯
（389—390年）

奥古斯丁感谢安托尼努斯（Antoninus）的好意以及对他的高度评价（n.1-2），他更希望他的整个家庭都能宣信同一个真实的信仰和敬虔（n.3）。

安托尼努斯将收到奥古斯丁让传信人带去的口信

1. 虽然我们两人都欠你回信，但是这笔债大部分都将连本带利偿还，因为你会看到我们中的一人来到你的面前，从他的口中你也能得到我的信息，所以我原本没必要再写回信，既然他亲自到你那里去了，我再写信似乎多此一举，但他仍然坚持要我这样做。或许这样与你写信笔谈比我个人在你面前更有成效，因为你既可读到我的书信，又可从他听到我的信息，你知道我完全住在他的心中。收到你的来信时，我满心欢喜，反复阅读和思考，因为它向我呈现了一个真正基督徒的心灵，未受时代之恶污染，又对我充满友爱之情。

奥古斯丁祝贺安托尼努斯的善意并表示感谢

2. 祝贺你的信望爱，也感谢上帝我们的主，感谢你在主里面高看我，相信我是上帝忠实的仆人，感谢你以最纯洁的心爱我。不过，借此机会，对你的善意更应该表示祝贺，而非只是感谢。因为热爱善好本身对你有益。任何人，当他相信某人是善好的而爱此人时，他必是爱善好的，不论他所爱之人是如他所信的那样，还是并非如他所信的那样。这里只有一个错误需要避免，那就是我们不按真理的要求判断，不是判断人，而是判断人里面的真善。而你，我最亲爱的，你完全没有错，你相信并知道最大的善就是自愿而圣洁地事奉上帝；当你相信一个人分有这种善而爱他时，你就得到了自己的回报，即使此人并非如此。因此你是值得祝贺的，而那被爱之人，如果他只是被爱，并无甚可庆贺，如果他就是爱他之人所认为的那样，那么也是值得庆贺的。至于我们是怎样的人，我们在神圣生命里有多大进展，上帝会亲自省察，他的判断永远不可能偏离，不仅对人的善如此，对人本身也如此。你以宽宏仁慈的心拥抱我，相信我具有上帝仆人所必备的品性，就凭这一点，就足以使你获得回报，享有福祉。我要大大感谢你，因为当你赞美我，似乎我就是那样的人时，你其实是在以神奇的方式劝勉我，使我渴望成为那样的人；如果你不仅在你的祷告中记念我们，而且不断地为我们祷告，那我要加倍地感谢你。为弟兄祷告更为上帝悦纳，因为那是以爱为祭。

愿安托尼努斯全家都在信心和敬虔上享有大公教信仰

3. 真诚地问候你的小儿子，希望他在践行主救人的戒律中成长。我也期望并祈求你的家人都能在一信仰（unam fidem）和真委身（devotionem veram）上进步，那是唯有大公教中才有的。在这件事上，如果你觉得需要我们的帮助，请凭着我们共同的主和爱律，尽管提出，不必犹豫。我特别想提出一点，供你基于你最敬虔的审慎参考，即你要通过诵读神圣话语以及与同伴严肃的交谈，在你软弱的器皿中种植并培养对上帝合乎理性的敬畏。因为凡是关心自己的灵魂状态，并且顺服地寻求主的旨意的人，只要得到优秀教导者的指点，不可能不知道统一的大公教信仰与其他任何一种现存派别之间的区分。

书信21：奥古斯丁致瓦勒里乌斯主教
（约391年复活节前）

奥古斯丁被按立为希波教会的司铎（约391年初），遵行上帝之道管理教会，他自我反省，认为要做一个敬虔的司铎是件既困难又充满危险的事（n.1-2），因此向主教瓦勒里乌斯（Valerius）① 提出恳求，允许他退休祷告，并借此研读《圣经》，为无法推托的职事作好预备（n.3-4），为此目的，上帝必会让他有备而归（n.5-6）。

司铎（Presbyter）奥古斯丁在主内致敬最有福最可敬的父亲瓦勒里乌斯主教，问候主安：

神职工作的艰难和危险

1. 首先，我恳请你基于你敬虔的审慎思考一下，在此生中，尤其在这个时代，如果对待工作只是漫不经心、敷衍了事，做做表面文章，那有什么比主教或司铎或执事的职位更轻松、更愉快、更为人所接受的？但是，在上帝看来，没有什么事比这样做更可怜、更可恶、更该受惩罚的。同样，在此生，尤其在这个艰难时代，如果遵照我们大指挥所命令的方式征战②，那没有什么比主教或司铎或执事的职位

---

① 瓦勒里乌斯是当时的希波主教，他按立奥古斯丁成了司铎，不久又将奥古斯丁立为他的副主教。
② 参见《提摩太前书》一章18-19；《提摩太后书》二章4节。

书信 21：奥古斯丁致瓦勒里乌斯主教（约 391 年复活节前）

更艰辛、更劳苦、更危险的，同时在上帝眼里也没有比它更有福祉的。然而，关于那种方式是什么，我不是从孩提时期，也不是从年青时候就学习的；当我刚开始学习，还没有掌握如何划桨的时候，就不得不接受——这必是对我罪的惩罚（我想不出其他原因）——仅次于舵手的位置。

奥古斯丁被立为司铎时为何流泪

2. 不过，我想我的主之所以如此，是想要纠正我，因为我在还没有航海经历，不知道工作性质的时候，就胆敢指责许多航海员的过错，似乎自己知识更多，修养更好。因此，当我被派到他们中间经历他们的工作之后，我就开始意识到我的指责是多么鲁莽，尽管在此之前我也认为这项工作是最危险的。因此，当我在城里接受按立的时候，一些弟兄注意到我流泪了；他们虽然出于好意安慰我，但由于并不知道我悲伤的原因，所以他们的话完全无法解我伤痛。但是我经历了很多，了解了很多，远比我原来设想的多，不是因为我现在看到了以前不曾看见或听见或读到或想到的新的波涛或风暴，而是因为我原来完全不知道自己避免或面对它们的技巧和能力，以为自己总有些用，而不是无能为力。然而，主就笑我，于是想通过我自己的经历向我表明我是怎样的人。

研读圣经不可拖延

3. 如果他这样做不是为了惩罚，而是出于怜悯——这正是我热切盼望的，因为我现在已经认识到自己的软弱——那么我应当钻研他圣书里的全部治疗方法，并且不断祷告不断诵读，使我的灵魂获得足够的力量，去适应如此危险的工作。我以前一直没有这样去做，因为没有时间。但是被授予圣职之后，我计划利用所有空余时间去钻研圣经，也要努力挤出时间来研读《圣经》。说真的，我原本不知道承担

69

这样的工作需要具备什么，因而如今倍感压力，忧心忡忡。如果我已经在工作实践中学会了一个用圣礼和圣言牧养民众之人必须具备的能力，如今不会再自以为是，自知无知，能力有限，那么，瓦勒里乌斯父亲啊，你又要给我什么命令，叫我毁灭呢？你的爱在哪里？你真的爱我吗？你真的爱这个你希望我服侍的教会吗？我确信你是爱我的，也爱教会，只不过你认为我适合（那个职位），而我对自己已有更深的了解，若不是我在实际工作中学习，我对自己可能也不会有那么多的了解。

奥古斯丁恳求退休祷告和研读

4. 或许阁下会说：我想知道你的训练中还缺少什么。缺少的东西太多，列举我已经具备的倒比不具备的容易些。我胆敢说，我知道且毫无保留地相信关于我们得救的教义。但是我如何利用这教义使别人得救呢？不求自己的益处，只求众人的益处，叫他们得救。① 或许圣书里记载了一些指南——至少我对此深信不疑——属上帝的人可以通过了解和理解它们学会管理教会事务；不然，至少可以拥有更健全的良知生活在罪人中间，或者死了也不会丧失那种生命，就是心里谦卑而温柔的基督徒所渴望的生命。但是如何才能做到这样呢？唯有像主所说的，要求问、寻找、叩门②，也就是祷告、阅读、流泪。为此，我希望通过弟兄们恳求你出于最真诚、最可敬的爱留给我一点时间，至少在复活节之前，我自己也想通过祷告为此恳求。

上帝对缺乏神圣知识的司铎的严厉审判

5. 我该如何回复主这位审判官呢？我能说："因为教会事务缠

---

① 参见《哥林多前书》十章33节。
② 参见《马太福音》七章7-8节；《路加福音》十一章9—10节。

身，所以无法寻求所需要的知识"？如果他这样答复我："你这恶奴才①，如果教会的田地落入某个恶人之手遭受损失——收获田地上的果实需要付出艰辛的劳动——如果你有能力为此在世俗法官面前做点什么，你岂不应该在全体一致同意下，甚至只是一些人的命令和催促下，离开这块我用己血浇灌的田地，走上诉讼之路？如果法官作出的判决对你不利，你甚至不惜跨洋过海提出上诉？若是这样，你离开一年或者更长时间也不会有人报怨，强迫你回来，免得别人霸占那块必需的田地——不是灵魂所必需，而是穷人的身体所必需；而我的生命树，只要得到精心照料，就可以非常轻易也更令我喜悦地满足他们的饥饿之需。那么你为何硬说自己没有闲暇时间去学习管理我的田地？"我恳请你告诉我，我该如何回答？或许你会让我这样回答："年迈的瓦勒里乌斯相信我在所有这些事上都已经满有知识，也因为他太过爱我，所以不允许我学习那种知识？"

奥古斯丁恳求瓦勒里乌斯怜悯他

6. 尊敬的瓦勒里乌斯啊，请你想想所有这些，我恳请你想一想，藉着基督的圣善和庄严，藉着他的仁慈和判断，他在你心里浇灌了对我的如此大爱，使我不敢冒犯你，即使为了我灵魂的益处。然而，你呼求上帝和基督向我见证你的清白和仁爱，以及你对我的真诚情感，似乎我自己对所有这些都不能起誓作证。因此，我恳请你凭着这爱和情感，怜悯我，为了我所说的这个原因，允许我有我所请求的时间，并通过你的祷告帮助我，使我的愿望不会落空，使我的离开不会对基督的教会造成损失，对弟兄们和同工们的事工产生不利。我知道主不会鄙弃祷告者的爱，尤其在这样的事上，他或许会把它们看作甜美的祭接受，会在比我所求更短的时间内使我从他的圣书里装备救人的知识，回到你身边。

---

① 参见《马太福音》十八章 32 节。

书信 22：奥古斯丁致主教奥勒留
（约 392 年）

司铎奥古斯丁感谢迦太基主教奥勒留（Aurelius）① 对他本人及其全体弟兄的友善（n.1），对非洲不断出现的以宗教形式庆祝并纪念殉道者过程中的宴乐和醉酒感到忧虑（n.2-3）；对这种丑陋的恶习，他呼吁要依靠大会的权威医治，同时对平信徒要考虑用温和的方式处理，首先要通过圣经的证据劝诫（n.4-6）。然后他对神职队伍中存在争竞和对属人赞美的欲求感到忧心忡忡（n.7-8）。最后他恳求引荐萨图尼乌斯前来与他交谈（n.9）。

奥古斯丁感谢奥勒留对他本人及弟兄们的友善

1.1 我犹豫了好久，一直找不到恰当的措辞回复阁下，表达自己的感激之情（因为无论我想说什么，都被自发产生的满腔情感淹没，而读到你的来信，心中的情感就更加汹涌澎湃，难以抑制），于是我把自己交托给上帝，恳请他根据我的能力在我心中作工，让我能写回信，既符合我们俩对主的热忱及对教会的操心，也符合你的权威之位和我的辅助之职。首先，你说你相信我的祷告对你有帮助，这一点我不仅不否认，而且欣然认同。因此，我们的主必倾听我，即使不是通过我的祷告，也肯定通过你的祷告。你允许阿利比乌斯② 弟兄留在我

---

① 奥勒留于 393 年成为迦太基主教，直到 429 年或 430 年去世前一直管理迦太基教会。
② 阿利比乌斯从孩提时代就是奥古斯丁的好友，不久成为奥古斯丁家乡塔迦斯特的主教。

们团契，为其他渴望避开属世挂念的弟兄树立榜样，对你的这份善心，我满怀感激，无言以表。主必为此回报你的心灵！因此，整个团契的弟兄开始在我们身边聚合团结，对你忠心耿耿，尽管彼此之间相距的物理空间遥远，你的精神却仿佛就在眼前，指引着我们。因此我们要尽最大力量祷告，求主屈尊保守委托给你的这个牧群，永远不离弃你，在需要的时候做你的帮手①，藉着你的神职显怜悯给他的教会，当他们以眼泪和叹息向他恳求时，就使他们成为属灵的人。

非洲教会遭受的污秽和软弱

1.2 最有福的阁下，满腔爱意的可敬之人，你知道我们不会绝望，反生更强烈的盼望：我们的主和上帝必藉着你的个人权威——我们相信那不是基于你的身体，而是基于你的灵性——通过会众的威望和你的影响力，治愈非洲教会遭受的许多污秽和软弱——表现出这些疾病者众多，但为此叹息忧愁者甚少。使徒保罗在一处把可憎且必须避免的恶习简单地分为三类，从这三类中则可以滋生出数不胜数的恶；但是只有其中一类，即使徒列为第二的那类，是教会严厉惩处的，其他两类，即第一类和第三类，在人看来似乎是可忍受的，渐渐地就可能发展成不再把它们看作恶习。就如这被拣选的器皿所说："不可荒淫醉酒，不可好色邪荡，不可争竞嫉妒，总要披戴主耶稣基督，不要为肉体安排，去放纵私欲。"②

教会里应完全禁止荒淫和醉酒

1.3 在这三类中，好色和邪荡被认为是大罪，谁若沾染了这类罪，就被认为不仅不配担任神职，甚至也不配参加圣礼。这当然是对

---

① 参见《诗篇》九篇10节。
② 参见《罗马书》十三章13、14节。

的。但是为何只是这一类呢？荒淫和醉酒被认为完全可接受且合法，从而成为纪念至圣殉道者的礼仪的一部分，不仅在节日里奉行（凡以灵性之眼看待节日的人，谁能不为之叹息呢？），而且成为日常规范。如果这种污秽只是可恶，并没有亵渎神圣，那我们认为尚可在我们能忍受的范围内忍受它。然而，这位使徒为何又在另一处罗列了诸多恶习——包括这里的酗酒在内——之后，如此总结说，这样的人，就是与之吃饭也不可？① 我们可以忍受家庭聚会上的奢侈荒淫，接受私人范围内的宴乐酒席，我们也可以与这些我们不得与其同吃的人一同接受基督的身体，但是至少让这样的丑事远离圣徒的坟墓，远离圣礼举行之地，远离祷告之所。因为既然所谓的殉道者纪念礼可以在圣所举行，那谁还敢在私人生活中禁止它呢？

教会里的恶习要靠大会的权威剔除

1.4 如果非洲教会能首先坚持废除这些恶习，它就值得其他地区的教会效法。纵观意大利大部分地区，所有或者几乎所有海外教会，或者从未有过这样的陋习，或者确实有过，不论是新近出现的，还是根深蒂固的，但依靠圣主教们的勤勉提醒和严厉指示，都被压制并剔除了，因为这些主教对来世生活有真知灼见……既然有这样众所周知的榜样立在面前，我们为何还要犹豫，而不断然摆脱这些陋习呢？事实上，我们就有这样一位主教②，为此我们要大大感谢上帝。他是极其谦逊温和之人，也很审慎，对主充满热心，即使他是非洲本地人，他也会根据《圣经》坚信必须马上医治这种由荒淫和放荡的陋习感染的伤口。然而，这种恶习已经像瘟疫一样影响深广，在我看来，若不诉诸大会（concilium）的权威，不可能完全治愈。另一方面，如果

---

① 参见《哥林多前书》五章 11 节。
② 奥古斯丁指希波主教瓦勒里乌斯，他是希腊人。

这种治疗只从一个教会开始实行，那么，试图改变迦太基教会认可的习俗，岂不显得胆大妄为，就如同想要维持迦太基教会所纠正的事会显得极为无耻一样。要担当这样的事，除了那尚是执事时就严厉指责这些习俗的人①，还能指望哪位更适合的主教呢？

对普通基督徒要温和告诫，用圣经权威教导

1.5 你曾经为之忧伤的，现在当把它剔除，但不能用粗暴的方式，而要像经上所写："当用温柔的心。"② 以温和的方式处理。原谅我直言不讳，因为你的书信表明你心里满是真诚的爱，这给了我充分的信心，让我放胆，对你说话就如对自己说话一样。在我看来，对待那些事不可鲁莽，不要粗暴，不能用任何强制的方式；教导胜过命令，劝告胜过威胁。对待普通大众必须通过这样的处理方式，但是对待少数人的罪则要极其严厉。如果我们使用威胁方式，也要饱含忧伤，引用《圣经》关于将来审判的经文产生威慑作用，免得人们因我们自己的权力畏惧我们，而非因我们的话语畏惧上帝。这样，那些属灵或者接近属灵状态的人被首先唤醒，然后在他们的影响下，再通过温和但持之以恒的劝告，其他民众也就改邪归正了。

如何培养对殉道者和死者有益的仪式

1.6 但无知而属血气的民众通常认为，那些醉酒纵乐和奢华宴席不仅是对殉道者的纪念，也是对死者的一种慰藉，所以在我看来，要让他们放弃那些污秽和丑陋之事，比较容易的做法是，除了表明这是《圣经》所禁止的事之外，还要表明，为死者之灵献上的祭品——应该相信这是有某些益处的——不能过于昂贵，不然就丧失了纪念意

---

① 奥勒留在被按立为主教之前于390—393年间任迦太基执事。
② 参见《加拉太书》六章1节。

义；也不能用来炫耀，而要把它们分给想要的人享用；也不能把祭品出售；如果有人出于某个宗教目的，想要捐钱，就让他现场捐给穷人。这样，似乎就可以避免抛弃纪念死者的仪式，不然会在人们心里产生不小的痛苦，同时代之以敬虔而真诚的方式举行，就如在教会举行一样。关于宴席和醉酒就谈到这里。

应在谦卑中克制对属人赞美的欲求

2.7 至于争竞与嫉妒，我有什么权利谈论呢？因为这些恶习在我们自己队伍中比在民众中更严重。而这些疾病的源头是骄傲，是对属人赞美的欲求，而这种欲求又常常生出伪善。要抵挡这样的诱惑，唯有通过不断思考《圣经》，培养对上帝的畏与爱。然而，如果有人这样做了，他应该表现为耐心和谦卑的榜样，不要自以为配得所给的荣誉和赞美，而要有所保留，对尊崇他的人所给予的，既不全部接纳，也不一概拒绝；所接受的赞美和荣誉，不是为他自己——就他自己而言，他应该把一切归于上帝，鄙弃人事——而是为了那些他要帮助的人，如果他过于自我贬损，失去这些人的尊重，就无法为他们谋福。经上有话可为此作证："不可叫人小看你年轻。"① 同时说这话的这位又在另一处说："若仍旧讨人的喜欢，我就不是基督的仆人了。"②

为赞美者的益处接受其赞美

2.8 不以人的尊荣和赞美为乐，鄙弃一切虚妄与浮华；如果迫于情势不得不保留某种尊荣，也把它全部用于有益于给予尊荣者的事，使他得救。因为经上说的话并非没有目的："上帝把那想要取悦人之人的骨头打散了。"③ 试想，最为脆弱、最缺乏稳固和力量的，就如

---

① 参见《提摩太前书》四章 12 节。
② 参见《加拉太书》一章 10 节。
③ 参见《诗篇》五十三篇 6 节。

这里的"骨头"所比喻的，不就是被诽谤者的恶言击倒的人——尽管他知道关于他的这些话全是假话——吗？如果不是对赞美的爱打散了他的骨头，遭遇这种事的痛苦绝不可能撕裂他灵魂的内脏。我理所当然地相信你的灵魂充满力量，所以我把我对自己说的那些事，现在对你和盘托出；我相信你愿意与我一道思考这些事是何等重要又何等困难。因为对于这类敌人，你若不向它宣战，就不知道它的力量；如果说在缺乏赞美的时候对赞美持否定态度相对容易，那么在受到赞美的时候要克制对赞美的喜爱着实困难。然而，心灵应完全定睛在上帝身上，这样，如果我们得到的赞美是我们不配的，我们就纠正——如果能够——赞美我们的人，免得他们把我们没有的东西当成我们拥有的东西，或者把属于上帝的东西当成属于我们的东西，或者赞美那些虽然我们确实拥有甚至大大拥有，但根本不值得赞美的东西，比如我们与兽类共同拥有，或者与恶人共同拥有的那些善好。然而，如果我们因着上帝受到应有的赞美，那么我们要祝贺那些以真善为乐的人，但不能因我们取悦了人而沾沾自喜；如果我们在上帝面前的样子就是他们所相信的样子，那是值得祝贺的，但也不要归功于我们自己，而要归功于上帝，一切真实而配得赞美的善好都是他的恩赐。这就是我每天对自己念叨的调子，或者毋宁说是对上帝念诵，一切有益于人的指令都从他而来，不论是在读《圣经》时发现的，还是在灵魂深处涌现的。然而，在与这个敌人激烈的争战中，我仍然时时受伤，因为当我受到人们赞美时，并不总是能完全克制对赞美的喜乐。

奥古斯丁渴望与萨图尼努斯交谈

2.9 以上所写，或许并非你目前所需——因为你自己对这类问题可能有更好更切实际的思考，或者因为你确实不需要这样的疗方——我之所以写下这些，是为了让你了解我的软弱，也让你知道为何要屈尊为我的软弱向上帝祷告；我也借着那命令我们要互相担当各人重担①的属上帝之人恳求你,好叫你为我最恒切地祷告。在我的生活和与人交往中还有很多事都是我应该流泪叹息的,但我不想通过书信告诉你,恐怕你的心与我的心之间,除了我的口和你的耳之外,还有别的中介。但是如果德高望重的萨图尼努斯(Saturninus)——我们都尊敬他,我们所有人都真诚地爱戴他,我当时在那里也看见他对你兄弟般的慈爱和热心——如果他能在任何方便时屈尊来看我,我可以与这位圣洁而属灵之人无话不谈,就如同我与阁下面谈一样,或者几乎一样,没有本质区别。我急切祷告、深切希望——无论用何种语言都不足以表达——你能与我一同恳请并得到他的同意。至于说离开希波,希波人对我去那么远的地方会感到非常焦虑,他们绝不会放心让我去看那块地——在收到你的来信之前,我已得知你出于远见和慷慨把那地赠送给了弟兄们。我是通过我们的圣弟兄和同为仆人的帕尔塞尼乌斯(Parthenius)得知的;我们还从他听说了许多其他我们一直渴望听到的事。关于其他我们仍然期待的消息,主会让我们如愿以偿的。

---

① 参见《加拉太书》六章 2 节。

书信 23：奥古斯丁致马克西米努斯
（391—395 年间）

奥古斯丁向马克西米努斯（Maximinus）[①]——多纳图派主教，据说给一位大公教执事施行二次洗礼——表明自己的看法，让他或者承认这是不敬而可憎之事，或者公开认信正统教义（n.1-4），呼吁他和平讨论，从而恢复教会的合一性（n.5-8）。

大公教会司铎奥古斯丁在主内问候最亲爱的大人和最可敬的弟兄马克西米努斯。

解释信的标题

1. 在进入我决定写给阁下的正题之前，我先简单解释一下该信的标题，免得你或其他人产生困惑。之所以写"大人"，是因为经上说："弟兄们，你们蒙召是要得自由，只是不可将你们的自由当作放纵情欲的机会，总要用爱心相互服侍。"[②] 既然我有写信给你的职责，就是在爱里服侍你，所以称你为"大人"并不荒谬，这是因着那位命令我们这样做的真主的缘故。至于我写"最亲爱的"，上帝知道我不仅爱你，而且爱你如己，因为我非常清楚地意识到，我希望你幸

[①] 马克西米努斯是邻近教会的主教，原是多纳图派的人，后来皈依大公教信仰。参见《上帝之城》22.8。
[②] 参见《加拉太书》五章13节。

福，就如希望我自己幸福一样。然后我又加上"最可敬的"，之所以加上这个词，并不是敬你的主教头衔，因为你并非我的主教；你也不可理解为这是语词的滥用，而是出于内心，因为我们说话应该"是，就说是；不是，就说不是"①。你知道，或者说凡是认识我们的人都知道，你不是我的主教，我也不是你的司铎。我之所以真心称你为最可敬的，是基于这样的原则：我知道你是一个人，并且知道是按照上帝的形像和样式造的人②，因这秩序本身和自然法则而享有尊荣，如果他能理解他应该理解的事，那他就保守这份尊荣。就如经上所写："人居尊贵中却不理解，他就好比无理性的畜类，变得与它们一样。"③ 既然你是一个人，尤其在你此生的日子里，我不敢对你的悔改和得救不抱希望，那我为何不能称你为可敬的呢？此外，我称你为弟兄，你当然知道上帝赐给我们的神圣命令④，即使对那否认自己是我们弟兄的人，我们也要对他说：你是我们的弟兄。这是一条充分的理由，促使我决定写信给你，我的弟兄。我已阐明我的理由作为该信的开场白，现在请侧耳细听我以下所述。

二次洗礼是极大的恶

2. 你们那个地区有个可怕而可憎的习俗，人们虽然夸口基督徒之名，却毫不犹豫地为基督徒施行二次洗礼。我对之憎恶至极，难以言表。不过，并非没有人对你赞美有加，说你并不遵从这种做法。我承认，一开始我并不相信；后来想一想这是可能的，一个人若思考将来的生命，心里必会充满对上帝的敬畏，就会克制自己不去做如此明目张胆的错事，于是我很高兴地相信了，因为你在这件事上并不愿意

---

① 参见《马太福音》五章 37 节。
② 参见《创世记》一章 27 节。
③ 参见《诗篇》四十八篇 13 节（LXX）。
④ 参见《以赛亚书》六十六章 5 节。

书信 23：奥古斯丁致马克西米努斯（391—395 年间）

远离大公教会。我一直在急切地寻找机会与你交谈，如果可能，希望把我们之间仍然存在的一点小小分歧消解，唉，没想到就在几天前，我得到报告说你为穆图根那（Mutugenna）我们的一位执事施行了二次洗礼。我为他的可恶错误，也为你，我的弟兄，犯下这种意料之外的罪行深感痛心。因为我知道何谓大公教会。列国都是基督的产业，地极都是他的财产。[①] 你也应该知道这一点，如果不知道，那就要小心分辨了；其实只要愿意，这是很容易了解的事。因此，对一个已经根据基督教会传承下来的规范领受圣礼记号的异教徒施行二次洗礼，无疑是一种罪；而对大公教徒施行二次洗礼，那更是极大的重罪。然而我对此并不相信，因为我对你仍抱有好感，于是我亲自去了穆图根那，可惜没能找到那个可怜的人，只是从他父母口中得知他已成了你的一名执事。无论如何，我至今仍然认为你是个好人，因而不相信你对他施行了二次洗礼。

我们所做的一切事都要归因于上帝

3. 因此，最亲爱的弟兄，我藉着我们的主耶稣基督的神性和人性，恳请你屈尊回信告诉我事实真相，也表明你知道我很乐意把你的信大声读给教会里我们弟兄听。我写这封信是为了避免出现这样的情形：我做了你并不愿意我做的事，从而冒犯你的爱，然后你就有正当理由向我们共同的朋友抱怨我。因此我看不出有什么事妨碍你回信给我。如果你确实施行了二次洗礼，那你没有任何理由害怕你的同事，你只要说即使你不愿意他们也会命令你这样做。但是如果你尽你所能为这种习俗辩护，那么他们不仅不会发怒，还会赞美你。如果你没有施行二次洗礼，马克西米努斯弟兄啊，那就请你守住基督徒的自由，抓住它，定睛在基督身上，不怕任何人的指责，也无惧任何人的权

[①] 参见《诗篇》二篇 8 节。

势。世俗的尊贵转瞬即逝，野心和虚荣转瞬即逝。在将来基督的审判中，当我们的良知开始指控我们，良知的法官进行审判时，没有合唱团的台阶，没有座椅上的挂毯，没有圣女团唱歌行进为我们辩护。在这里荣耀的事，到了那里成为一种负担；在这里将你抬高的，到了那里要将你压倒。那些为教会利益暂时显示我们尊荣的事，也会得到美好良知的辩护。然而，恶行是不可能得到任何辩护的。

洗礼的记号永远在灵魂里

4. 你做事总是本着一颗真诚而敬虔的心，如果你这样处理这事——没有重复大公教会的洗礼，而是主张洗礼只有一位真正的母亲，她向万国万民张开臂膀拯救他们，又向得救者敞开胸怀喂养他们，把他们看作基督独特的产业，直到地极——如果你真的这样做了，又为何不发出欣喜而自由的喊声？为何要把你那闪着有益光芒的灯藏在斗底下呢？① 为何你不脱掉并撕毁那些旧皮，那些捆绑你令你胆怯的东西，披戴基督徒的勇敢和信心，走出来大声说："我只知道一次洗礼，就是以圣父圣子和圣灵的名作记号分别为圣的洗礼。每当我发现洗礼是这种形式的，我必定义无反顾地接受。凡我认出属于我主的东西，我绝不破坏，我王的旗帜我绝不践踏！"即使那些分拈基督外衣的人，并没有侮辱他（没有撕开他的里衣）②，要知道，他们当时并不相信他的复活，只看见他的死亡。既然逼迫基督的人在他挂在十架上的时候尚且没有撕裂他的衣服，为何如今当他在天上做王的时候，倒有基督徒毁坏他确立的圣礼呢？如果我是一名古代的犹太人，没有其他更好的方式，我必然接受割礼。这是"因信称义"的

---

① 参见《马太福音》五章 15 节；《路加福音》十一章 33 节；八章 16 节；《马可福音》四章 21 节。
② 参见《约翰福音》十九章 24 节。

印证①，在当时——即主还未降临、割礼还未废除的时候——具有多大的力量，由以下例子可见一斑：摩西的母亲若没有拿起一块石头对他行割礼，天使就会把婴儿摩西杀死②，而这圣礼使他避免了眼前的灭命之灾。这圣礼甚至能控制约旦河，使它倒流。③ 主虽然在十架上废除了这割礼，但他本人出生时也曾领受它。④ 并不是这些记号本身受到指责，而是因为时过境迁，它们被更合时宜的礼仪取代。正如主第一次降临废除了割礼，同样，他第二次降临时将除去洗礼。正如信仰的自由到来之后，奴役人的轭被除去，没有基督徒在身体上受割礼，同样，等到义人与主一同作王，不义者被定罪之时，就不会再有人受洗礼，但是这两种礼仪所预表的真义，即心里的割礼和良知的洁净，则永远长存。如果我是那个时候的犹太人，然后有撒马利亚人来找我，想要放弃他的错误信仰——主也曾指责他们的信仰，说："你们所崇拜的，你们不知道；我们所崇拜的，我们知道，因为救恩是从犹太人出来的。"⑤ ——如果这个撒马利亚人想成为犹太人，而他受过撒马利亚人的割礼，那么在异教徒中已经做过的事不能胆大妄为地要求重复做，因为这是上帝的命令，我们不能重复，只能接受。若说在一个受过割礼的人身上，我不可能找到可以再施割礼的地方，因为人身上只有一个这样的器官，更何况人的心里，怎么可能在心里再找一个地方施行基督的洗礼呢？因此，你若想要施行二次洗礼，就得需要两个心灵。

洗礼的合一性被多纳图派撕裂

5. 所以，如果你没有施行二次洗礼，就当大声高喊，你做得对；

---

① 参见《罗马书》四章 11 节。
② 参见《出埃及记》四章 24 节。
③ 参见《诗篇》一百零三篇 3 节；五篇 11 节。
④ 参见《路加福音》二章 21 节。
⑤ 参见《约翰福音》四章 22 节。

不仅毫无畏惧，而且兴高采烈地写信告诉我。不要让你们派别的会众阻挡你的脚步，我的弟兄。如果他们对此不高兴，那他们不配拥有你；如果他们欣然接受，那我相信，因着主的怜悯——他从不放弃那些害怕他不悦纳，并努力使他悦纳的人——你我之间马上就会有和平。不要因为我们个人的荣誉——关于它们为何会成为危险的负担，应该好好反思——使可怜的平信徒在家里享有共餐，在基督的餐桌前却不能共餐。如果一对男女通过信仰的婚约结成夫妻，以基督之名宣誓忠于彼此，然而却因属于不同的派别而分裂基督统一的身体，我们难道不因此而忧愁悲叹吗？如果能藉着你的温和、智慧和爱——我们应归于那为我们流自己宝血的主——使这种令人无比羞耻、令魔鬼轻易得胜、令灵魂遭受涂毒的分裂在这些地区消除，那么谁能用语言表达主为你预备的奖赏会何等荣耀？因为你提供了一种可轻易效仿的疗方，能治愈在非洲全地肆虐的疾病。我担心的是，由于你无法看到我的心，你可能会以为我这样对你说话是出于傲慢，而不是出于真爱！然而，我只能把我的话呈现给你审视，把我的心呈现给上帝省察，除此之外，我不知道自己还能做什么。

通过心平气和的讨论消除分裂

6. 让我们消除彼此之间无谓的指责，那往往是由于双方相互不了解才产生的。你们不要拿马卡里乌斯（Macarius）时代[1]指责我，我也不拿西尔库塞利奥（Circumcellions）的野蛮指责你们。[2] 如果说后者与你们无关，那我也得说前者与我无关。主的场还没有扬净[3]；

---

[1] 马卡里乌斯是康斯坦丢（Constantius）皇帝的使者，被派到非洲执行皇帝诏令，解决多纳图派争端。他先是贿赂他们，未成之后就使用武力，结果引起抵抗，导致流血。多纳图派把他们教派中阵亡的教徒称为"殉道者"，并把这个事件称为"马卡里乌斯逼迫"。
[2] 一个激进的多纳图派直接行动团体，对大公教徒有非常过激的行为。
[3] 参见《路加福音》三章17节。

它不可能完全没有糠。让我们祷告，并尽我们所能行动，以便成为好麦子。我不可能对我们的执事二次受洗之事缄默不语，因为我知道沉默对我有多危险。我思考的不是把时间花费在教会虚妄的名誉上，而是如何向那大牧人交待托付给我的羊群。如果你不喜欢我写这样的信给你，那么弟兄啊，请你务必原谅我的忧心；因为我非常担心，如果我对此缄默不语、无动于衷，其他人也会接受你们的二次洗礼。所以我决定要尽主所赐的能力和时机，担当起这个任务，通过我们之间的和平交流，使所有与我们统一信仰的人知道，大公教会与异端者和分裂者有多大的区别，看到它如何全力提防稗草和从主的葡萄树上折下的断枝可能带来的毁灭。如果你欣然接受这样与我交流，同意把我们两人的书信公开宣读，我会感到难以言表的高兴。如果你不愿意接受这样的提议，那么，我的弟兄，我能怎么办呢？为了更好的教导，我只能未经你同意，把我们的书信向大公教信众宣读。如果你甚至不愿屈尊给我回信，那我就决定只宣读我自己的书信，至少让他们知道你在此事上疑虑重重，就会羞于接受二次洗礼。

应如何讨论才能恢复教会的合一性

7. 我不会在有军队在你面前时做这样的事，免得你们中有人以为我想要采取强制的方式，而不是和平的方式。当军队撤离之后，所有听我讲话的人都会明白，并不是我想要强迫人接受某种团契，而是真理自身向那些安静探求它的人显现。就我们来说，我们并不畏惧世俗权力；就你们来说，也不必惧怕西尔库塞利奥团伙。让我们真正行动起来，让我们按理性，按《圣经》权威行动，让我们尽我们所能，和平地、安静地祈求、寻找、叩门[①]，我们就能得到、寻见，门就向我们打开，从而，在主的恩助下，藉着我们共同的努力和恒常的祷

---

① 参见《马太福音》七章7节；《路加福音》十一章9节。

告，有可能开始慢慢消除在非洲各地盛行的可耻和不敬行径。如果你不相信我愿意等到军队撤离后再行动，那你可以等到军队撤离后再给我回信。因为如果我真的想在军队面前向人们宣读我的信，那书信的公布就证明我背信弃义。怜悯的主既然乐意通过让我背负他的轭，他必阻止我有这样的行为动机和行为方式。

奥古斯丁以缺席主教的名义写信

8. 我的主教如果在这儿的话，很可能会决定亲自写信给阁下，也可能会命令我或同意我写信给你。由于他不在，而这位执事的二次洗礼是最近或者据说是最近发生的事，我不能让此事因拖延而渐渐冷却，我更对一位弟兄的真正的死感到痛心疾首。或许藉着和平之主的怜悯和神意，会有某种安慰胜过我的悲伤。但愿主我们的上帝屈尊赐给你——我的大人，我最亲爱的弟兄——和平的心灵！

书信 24：保利努斯和塞拉西娅致阿利比乌斯
(394 年冬)

诺拉的保利努斯（Paulinus）回信给阿利比乌斯主教，在长篇前言谈到上帝的爱和彼此的信任（n.1），然后说他收到奥古斯丁驳摩尼教的作品，并回寄凯撒里亚的优西比乌的《教会史》作为回赠（n.2-3）。他希望能全面了解阿利比乌斯的背景和生平，由此表明他与米兰主教安布罗修的缘分，同时他也表明自己是怎样一个人（n.4）。由此他恳求祷告和书信往来，并寄上一条面包象征合一。

罪人保利努斯[①]和塞拉西亚（Therasia）[②] 致最可敬的大人和最有福的父亲阿利比乌斯：

上帝对我们的三一之爱及信徒的彼此之爱

1. 至圣的主，最配得恩福和仰望的人啊，你已经表明你对卑微的我们怀有怎样的爱，这是真正的爱（vere caritas），这是完全的爱（perfecta

---

[①] 梅若比乌斯·阿尼西乌斯·保利努斯（353—431 年）出生于波尔多（Bordeaux）的一个罗马望族，曾担任多个公职，但于 389 年皈依，接受波尔多主教德尔菲努斯（Delphinus）洗礼，并因此卖掉了大部分财产，携妻子塞拉西亚赴西班牙过苦修生活。约于 394 年被巴塞罗那（Barcelona）主教按立为司铎后，就隐退到坎帕尼亚（Campania）的诺拉（Nola），在诺拉的圣腓立克斯（Felix）的墓地附近过僧侣生活。蛮族人入侵时期他身不由己地被选为诺拉主教。
[②] 保利努斯的妻子，奥古斯丁在《书信》27 对她有溢美之词。

dilectio)！因为我们的人朱利阿努斯（Julianus）从迦太基回来，带来了你的书信，这信充满阁下圣洁的光，使我们似乎不是得知（agnoscere）你对我们的爱，而是重温（recognoscere）你的爱。因为显然，这爱源自上帝，他在创立世界以前就拣选了我们①，我们在出生之前就在他里面被造，因为是他造了我们，不是我们自己②，他是创造一切将来之物的造主。因此，上帝的预知和权能建造我们，使我们藉着爱预先在相同的意愿和合一的信心里彼此结合，或者在信心里合一，在见面之前就藉着圣灵的启示相互认识。我们因此感恩，在主内欢喜，他是一，是同一，他藉着圣灵的运作将自身里面的爱浇灌在地上各处，浇灌在地上一切属血气的③，藉着江河的流水使他的城欢喜。④ 他设立你坐他城里的使徒之位，与他本国的王子同坐⑤；他还扶起我们这些被压倒的人，又从尘土里抬举穷乏人⑥，惠准他们加入你的团队。我们更要感谢主的恩宠，使我们住在你的心里，并且惠准我们住在你心灵最深处。我们有了这些特权和恩宠就变得恃无恐，理所当然地把你的爱当作我们的私人财富，作为回报，我们也只能热心而真挚地爱你。

感谢收到奥古斯丁驳摩尼教的作品

2. 我们收到了你惠寄的主基督里的完全圣人、我们的弟兄奥古斯丁的五卷作品⑦，这是标志你的爱和关心的特殊记号；我们对该作

---

① 参见《以弗所书》一章 4 节。
② 参见《诗篇》九十九篇 3 节。
③ 参见《约珥记》二章 28 节。
④ 参见《诗篇》四十五篇 5 节。
⑤ 参见《诗篇》一百一十三篇 8 节。
⑥ 参见《诗篇》一百一十三篇 7 节；一百四十六篇 8 节。
⑦ 这五卷作品包括：一卷《论真宗教》（De Vera Religione）、两卷《论大公教的生活方式与摩尼教的生活方式》（De moribus ecclesiae Catholicae et de moribus Manichaeorum）、两卷《论〈创世记〉驳摩尼教》（De Genesi contra Manichaeos），这些作品都是在 394 年完成的。参见《书信》25，2，保利努斯称它们为奥古斯丁的"驳摩尼教五经"。

品敬佩仰慕至极，相信它必是圣灵感动之作。我们仰仗于你的全心支持，斗胆写信给奥古斯丁本人，理所当然地认为，因着你，我们的笨拙必得他宽容，也因着你的举荐，我们必蒙他所爱；所有圣徒①也是这样，你既已屈尊用他们的好行为激励我们，将来也必以同样的情感关心我们，所以藉着你的圣洁，我们也必同等款待所有人，包括你的那些神职同工，也包括那些在修道院里仿效你的信心和德行的人。因为你虽然在各民中发挥影响力，管理着百姓，就像警醒的牧羊人不眠不休地看管着主草场上的羊群，但你弃绝了世界，抛开了自己的血气，为自己创造了一个旷野，与众人隔绝，成为蒙召的少数人中的一个。

优西比乌的《教会史》

3. 作为一点小小的回礼，我按你的要求，给你寄了尊敬的康斯坦丁堡（constantinople）主教优西比乌②的通史，不成敬意。只是在遵行你的指令上有点迟延，这是因为我手头没有该作品，所以我按你的建议去罗马找，在一位同工多姆尼奥（Domnio）那儿找到该书；这位圣洁的同工，一听说是为你找的，无疑就更乐意为我效劳了。由于你早就告知我们你会在哪里，所以我按你的建议，写信给你圈子里那位可敬的同工，我们的父亲奥勒留（Aurelius），问他：如果你正在希波，他是否可以把我们的信以及在迦太基抄好的书带给你。我们请考梅士（Comes）和埃伏迪乌斯（Evodius）——我们从你的描述中认识了这两位圣洁之人，也见证了他们的爱——费神抄写了一份，这样，一方面我们的同工多姆尼奥不至于长时间不拥有自己的典籍；另

---

① 对基督徒的通用称呼。
② 凯撒利亚的优西比乌（260—340年），被称为"教会史之父"，协助编辑七十子圣经文本，著有一部重要的《编年史》和十卷本的《教会史》。这里保利努斯称其为"君士坦丁堡主教"是个讹误，尽管他确实写过一部"君士坦丁传"。

一方面你也可以保留送给你的书稿，不必想着归还。

阿利比乌斯与米兰主教安布罗修之间的缘分

4. 还有一件事我要专门恳求阁下，你既然对我倾注如此大的爱——虽是我完全不配的，也是我不敢指望的——那么作为对这部通史的回报，请把你个人的详细历史提供给我，比如："你是何许人，又从何处来？"① 受这样一位主蒙召，为何你还在母腹时就被分别出来，摒弃血肉之根，投身到上帝儿女的母亲怀中，以她的子孙为喜乐，你又如何通过转化被接纳为有君尊的圣洁的族类。② 因为你说，你是在米兰最初接受圣礼的时候知道鄙人的名字的，我承认我对此有点好奇，也想全面了解你；如果你是由我们可敬的父亲安布罗修③领入信仰的，或者甚至是由他祝圣担任司铎的，那我会认为这是多么令人欣喜的事啊，因为我们在上帝里面拥有同一位父亲。我虽然是在波尔多接受德尔菲努斯④洗礼，并迫于民众的迫切要求，匆促地在西班牙的巴塞罗那由兰姆比乌斯（Lampius）按立为司铎，但是安布罗修的爱一直滋养着我的信仰，如今我的司铎工作也得到他爱的支持。最后，他还愿意把我列在他的神职队伍中，所以我虽然住在另外的地方，却仍算作他的司铎。

恳请祷告和书信往来

5. 关于我，有什么是你不知道的呢？你必知道我一直以来是个罪人，不久前才从黑暗中和死荫里被领出来⑤，呼吸他那赋予生命的

---

① 维吉尔《埃涅阿斯纪》8.114。
② 参见《彼得前书》二章9节。
③ 安波罗修于373年或374年起任米兰主教，直到397年去世。他于387年复活节前夕为奥古斯丁施洗。
④ 德尔菲努斯是380—404年的波尔多主教。
⑤ 参见《诗篇》一百零六篇14节；《路加福音》一章79节；《彼得前书》二章9节。

气息；不久前才手扶着犁①，背起主的十字架；我盼望你的祷告能帮助我坚持到底。如果你通过代祷减轻我们的重担，你的功德必增加奖赏。因为帮助苦工——我不敢自称为弟兄——的圣徒必像坚城②受称颂。没错，你就是造在山上的城③，你就像烛台上点亮的蜡烛，闪耀着七支光彩④，但我们却躲在罪人的斗底下。⑤ 请借着你的书信来看望我们吧，领我们走向你自己所在的那光中，在金灯台上所有眼睛可以看见的那光。你的话将是我们路上的光⑥，你的光如油必膏我们的头。当我们从你口中的气息（灵）获取心灵的粮和灵魂的光，我们的信心必被点燃。

作为礼物寄出的面包表示合一

6. 最爱戴、最尊贵、最期盼的大人和父亲啊，愿上帝的和平和恩典与你同在，愿公义的冠冕在那个日子为你留存。我们也以深厚的情感和满腔的敬意，请求阁下问候你那些有福的同行者和效仿者，我们主内的弟兄们——如果可以这么称呼的话——他们在迦太基、塔迦斯特、希波，以及你的所有教区，也就是整个非洲你所知道的任何地方的教会和修道院里，在大公教信仰里侍奉主。如果你已经收到圣多姆尼奥的书稿，烦请在抄写之后把它寄还给我。我恳请你写回信给我，告诉我你知道我的哪首圣诗。另外，我们寄了一条面包⑦给阁下，表示合一，其中也包含三位一体的牢固与可靠。你谦和地接受这条面包，也就使它成为一个祝福。

---

① 参见《路加福音》九章 62 节。
② 参见《箴言》十八章 9 节（参见和合本十八章 11 节——中译者注）。
③ 参见《马太福音》五章 14 节。
④ 保利努斯这里暗示圣灵的七大恩赐，参见《以赛亚书》十一章 2 节。
⑤ 参见《马太福音》五章 15 节。
⑥ 参见《诗篇》一百零八篇 106 节。
⑦ 由主教和司铎寄送的面包表示弟兄之爱或基督教的合一。

书信 25：保利努斯和塞拉西娅致奥古斯丁（约 394 年）

诺拉的保利努斯对奥古斯丁的五卷驳摩尼教作品大加赞颂，称为五经，他是从阿利比乌斯手中得到这些作品的，还请求奥古斯丁寄给他其他反驳异端的作品（n.1－2）；然后恳请奥古斯丁在他走向完全基督徒的路上通过喂奶引导他、帮助他（n.3－4）。最后他寄了面包作礼物，表示基督徒的合一（n.5）。

罪人保利努斯和塞拉西娅问候尊敬的大人、至爱的弟兄、同心合一的奥古斯丁。

奥古斯丁及其驳摩尼教的"五经"大受赞颂

1. 基督的爱激励我们①，即使不在一起，也通过信仰的合一将我们联结起来；这爱使我们鼓起勇气，放下羞怯，给你写信。这爱也把你联结在我的内心深处，尤其通过你的作品——我现在拥有你的五卷作品②，它们洋溢着思想学术的力量，飘散着属天蜂巢的甜美，为我的灵魂提供治疗，也给予它营养。我是从我们的主教，有福而可敬的阿利比乌斯得到这一礼物的，这不只是为我自己受教导，也为众多城市的教会得益处。因此，这是我目前的必读之书，我在书中找到喜

---

① 参见《哥林多后书》五章 14 节。
② 关于具体篇名，参见前一书信的注释。

书信 25：保利努斯和塞拉西娅致奥古斯丁（约 394 年）

乐，得到食粮，不是那必坏的食物①，而是藉着我们的信心产生永生之实体的食物，这信心使我们在我们的主基督耶稣里成为一，不是顾念所见，而是顾念所不见的②；这信心通过爱，依据全能上帝的真理凡事相信③，并因信徒的作品和典范而增强。这世上的真盐啊④，保守我们的心，避免它们在世俗错谬中消散！这配放于教会灯台上的灯啊⑤，由七支灯的喜乐之油作燃料，向远近各城的大公教会发射光芒！你以卓越的语言力量驱散异端的深厚黑暗，使真理之光穿透黑暗的浓雾放出光辉！

向奥古斯丁求要另一部驳异端的作品

2. 我至爱的、在主基督里可敬而受人仰慕的弟兄啊，你知道我对你是多么熟悉、多么崇敬，又多么爱戴，因为我日日享受与你作品的交谈，呼吸你口中的气息。我完全可以说你的口就是生命之水的管道，永恒泉水的源头，因为基督已在你里面成为泉源，直涌到永生⑥。我的心带着这样的渴望仰慕你⑦，我的地渴望满溢你丰泽的河水⑧。因此，有了你这五经⑨，我就有了充足的装备对抗摩尼教，如果你还预备了其他武器对付大公教信仰的其他敌人（因为我们的敌人有千万种害人的诡计⑩，他有多少种诡计，就必须用多少种武器去打击），我恳求你把它们从你的武器库里拿出来，不要拒绝提供我公义的兵

---

① 参见《约翰福音》六章 27 节。
② 参见《哥林多后书》四章 18 节。
③ 参见《哥林多前书》十三章 7 节。
④ 参见《马太福音》五章 13 工；《马可福音》四章 21 节；《路加福音》八章 16 节，十一章 13 节。
⑤ 参见《马太福音》五章 15 节。
⑥ 参见《约翰福音》四章 14 节。
⑦ 参见《诗篇》六十二篇 2 节。
⑧ 参见《诗篇》三十五篇 9 节。
⑨ 保利努斯把奥古斯丁反驳摩尼教所写的五部作品比作《圣经》里的摩西五经。
⑩ 参见维吉尔《埃涅阿斯》7.338。

器。因为我至今还是在重担下劳苦的罪人，在罪人队伍里是个老人，在永恒王国的天兵中却是个新兵。可怜的我，一直仰慕这世界的智慧，致力于无益的作品和自以为是的聪明，而在上帝面前反成了愚拙①和无言。当我在我的仇敌中变老②，当我的思念变为虚妄③，我向山举目，仰望律法的命令和恩典的礼物，我的帮助从耶和华而来④，他没有照我们的罪孽报应我们⑤，而是赐光明给瞎眼的，释放被囚的，降卑高傲的，从而升高真正谦卑的。

请求奥古斯丁做他的灵魂导师

3. 因此我跟随义人的伟大脚踪，尽管步伐有点跌跌撞撞，如果我因上帝的怜悯所领会的，能因着你的祷告领会。那就请引领这个小子踯躅前行，教导他沿着你的脚步行走，因为我希望你对我的判断不是根据我的身体年龄，而是按照我的灵性年龄。没错，按肉身来说，我的年龄与那个在美门被使徒用大能的话语治好的瘸子一样⑥，但按灵魂的出生日来说，我仍然是个婴孩，与那些在针对基督的大屠杀中死去的孩子一样⑦，他们藉着可嘉的血胜过了羔羊的祭品，并预备了主受难的道路。既然我在上帝的话语上还是个婴孩，在灵性年龄上还需要奶喂，因此请用你话语的营养，用你信心、智慧和爱的乳汁喂哺我饥渴的心。如果只考虑我们共同担任的职分，你是我的弟兄；如果从你成熟的智性和丰富的经验看，你是我的父亲，尽管我比你年长，因为你可敬的智慧使你年纪轻轻就造就你拥有德高望重者才有的成熟

---

① 参见《罗马书》一章 22 节。
② 参见《诗篇》六篇 8 节。
③ 参见《罗马书》一章 21 节。
④ 参见《诗篇》一百二十篇 1，2 节。
⑤ 参见《诗篇》一百零二篇 10 节。
⑥ 参见《使徒行传》三章 2，10 节；四章 22 节。那个瘸子有"四十多岁了"。
⑦ 参见《马太福音》二章 16 节。

和尊贵。所以，请呵护我，给我力量，如我所说，我在圣经领会和灵性钻研方面还只是一个新生儿，并且因为缺乏经验，此后经历了长期的争竞，多次触礁沉船，好不容易才脱离世俗的风暴；而你已经在岸上确立坚实的立足点，所以请接纳我到你安全的怀抱，这样，如果你乐意，我们就可以一起驶向救恩的港湾。同时在我努力躲避此生的危险和罪的深渊之际，请你支持我，为我祷告，就如为我提供结实的木板，使我弃绝一切逃离这个世界，如同逃脱沉船。

渴望成为完全的基督徒

4. 因此我努力减轻自己的包袱，脱掉沉重的外衣，在主的命令和帮助下，摆脱一切身体的纠缠和对明天的焦虑，以便游离今生之海，我们的罪就是这海上翻滚咆哮的波涛，把我们与上帝相分离。我不是要夸口自己成就了这样的事，即使我能夸口，也当指着主夸口[1]，因为立志在于我们[2]，但成全在于主。只是我的心仍在渴望把主的论断作为它所欲求的事。[3] 看哪，它离成全上帝的旨意还有多远哪，它还只是渴望能去欲求。然而那在于我的是，我喜爱圣殿的美[4]，就我所能做的而言，我宁愿选择做主家里最卑微的那个。[5] 然而，他既乐意把我从母腹里分别出来[6]，又把我从血肉的友谊中拉出来，转向他的恩典，也就同样乐意从尘土里抬升我这个完全不配的穷乏人[7]，把我从祸坑和淤泥里拉上来[8]，使我与他本国的王子同坐[9]，也可能安

---

[1] 参见《哥林多后书》十章 17 节。
[2] 参见《罗马书》七章 18 节。
[3] 参见《诗篇》一百一十八篇 20 节。
[4] 参见《诗篇》二十五篇 8 节。
[5] 参见《诗篇》八十三篇 11 节（参和合本八十四篇 10 节"宁可在我神殿中看门"）。
[6] 参见《加拉太书》一章 15 节。
[7] 参见《诗篇》一百一十二篇 7 节。
[8] 参见《诗篇》三十九篇 3 节。
[9] 参见《诗篇》一百一十二篇 8 节。

排我的位分与你同列，从而在职位上与你同等，尽管你的功德远胜于我。

寄上表示合一的面包作礼物

5. 因此，我之所以能获得如此不配的尊荣，得以享有你的弟兄情谊，并非出于我的妄自尊大，而是出于主的决定和安排。因为我确切地知道，按照你的圣洁——你深谙真理——你不会在意高大者，而会俯就卑微的人。① 因此，我希望你能在心灵深处欣然接受我们卑微的爱，事实上，我相信你已经从我们的父亲至福的司铎阿利比乌斯收到这样的爱，因为这是他答应的。毫无疑问，他自己为你树立了这样一个榜样——还不认识我们就爱我们，而且这爱超出我们配得的。由于相距遥远，或者大海的阻隔，我们不曾谋面，他并不认识我们，但是凭着真爱之灵——这灵无处不在，渗透一切——他能藉着爱看见我们，通过写信与我们相连。他寄给我们上述那些作品作为礼物，这是他对我们深情厚谊的最初明证，也是你对我们的爱的确据。我们相信，他有多么费心地让我们了解你的圣洁，不仅通过他的话语，更通过你的口才和信心，使我们对你产生不可遏制的爱，他也同样费心地使你通过效仿他对我们产生热忱的爱。我们在主基督里至敬至爱又让人期待至致的弟兄啊，我们祈祷上帝的恩典永远与你同在，就如现在一样；我们满怀真挚的弟兄之情问候你全家，问候在主内与你同工并效仿你圣洁的每一个人。随信寄上一条面包，表示与你心里合一，为你祝福，恳请你接受它。

---

① 参见《罗马书》十二章16节。

书信 26：奥古斯丁致利肯提乌斯
（394 年）

利肯提乌斯（Licentius）[①] 是一个出身望族受过良好教育的年轻人，奥古斯丁的学生之一；奥古斯丁劝告他鄙弃世界追求智慧（n.1-2）；还引用他的长诗，诗里他祈求在老师的帮助下作真正的探求，并请求送他论音乐的作品（n.3）；奥古斯丁指责他生活混乱，恳请他不要把高贵的天赋用在追求快乐上，而要献给上帝，担负基督甜美的轭（n.4-6）。

奥古斯丁忙里偷闲回信

1. 我一直找不到合适的时间给你写信。其他人或许不会相信，但是利肯提乌斯你必须相信我说的是实话。我也不希望你出于好奇去追究原因和理由，因为即使有可能找到原因，也与你对我的信任没有关系。何况，我不可能找你的传信人把我的回信带给你。至于你要我问一问的事，我已经尽力找到看起来合适的时机写了书信去问，至于结果如何，你来论断吧。如果还没有结果，那么只要我得知情况，或者你自己再次提醒我，我会进一步催促。此前我一直跟你讨论此生叮当作响的枷锁，现在你必须听听我心里的几句话，关于你的永恒盼望，关于如何开启你走向上帝之路的问题，我内心充

[①] 罗马尼亚努斯的儿子，奥古斯丁在卡西西亚库收的学生；是个娇生惯养的孩子，任性、虚荣、善变，总是突然热衷于某事，比如诗歌、希腊悲剧、教会音乐。尽管奥古斯丁对他反复教导和劝解，他仍然是个异教徒。

满焦虑。

智慧的束缚不同于享乐的枷锁

2. 我亲爱的利肯提乌斯啊，你不断地拒绝智慧的束缚，不断地从它面前退缩，我真担心你会越来越深、越来越危险地陷入可朽事物的捆绑之中。因为智慧总是先约束人，通过某些艰苦的训练使人驯服，然后释放他们，使他们得自由，并把自己作为礼物赐给他们，让他们享有；智慧虽然先借助于暂时的束缚训导人，随后却把他们纳入她永恒的怀抱，没有什么比这样的束缚更愉悦更坚固的了。我承认最初的这些训练是有点艰苦，但我不能说最终的结果也是苦的，因为它是如此甜美；我也不能说它是软的，因为它是如此坚固。所以，除了它是不可说之外，它岂不是可以相信、可以盼望、可以爱的对象吗？而这个世界的枷锁，则包含真实的苦涩，虚假的喜悦；确定的痛苦，不定的快乐；艰辛的劳作，不安的休息；境况充满不幸，盼望缺乏幸福。当你致力于追求这类荣誉，以为不这样你的一生就无果效，当你迷恋于那些无论是受邀还是强迫都不应该去的地方，流连忘返，你岂不是把自己的头颈和手足都伸进这种枷锁之中吗？你或许会像特伦斯(Terence)的仆人那样回答我："噢，你是要在这里倾吐智慧之道啊！"[①] 那就接受它吧，免得我的倾吐变成倾倒的废品。如果我唱歌，你却按着另外的调子跳舞，即便如此，我也不后悔，因为歌唱本身有它独有的魅力，即使没有激发肢体应和舞动，它仍是充满爱的节律唱出来的。你信中有些话让我感到困惑，但我既然深切关注你整个生命的行为方式，讨论这些细节就没什么意义了。

---

① Terence, Adelphoe 769.

利肯提乌斯献给老师奥古斯丁的诗[1]

3. 纵览知识渊博的瓦罗（Varro）[2]那奥秘重重的幽道，

我的心禁不住颤抖；

又因那光而惊恐，想要逃走。

不必惊奇，我对学习的全部热情都已溜走，

没有你的帮助，不敢独自开步，

因为一旦爱鼓动我翻开伟人令人费解的卷轴，

去领略里面神圣学问的奥妙，

他如何呈现数目的和谐节奏，

如何教导世界变成高雅乐手，

谱歌编舞，向雷神欢呼，

千头万绪就会缠绕我的心头，

重重迷雾就会笼罩我的额头。

于是我疯狂地寻找无形之形的形式，

却跌倒在另一种黑暗的沉重形式，

总之，他指明星辰的原因及其光明的轨迹，

透过云层洞悉它们隐匿的位置。

而我呆若木鸡，如同看见整个废墟；

没有人命令我不要凝视

天空的隐秘之地，

也没有可靠的人领着我一起

穿越它的辽阔到达黑暗的洞穴。

---

[1] CSEL 本把利肯提乌斯的诗附在信后，而不是放在第二节后。
[2] 该位瓦罗可能指 M. Terentius Varro Reatinus（公元前 116–27 年），但也有可能指 M. Terentius Varro Atacinus（公元前 82–36 年）。

古代希腊人传讲普洛特乌斯（Proteus）的故事①：
当他不愿向焦虑的求问者展现未来时
就像野猪一样哼哧，
河水一样流淌，狮子一样咆哮，毒蛇一样嘶嘶，
或者抓住时机
变成小鸟飞走了事。
而我，有太多操心的事，
不胜负荷；我为灵魂寻求甘甜怡人的美食，
但瓦罗的回答极其隐秘，看不出端倪。
唱着恳求的歌，该求谁来帮助？
求哪位仙女，哪位水泽之神？
是否应该求告你，管辖地下泉源的奥林匹斯山主神？
恳求你将隐秘喷涌的大水输送到远方
以其丰富的营养滋润心房？

夫子啊，请立即给我扶持，不要延迟，
补充我日益衰微的能力，
与我一起开始耕作神圣的田地，
因为时不待人，我们总将老去，
即使可朽之物与我并不辜负。
我们的阿波罗（Apollo）充满你心，又赢过
自己的父亲和诸神的父亲，
彰显他的良法和血染的和平，
一切面纱褪去，他的奥秘尽向你显示。

---

① 参见维吉尔《牧歌》（Georg.）4. 387 – 529；奥维德（Ovid）《变形记》（Metam.）8. 732 – 737。

书信 26：奥古斯丁致利肯提乌斯（394 年）

当你数过太阳的大约二十个大圈，
最迷人的理性——比王国更富，比蜂蜜更甜——
抓住你，使你迷途后稳住脚步，
又把你置于其中，使你抬眼远眺，看见万物的所是。
良人啊，踏上你年岁的旅程，
看见智慧如何与对智慧的爱相互生成，
到了高处发现还有更高处，永无止境！
坚持不懈，雷神之子会在那里引领，
高高低低的路要改为坦途！①
当昏星将你的传道带向黎明，
当你祝福了圣火②，请想到我的名。
你把热切的耳朵转向永恒的法例，
双手锤打胸膛，四肢匍匐在地，
记念你应受的苦难，为要转离恶道。
神的命令一劳永逸，
他的祭司则不断提醒③；
他关于未来的可怕威慑，
像一道闪电，把所有人震慑。④

啊，但愿黎明的曙光⑤，
还有她欢乐的马车叮当，

---

① 参见《路加福音》三章 5 节。
② 在早期教会，每个黄昏都要祝福圣火，如今只在圣周六（复活节前一周的周六）的礼拜中保留该仪式。
③ 参见维吉尔《埃涅阿斯纪》5.197；奥维德《变形记》10.322。
④ 维吉尔，《埃涅阿斯纪》，1.230。
⑤ 维吉尔，《埃涅阿斯纪》，8.560。

带回久远前在意大利中部的高原①，

我们一起度过的美好时光，

与你共享自由的闲暇，

一起探讨公正的律法。

不论是层层冰雪的严寒，

还是西风的暴虐，北风的怒吼，

都不能阻挡我紧紧跟随你谨慎的步伐。

我只需要你命令我，凡你命令我的任务，

刀山火海，绝不退步。

去热浪滚滚的奈乌里，

去浓雾包围的伊斯特，②

陌生的非洲人也为我放下羞涩；

萨尔玛提亚的水③在埃克萨姆派湖（Exampean lake）流淌

泛起泡沫，徒然怒吼，扬起塞西亚的波浪，

如今那里是卡利庇德斯（Callippides）④人的家乡。

我们还要去比利时的高卢，它最东的城镇叫列日（Liege），

然后去卡西乌斯（Casius）山荒芜的峰峦⑤，

它的岩石与安提阿的山脊相仿，

时间还是黑夜，但从那里可以看见

安静的黎明和太阳坠落的马车，白昼的尽头。

你命令的所有这些事，我都一一寻求，

---

① 维吉尔，《埃涅阿斯纪》，7.563。
② 奈乌里（Neuri）是欧洲塞西亚（Scythia）的一个民族，被认为是魔法师之民；伊斯特（Ister）河是多瑙河的最低部分。
③ 萨尔玛提亚（Sarmatia），是塞西亚的一个苦水泉，位于第涅伯河（Dnieper）与叙帕尼斯（Hypanis）河之间。
④ 叙帕尼斯河周围的一个塞西亚民族。
⑤ 据普林尼（Nat. Hist. 5. 22. 18），这座叙利亚山靠近安提阿（Antioch），高耸入云，凌晨3—6点时可以从它的峰顶看见日出；它的东边已是白昼时，它的西边还是晚上。

只要神垂听纯洁心灵的祷告和祈求，
劳苦和恐惧都不能把我吓走。

我要离开罗姆卢斯（Romulus）众子的宫殿①，
莱姆斯（Remus）站立的高耸山巅②，
还有日日宴乐的家园，空虚喧闹的人群；
我愿最终能独自一人来与你同住，
但我的心提醒我婚戒的束缚，
绊住了我的脚步。
博学的人啊，我的困苦，
我的忧伤，压在我的痛处，
没有你的帮助，
我的船帆找不到安身之处
我在生命的风暴中漂流无序
航行的人被浓雾包住
南风狂暴肆虐，东风绵绵不绝
旋风使舵手迷失方向③
可怜的人，顷刻在巨浪中颠簸失措
没有舷梯，没有船桨，没有风帆
抵挡风浪，站稳脚步；
起航的希望被彻底浇灭④
我也一样，被欲望的强风狂暴吞没，
在死亡之海上漂泊无助，

---

① 罗马的帕拉丁山（Palatine）。
② 阿文丁山（Aventine），参见李维（Livy）1.6。
③ 维吉尔《埃涅阿斯纪》5.867。
④ 奥维德《哀怨集》（Tristia）1.2.32。

而陆地遥远不可触摸。

但是夫子啊,我想起你充满真理的话
觉得对你的信任越来越大:
"欺骗自己,设置陷阱俘获灵魂,这是诡诈。"
我要忘却过去,立足当下,
不再远离你的心,好吗?

呜呼!我要转向哪里,
向你敞开我的心,我的意?
海鸥在爱琴海浪头下筑它的暖巢,
翠鸟在高耸的树梢顶建它的家园;
饥饿的牛犊追逐母狮,却成为同样饥饿的母狮的口粮,
饥肠辘辘的狼拿食物喂养温顺的羔羊;
世界的可变部分分给不同的人居住生活,
利比亚人在陶鲁斯山①耕作,
非洲海滨的卡斯庇亚人(Caspian)就在地上播种;
日头看见堤厄斯忒斯的人肉宴②,受惊吓,想回头
重新成为日初;云雨要造出一条尼罗河;
小鹿要在海上跳跃;群山要唱歌,
江河高声唱颂应和
——所有这些发生之后,
你的恩益仍铭记,未敢拒斥,

---

① 陶鲁斯(Taurus)山,小亚细亚东南部的山脉。
② 堤厄斯忒斯(Thyestes)是阿特柔斯(Atreus)之兄,被诱参加后者设的宴会,接受一场宿怨的和解。阿特柔斯却杀了兄长的两个(三个?)儿子,让父亲吃儿子的人肉。据说太阳神看见这样的事也感到惊恐,途中停下了马车。

书信 26：奥古斯丁致利肯提乌斯（394 年）

夫子啊，爱是我的狱吏，
又是我们彼此尊重的合契。

这里啊，这里作王的是友谊，
所有的仇敌都被驱逐逃离。
我们心灵合一
不是因为耀眼的水晶，稀罕的黄金
也不是众人易变的利益，
那会毁坏友谊，
使高贵的人彼此分离；
而是阅读智慧书卷时的深刻沉思，
心灵对隐秘思想的发现和揭示，
你高雅的教导，你精湛的问一答，
我所依靠的乃是这些珍宝。

虽然我甜美的缪斯卡利奥佩（Calliope）
面对你高大的身形，自惭形秽，
当她讨论浮夸的话题，就将脸藏起，
但心里这种强大的纽带，这些可靠的联系
就是那征服陡峭的阿尔卑斯山，
围困强大的意大利诸城的人①，也不能摧毁
不能将这真爱从我心里撕毁。

蜿蜒曲折的泉水流过，
随着水流的涨起

---

① 指第二次迦太基战争中的汉尼拔（Hannibal）。

105

将塞西亚诸山与塞西亚各民相分离，
或与里海的城镇，西米里亚人的家园相分离，
让马伊奥提的海浪①成为亚细亚与欧罗巴大陆之间的屏障，
赶着疲惫牧群的多多纳（Dodona）②岂不是将摩罗西亚人（Molossi）③

与塔拉里亚人（Talari）④的田地和阿拉伯人的领域分离？

希腊诸王从来不曾与推罗人或亵渎的特洛伊遵守友好的和平协议，

尽管曾经有过长期的友善之契。

我要如何对待兄弟间的纷争和战事？

我该歌颂父辈光荣的诅咒，

母亲的仇恨和儿子的不孝？

地上的不和可能意指天上的某种合一，

许多习俗通过众人的呼吁转变为法律。

但联结我们两人的爱始终如一，

纵然北风呼啸

一百种声音从一百张嘴中发出⑤，

尽管他用凝固的舌头怒吼，

我岂能不说，由于时间这把刚硬的锉刀

古代各地的联结，我们曾经有过，

如今已经断开，它们的荣光褪去。

---

① 现在的亚述（Azov）海。
② 伊庇鲁斯（Epirus）的一个著名神谕和城市。
③ 伊庇鲁斯的民族
④ 品都斯山（Pindus）周围的一个摩罗西亚民族。
⑤ 维吉尔《牧歌》2.43。

至于我们，来自同一个城市，
生活在同一个家里
同一个民族的血液流淌在我们的血管
我们在同一个基督的信仰里面
遥远的空间算什么①，把我们隔开的海浪算什么，
爱对它们只是嘲笑不已；
我们虽没有朋友面对面的喜乐，看不见彼此眼中的光，
但各自在心里拥有对方，
因为爱在心里面，它在心里找到食粮
那才是精华。

同时，无论你笔下涌现什么作品，
都美好无比，字句充满生命；
而先前写的那些文字，甜过蜂蜜，
你最深邃的思想，就如提炼的玉液琼浆。
所有这些都使你——就是你的真身本像——
向我显现。你若恩惠我，就把那些书寄给我，
里面有你温柔的音乐，是我的灵所渴望。
但愿真理因理性变得明朗，
愿它比厄里达诺斯（Eridanus）② 更自由地流淌，
愿这世界的诱惑，
掠过我们辛勤耕耘的田园，
只剩下徒劳和虚妄。

---

① 维吉尔《牧歌》4.480。
② 波河（Po）在神话和诗歌里的名称。

不应出于欲望事奉上帝

4. 如果你的诗句因布局混乱而毁坏，如果它不遵守自己的规则，如果因节奏不合拍使听众耳朵不悦，你无疑会感到羞愧；你不会有任何拖延，马不停蹄地学习并实践韵律学，不遗余力，不辞辛苦，直到对你的作品作出调整、纠正、修改、润色。然而，当你自己因混乱的生活而毁坏，当你不守你上帝的法则，当你的生活方式不符合朋友们的真正愿望，也不符合你自己的学术声誉，你却认为这一切都可以视而不见并置之脑后？似乎你自己本人不如你发出的语句更有价值，似乎你混乱的行为冒犯上帝的耳朵不如你混乱的句子受到文法家批评更严重。你写道：

> 啊，但愿黎明的曙光，
> 还有她欢乐的马车叮当，
> 带回久远前在意大利中部的高原，
> 我们一起度过的美好时光，
> 与你共享自由的闲暇，
> 一起探讨公正的律法。
> 不论是层层冰雪的严寒，
> 还是西风的暴虐，北风的怒吼，
> 都不能阻挡我紧紧跟随你谨慎的步伐。
> 我只需要你命令我，凡你命令我的任务，
> 刀山火海，绝不退步。

唉，如果我没有这样命令你，没有强迫你、催促你，没有苦苦恳求你，那我岂不罪过了。然而，既然你对我的话充耳不闻，那就听听你自己的声音，看看你自己的诗句；顽梗如你，任性如你，完全不听

劝说,你就听听你自己吧!这样一颗铁石心肠,就算有金子般的口舌,与我又有何益?我需要怎样的哀歌——不是诗歌——才能悲叹你的这些诗句?因为我在这里看到的是一个我无法抓住并献给我们上帝的灵魂和天才!你期待我来对你下命令:要良善、要安宁、要幸福,似乎还有什么日子会比我在上帝里面享有你的天赋的日子更令我快乐,似乎你真的不知道我对你有多么渴望多么期待,似乎你在这首诗里没有表白这一点。那就请回到你写这些诗句时的心境,然后告诉我说:"我只需要你命令我。"好,这就是我的命令:请把你自己交给我,如果这就是你所需要的;把你自己交给我的主,他是我们众人的主,他赐给你这样的天赋。而我又算什么呢?不过就是藉着他作你的仆人,在他之下与你同作仆人的。

基督甜美的轭

5. 他岂没有亲自发布命令?听听福音书说的话:"耶稣站着高声说"①"凡劳苦担重担的人,可以到我这里来,我就使你们得安息。我心里柔和谦卑,你们当负我的轭,学我的样子,这样,你们心里就必得享安息。因为我的轭是容易的,我的担子是轻省的。"② 我的利肯提乌斯啊,如果这些话你不听或听而不闻,你还指望奥古斯丁向他同作仆人的你发命令,而不是为他主的命令徒劳无功而叹息不已吗?何况他不是命令,而是邀请,甚至可以说恳求,求那些劳苦担重担的人到他这里来得安息。显然,对于你这个强壮而自负的背来说,这世界的轭比基督的轭更甜美。如果说他是强迫我们劳苦(负轭),那得想一想强迫我们的这位是谁,我们能得怎样的回报。去坎帕尼亚吧,

---

① 《约翰福音》七章 37 节。
② 《马太福音》十一章 28—30 节。

学学保利努斯①，这位上帝高贵而圣洁的仆人，他如何毫不犹豫地从背上卸下这世界的繁华之轭，有多谦卑，就有多高贵，以便能背上基督的轭，如他已经做的那样；如今，在主的指引下，他安静而温柔地享有主里的喜乐。去吧，学学他以怎样丰富的天赋献上赞美之祭，凡从主领受的一切善好，都回报与主，免得因没有把从主所得的保存在主里面，最终将丧失一切。

基督是真理，享乐是虚妄

6. 你为何困惑？为何犹豫？为何掉头不听我们，而去贴近那致命享乐的幻想？它们是虚假的，它们是致命的，它们把人引入死地。利肯提乌斯啊，它们是虚假的，而你所盼望的乃是"愿真理因理性变得明朗"，"愿它比波江水更自由地流淌"。唯有真理说真话，基督就是真理②；让我们走向他，这样我们就不再劳苦，得享安息。让我们担起他的轭，这样，他就会医治我们。让我们学他的样子，因为他心里温柔谦卑，我们就会在自己心里找到安息。他的轭是容易的，他的担子是轻省的。③魔鬼正在寻找你作他的装点。如果你在地上找到一个金杯，你会把它献给上帝的教会；你从上帝领受的天赋就是灵性上的金子，你却用它们来侍奉你的情欲，还把自己献给撒但作酒！我恳求你不要这样。但愿你多少能体会我写这些话时怀着怎样忧伤而痛苦的心情；即使你在自己眼里不再珍贵，我也恳请你可怜可怜我。

---

① 保利努斯，坎帕尼亚的诺拉司铎，后成为主教，他散尽千金，舍弃权力，过简单的基督徒生活。参见《书信》24，第88页注释①。
② 参见《约翰福音》十四章6节。
③ 参见《马太福音》十一章28—30节。

书信 27：奥古斯丁致保利努斯
（394 年）

奥古斯丁回复保利努斯，怀念他的仁善，表明自己对他的爱和想要见他的渴望（n.1-3）；此外谈到罗马尼亚努斯和主教阿利比乌斯（因保利努斯希望对他了解更多），谈到罗马尼亚努斯的儿子利肯提乌斯，担忧他的生活方式，怕他沉迷于世俗的享乐，而忽视对智慧的追求（n.4-6）。

奥古斯丁在主内问候弟兄，至圣至尊的主，基督里配得高赞的保利努斯：

感谢保利努斯的仁爱，渴望见到他

1. 贤良之人，仁善之兄啊，我的灵魂一直得不到你的音讯。我劝它要忍耐，接受至今看不到你的事实，但它几乎不听从我，不，它是根本不听。说真的，它应该忍受这事吗？不然，为何对你的思念在我内心里深处折磨我呢？若说我忍受的是身体上的痛处，并且它们并没有扰乱我灵魂的安宁，那我可以说，我忍受它们是对的，我应该忍耐；然而，不能见你这事使我的灵魂非常不安，若还说这要忍耐，那是无法忍受的。然而，你既是这样高贵良善之人，我若能忍受不能见你的煎熬，或许那才是更加无法忍耐的事。这样说来，我无法内心平静地忍受（不能见你）这样的事，这是好事；如果我能平静地忍受这样的事，那我就真的不应该平静地忍受我自己。这事很奇怪，却是真实地发生在我身上：不能见你，这让我很痛苦，但是这种痛苦本身让我甚感安慰。我并不喜欢这样一种坚毅，即耐心忍受某种善——比如你——的缺失。比如，我们渴望天上的耶路撒冷，我们越是不能忍耐这种渴望，就越是因为它而能忍耐其他一切事。有谁不高兴看见你，以至只要不看见你就很开心？我肯定不会这样，如果我可能这样，那就是畸形的，完全不合常理；我很高兴我不会这样，而这种高兴给我些许安慰。痛苦给我安慰并不是痛苦被解除了，而是因为对痛苦进行反思。你的敬虔和严肃闻名遐迩，但恳请不要因此责备我，不要说我因至今还未谋你面还不认识你而感到痛苦——尽管事实上，你的灵魂，也就是你的内在自我，已经向我敞开——是不对的。那怎样呢？如果我已经在某个地方或者你所居住的城市了解了你，我的兄弟，我的朋友，如此杰出的基督徒，如此贤良的人士，却不能认识你的家，你认为我不应该觉得有一丝难过吗？你的脸就是你灵魂的家，而我一直不能认识你的脸，就如认识我自己的脸一样，难道我不该对此感到忧伤吗？

保利努斯的信中体现出哪些神圣品质

2. 我读了你的来信，信里流着奶和蜜①，透出你单纯的心，你以这样的心寻求主，以这样的心思想主②，并回报给他荣耀和尊荣。③弟兄们也读了信，对于你的美好品质感到欣喜不已，难以言喻，上帝给了你多么丰厚又非凡的恩赐。他们时时读，每次读信都沉醉其中，因为每次都被它吸引，无法自拔。信中散发出的是怎样甜美的基督馨香之气④，我无法描述。当这些文字把你带到我们面前，如同眼睛看

---

① 参见《出埃及记》三章 8 节。
② 参见《所罗门智训》一章 1 节。
③ 参见《诗篇》二十八篇 2 节。
④ 参见《哥林多后书》二章 15 节。

见，它们又怎样激起我们寻求你的渴望！因为它们使你变得清晰可见，欲求可得。它们越是以某种方式显现你的存在，我们越是无法忍受看不见你的痛苦。所有人因这些文字而爱你，也渴望得到你的爱。赞美和感恩归于上帝，是他的恩典使你成为这样的你。在你的信中，基督被唤醒，以便屈尊为你平静风和海，引导你走向他完全的坚实之地。① 在你的信中，读者也看见你的妻子，她不是引着自己的丈夫走向外在的软弱，而是引着他回到最内在自我的坚定；她与你完全合一，并且以属灵的契约与你结合②，这样的契约越是贞洁，就越显强大。所以，除了向阁下致以崇高的敬意之外，我们也向她致敬。在你的信中，黎巴嫩的香柏树③砍倒做成底架，加上爱的编织，形成方舟，在这世界之海中乘风破浪，所向披靡；在你的信中，荣耀被鄙弃，以便获得真正的荣耀；世界被放弃，以便拥有真正的世界；在你的信中，巴比伦的婴孩，甚至渐长的子孙，也就是源于混乱和属世骄傲的各种恶习，都被摔在磐石上。④

奥古斯丁真心仰慕保利努斯哪些美德

3. 你的书信为读者呈现这些以及其他诸如此类的最甜美、最神圣的景观；那书信，是真实信仰的书信，是美好盼望的书信，是纯洁仁爱的书信。它向我们喃喃诉说你的灵魂如何饥渴，如何羡慕想念主耶和华的院宇！⑤ 它散发出怎样一种至圣的爱，洋溢着真诚之心怎样的丰富财宝！它把怎样的感恩归于上帝！又从上帝赢得怎样的恩惠！它是温和的，还是炽热的，是启发人的光，还是给人生命的能？它为

---

① 参见《马太福音》八章 26 节。
② 保利努斯与塞拉西娅缔结婚姻一起生活，但没有性关系。
③ 参见《列王纪》五章 6，9 节。
④ 参见《诗篇》一百三十六篇 9 节。
⑤ 参见《诗篇》八十三篇 3 节。

什么既能使我们平静，又能使我们奋起；既是滋润的雨水，又是亮丽的晴空？请问这究竟是为什么？或者我要如何回复你的书信？我只能在主里面把自己整个归于你，因为你也整个属于主。如果这样不够，那我显然没有更多的可给了。但是你使我显得似乎并非无足轻重，因为你在你的信里那么好心地对我大加称赞。这样看来，当我把自己全部给你以作回报时，我就不能认为自己无足轻重，否则，我就可能被指责不相信你了。相信自己有你说的那么好会让我羞愧，但不相信你会让我感到更加不安。于是我找到一种解决方法：我不相信自己有你所认为的那么好，因为这些好是我不知道的；但我相信我受到你的宠爱，因为这是我感知到，清楚体验到的；这样，对于我自己，我不会显得那么鲁莽，对于你，也不至于那么不知感激。此外，当我把自己整个献给你时，这不是无足轻重的致献，因为我所献的是你深爱的对象，即使我所献的并非就是你所认为的那个样子，至少他是你为之祷告的，使他能够配得上你所认为的那个样子。为此，我要更加恒切地请求你为我祷告，否则，你若认定我已经成为我还不是的样子，就不会再关心我要成为那个样子所缺乏的东西。

以什么心态读奥古斯丁的作品

4. 请容我举荐一下把此信带给阁下的人，他是我最亲密的朋友，是我幼年就认识的发小。他的名字在我《论真宗教》一书里有提到①——你在信里说，你非常高兴读到该作品。你肯定会热情接待他，因为派他来的那位贤士②对他作了高度赞赏。但是，如果我的这位亲密朋友谈到我时说了一些赞美的话，我希望你不要相信。因为我发现

---

① 既罗马尼亚努斯。奥古斯丁把他的《论真宗教》一书题献给他，因为当年是他把罗马尼亚努斯带入摩尼教，所以力图以此说服他离开摩尼教，回到大公教会。亦参见《论真宗教》第七章注释。

② 即阿利比乌斯。

他经常作出错误判断，倒不是有意说谎，而是因为友情使他产生偏见，认为我已经领受了某些恩赐，而事实上我只是敞开心口渴望从主领受这些恩赐。如果说他当着我面的时候尚且会这样做，那你就可以想象当我不在场的时候，他出于那份热忱，又会说出怎样远非事实的恭维之言。不过，阁下若想翻阅，他可以提供很多我的书卷，因为据我所知，凡我写的作品，无论是写给上帝教会之外的人士，还是写给主内弟兄的，他手头都有。但是，圣洁的保利努斯啊，不要让真理透过我软弱之口所说的话冲昏你的头脑，而不太注意我自己所说的话；当你热切地关注恩准我作为代言人所说的美好而真实之事时，你可能会忽视为我自己所犯的错和罪祷告。因此，在我作品中你仔细看就能发现令人不悦的那些部分，你看到的是我本人；而凡是理所当然让你满意的地方，都是圣灵的恩赐——你也领受了这样的恩赐——因此要爱主，要赞美他，生命的泉头在于他，在他的光中我们必得见光，①不是模糊不清，就如我们如今观看的那样，而是要面对面看见。② 所以，当我审阅自己的作品时，发现有些事是我出于旧酵③所说的，我就忧伤地指责自己；而有些是我藉着上帝的恩赐，由诚实而真正的无酵饼④说的，我就喜不自禁。因此，我们所有的，有什么不是领受的呢？⑤ 诚然，得到上帝更多更大恩赐的人，好于得到较小较少恩赐的人，这谁会否认呢？但是，尽管只得到小恩赐但为此感谢上帝的人，好于得到大恩赐却想要归功于自己的人。弟兄啊，为我祷告吧，愿我永远这样认为，愿我始终心口如一；恳请你为我祷告，愿我不贪求人前的赞美，而把赞美归于主，求告主，使我自己得从仇敌手中被救

---

① 参见《诗篇》三十五篇10节。
② 参见《哥林多前书》十三章12节。
③ 参见《哥林多前书》五章7节。
④ 参见《哥林多前书》五章9节。
⑤ 参见《哥林多前书》四章7节。

出来。①

举荐带信人，阿利比乌斯主教的亲戚

5. 还有一个原因会使你爱这位带信弟兄更多：他是可敬而至福的阿利比乌斯主教的一个亲戚，而你全心爱着阿利比乌斯，他也配得你的爱。因为凡是赞美这个人的，就是赞美上帝的仁慈，赞美他神奇的恩赐。所以，当他在你的信中读到你的要求，即你希望他写写自己的生平故事，鉴于对你的好意他愿意写，但出于他自己的谦逊他又不想写。当我看到他在爱与矜持之间如此摇摆时，就从他的肩上接过这个担子，他也写信把这个任务交托给了我。因此，在主的帮助下，我会尽快把完整的阿利比乌斯放到你的心中。但我最大的担心是，他会不愿意把主赐给他的全部恩惠如数透露，因为他知道除了你还有别人读他的生平，他担心会有一些理解力不够的人认为他是在炫耀自己，而不是赞美上帝赐给人的礼物；而你是知道如何读这样的文字的，所以他又不愿意因为他考虑其他人的软弱而剥夺你作为弟兄应有的知情权。若不是我们的弟兄罗马尼亚努斯出乎意料地突然决定起程，我可能已经写完生平，你现在就可以读到了。我把他推荐给你的心，你的舌，希望你能友好接待他，不是把他当作现在才认识的，而是看作早就与我一起认识的人。如果他不羞于向你的心完全展现自己，他必会在很大程度上——如果不是所有方面——藉着你的话语得医治。因为我希望他能时时听到那些不是以世俗方式爱朋友的人的声音。

奥古斯丁担忧利肯提乌斯的行为方式

6. 罗马尼亚努斯的儿子，也是我们的儿子——你会在我的一些作

---

① 参见《诗篇》十七篇4节。

品中看到他的名字①——虽然他本人不会出现在阁下面前，但我还是决定在信里把他交托给你，这样，他即使不能因你本人的声音，也必因你榜样的力量，受鼓励、听劝告、得教导。我确实非常热切地希望，在他还年轻，人生刚起步的时候，他能学会把稗草变为禾谷；对于他不顾危险一心想要亲身体验的事，希望他能听从别人的经验，吸取过来人的教训。从他的诗，从我写给他的信里，阁下可以体会到我对他的忧虑，我对他的担心，我对他的希冀。我希望借助主的恩惠和你的帮助，能从对他的这种忧虑风暴中摆脱出来。既然你打算阅读我的很多作品，那么，凡你发现有不认同不满意的地方，就作为一个义人出于怜悯责备我、纠正我②，这是对我的爱，与我弥足珍贵，因为我不怕像你这样的人用油膏我的头。众弟兄都向你问好，不仅包括那些与我们一起生活的弟兄，以及在其他地方与我们一样事奉上帝的弟兄，而且几乎所有在主里认识我们的人，都向你致敬。大家都仰慕你的弟兄情怀，你的幸福状态，你的人性光辉。我不敢恳求，但是如果你能从繁忙的教务中抽出时间，你会看到整个非洲以及我本人是怎样地如饥似渴地期待见到你。

---

① 利肯提乌斯出现在奥古斯丁的《驳学园派》《论幸福生活》以及《论秩序》等作品中。参见《书信》26。
② 参见《诗篇》一百四十一篇 5 节。

书信28：奥古斯丁致杰罗姆
（约394—395年）

奥古斯丁写信给杰罗姆（Jerome）①，谈到后者要在译自希伯来文的七十子希腊圣经译本之外翻译一个新译本，对此表示完全不赞成（n.1-2）；又谈到后者在为保罗指责彼得的话（加2：14）辩护时，把它解释为善意的谎言；如果接受这样的解释，那整部圣经的权威性就会动摇乃至坍塌（n.3-5）。他把自己的一些作品带给杰罗姆，希望得到弟兄般严厉的批评指正（n.6）。

奥古斯丁问候同为司铎的杰罗姆弟兄，至尊至敬的大人，奉以虔诚和挚爱：

奥古斯丁赞美杰罗姆，渴望与他面对面交谈

1.1 你在主内追求学问的那种宁静、喜乐、专注的面容，让我觉得已经对你非常熟悉，没有哪个人能仅凭外形就让别人对他有如此的了解。所以，虽然我极为渴望了解你的全部，但我对你的那个较小部分，即你的本尊（外形），知之有限；而这一点认知，也当归功于阿

---

① 圣杰罗姆（347—419年）是当时也是历史上伟大的《圣经》学者之一。他翻译的著名武加大《圣经》译本被教会定为正式版本。他的观点比较激进，性格有点古怪，所以树敌不少，但朋友也很多。奥古斯丁对他颇为尊重，即使观点相左时也不例外。他最后几年归隐伯利恒，与世隔绝。

利比乌斯弟兄①——他现在已是至福的主教，即使当时也是完全胜任的——他见了你，回来后又见了我；我不能否认，从他对你的描述中，我已经基本上把你的样子铭记在心。其实在他回来之前，当他在那里看见你时，我也看见了你，只是透过他的眼睛看见你。凡是认识我们俩的人，都会说，我和他作为两个人，并非心灵上是两个，只是在身体上是两个，我们同心合意，亲密无间；不过，功德大小不同，这一点上他远胜过我。因此，你爱我，首先是因为灵性上的合一，我们有共同的目标；其次则是因为从他口中对我的了解；既然如此，我对你就不再是陌生人，向尊敬的阁下推荐我们的弟兄普洛福图鲁斯（Profuturus）也不算太唐突。我希望通过我们的努力再加上你的帮助，能使他名副其实，真正受益②；他很可能会成为一个大人物，那就应该由他引荐我获得你的友谊，而不是我引荐他给你了。或许我应该写到这里为止，如果我满足于推荐信的常规格式，就应该这样。但是关于我们在主耶稣基督里从事的研究，我心里涌出很多想法，希望与你分享；主甚至藉着你的爱，乐意慷慨地赐给我大量恩益和各样供应，以备走上他所指明的道路。

奥古斯丁拒斥七十子圣经之外的新译本

2.2 因此，我恳请，非洲教会的所有研究者都与我一起恳请，你不必再费心费力地去翻译那些杰出的希腊文翻译家已经处理得非常精致的《圣经》书卷了。你这样做或许会使我们也拥有这样的大家，尤其是你在自己作品中乐于提到的那位［奥利金］。但我不希望你费

---

① 阿利比乌斯曾游历巴勒斯坦，在那里见到杰罗姆，回到非洲之后就被按立为塔迦斯特主教。
② 普洛福图鲁斯（Profuturus）直译就是"受益"。普洛福图鲁斯后来被祝圣为西尔塔主教，并没有按预定的行程去巴勒斯坦，所以这封信当时并没有送到杰罗姆手中。它在非洲传阅，与另外一封类似命运的信一起引起了杰罗姆注意，使他感到极为恼火。奥古斯丁不得不在后来的书信中不断解释平息这些事。

力把圣经正典翻译成拉丁文，除非你按照翻译《约伯记》那样的方式，即通过加注释的方式，把你的这个译本与已经确立最高权威的七十子希腊文译本之间的区别清楚地标示出来。然而，若说如今还能在希伯来文本里找到什么东西是当时那么多博学的希腊文翻译家没有注意到的，我肯定会感到万分吃惊。我不说七十子译本，就说这些作者，他们在心和意上的合一性胜过任何一个单一作者所能做到的，我不敢对他们作品的任何部分发表确定性看法，只有一点可以确定地说，这个译本具有极高的权威性，这是毫无疑问的。但有些译者让我比较困惑，他们在七十子译本后翻译《圣经》，虽然精通希伯来文的字法和语法，但过度咬文嚼字，如人们所说的，不仅他们自己彼此不统一，而且留下很多疑点需要后人来解释和澄清。如今，这些点或者模糊，或者清晰；如果它们是模糊的，那可以相信你也很可能像他们一样犯错；如果是清晰的，那就不能认为七十子会在这些点上犯错。我陈述了让我困惑的理由，恳请你发善心告诉我你对这个问题的看法。

保罗责备彼得的话不是一个善意的谎言

3.3 我还读到一些讨论使徒保罗书信的作品，据说是你写的。[①] 其中一篇你试图解释《加拉太书》里的某些难点，我正好读到你引用的一个经段，就是讲使徒彼得被从一次危险的装假中解救回来。我承认我深感遗憾，像你这样优秀的人或者其他什么人——如果这作品的作者另有其人——竟然为说谎辩护；这份遗憾会一直无法排解，直到令我困惑的问题被驳倒——如果它有可能被驳倒的话。我想，承认圣经里有什么话是谎言，也就是，那些为我们编撰并写下《圣经》的人在书里说了假话，这是极其危险的。一个好人是否应在某时说谎

---

① Hieron. in Pauli, ep. ad Gal. 2. 11. 14.

是一个问题，一个《圣经》作者是否应该说谎是另一个问题，不，不是另一个问题，这根本不是一个问题。如果我们承认具有如此神圣权威的书中可以有某种善意（或有益）的谎言，那么对于书中的任何一个句子，只要有人觉得难以理解或者难以相信，他就可以遵循这个最危险的法则解释说，这是作者出于某个意图或者出于某种善意说的谎言。

承认圣经有谎言，即使是善意的谎言，也会使它丧失权威

3.4（按那段经文）使徒保罗责备彼得说："你既是犹太人，若随外邦人行事，不随犹太人行事，怎么还勉强外邦人随犹太人呢？"①假如保罗这话是在说谎，假如他心里其实认为彼得行事正当，但口里却说他行事不当，还把这话写下来，他之所以这样做（说假话），目的是为了安抚那些喧闹的人，那么，当悖逆之人起来禁止嫁娶，如他所预料的②；当他们说，使徒保罗支持婚姻合法的这段话③是一通假话，插入这段话不是因为他真心这样认为，而是为了安慰那些因爱自己的配偶而感到不安的人，对此，我们该如何作答呢？我们不需要很多其他例子。甚至对上帝的赞美，似乎也可以有善意的谎言，目的是使他的爱在懒怠人身上更加耀眼。这样说来，《圣经》里就没有哪个地方有纯粹真理的绝对权威了。我们难道没有注意，这位使徒是怎样小心翼翼地捍卫真理，他说："若基督没有复活，我们所传的便是枉然，你们所信的也是枉然！并且明显我们是为上帝妄作见证的，因我们见证上帝是叫基督复活了……而上帝没有叫他复活。"④ 如果有人对他说："既然你说过某事，虽然不是真实的，却大大增加上帝的荣

---

① 《加拉太书》二章 14 节。
② 参见《提摩太前书》四章 3 节。
③ 参见《哥林多前书》七章 10—16 节。
④ 参见《哥林多前书》十五章 14 节。

耀，那你为何对这个谎言感到震惊呢？"那他岂能不痛恨此人的疯狂，岂能不尽其所能用尽语词和符号，阐明他内心深处的秘密，高喊说，用最美的谎言赞美上帝，相比于用恶言诽谤上帝的真理，罪恶程度并不逊色，甚至可能是更大的罪？所以我们必须十分谨慎，要保证一个想要了解《圣经》的人充分尊重圣书的圣洁性和真理性，拒绝接受任何经文可能包含善意的谎言。遇到不理解的经文，宁可让他跳过去，也不可让他把自己的心意置于圣经真理之上。因为可以肯定，当他诉诸谎言时，他希望我们相信他（说的是真话）；而他这样做，无疑就是让我们不要相信《圣经》的权威性。

圣经从不说谎

3.5 就我而言，不论主赐给我什么力量，我都愿意尽力表明，所有那些通常用来支持谎言有益的证据都应当作另外的理解，即是为了教导真理在任何地方都是确定无疑的。正如引来作证的证据不应该是虚假的，同样，它们也不应该支持谎言。不过，这个问题还是留给你自己判断吧。你只要更仔细地去读读这些经段，就会比我更轻易地明白这一点。此外，你的敬虔之灵会迫使你得出这样的结论，使你认识到，一旦这种观点得到认可，即受托把圣经传给我们的人有可能在写作时为了权宜之计说了谎言，那么圣经的权威就遭到破坏，任何人都可以相信自己愿意相信的，拒斥自己不愿相信的。当然，你可以定下某些规则，让我们知道何时可以说谎，何时不可以。但是，如果你能做这样的事，我恳请你不要通过谎言和可疑的推理来解释这个过程。也恳请你因着我们的主最真实的人性，不要把我看作沉重的负担或者认为我专横自负。因为显然，如果就你来说，真理可以正当地利用谎言，那么就我来说，我的某个错误若有利于真理，那它也不能算什么大过，即使不能说它无过。

送给杰罗姆一些作品，希望得到严厉指教

4.6 还有很多其他关于基督教的学术问题，我很想跟你坦率说说，跟你交流讨论，但是一封信是无法满足我的这个愿望的。或许我可以通过带信的弟兄更好地完成这个愿望，我很乐意让这位弟兄带信给你，分享你甜美而有益的交流并从中受益。然而就算是他，或许并不能如我所愿地充分吸收你的营养。我这样说，并不是要冒犯他，也绝不是说我在哪一方面胜过他。因为我承认我有更多空间从你吸收更多东西，而他已经装得比较满了，就此而言，他肯定胜过我。当他返回——我希望在主的帮助下快快回来——当我分享他从你获得储存在心里的财富后，即使到那时，我心里仍然会有一块空地，不满足于他的分享，对你的观点仍然如饥似渴。所以，情形仍然会是这样：我更加穷乏，而他更加富足。另外，这位弟兄会带着我的一些作品；如果你愿意读一读，我请求你以一个弟兄的坦率和严厉来读，经上有话说："让义人纠正我，责备我，那是仁慈；但不要让罪人的油膏我的头。"[①] 我对这话的理解是，一个责备我医治我毛病的人，比一个用恭维话膏我头蒙我眼的人爱我更多。我发现自己很难准确判断自己的作品，不是过于小心，就是过于草率。诚然，我有时也知道自己的不足，但我更希望听到更有资格的人对它们的评判，免得我作了自我批评之后，又自我安慰，认为对自己的批评过于苛刻，不够客观中肯。

---

① 参见《诗篇》一百四十篇 5 节。

书信 29：奥古斯丁致阿利比乌斯
（约 395 年）

希波司铎奥古斯丁写信给塔迦斯特主教阿利比乌斯，阐述他通过怎样的告诫使大公教会最终厌弃古老而奢华的酒宴，这在非洲教会庆祝圣徒生日礼仪上一度成为时尚（n. 1 - 11）；恳请后者通过祷告帮助公正处理西尔库塞利奥案子（n. 12）。

藉着阿利比乌斯的祷告从上帝求得大恩益

1. 关于那件我不可能不忧虑的事，由于马卡里乌斯①弟兄不在，目前我无法给你任何确切的消息。不过我听说他马上就会回来，何况有上帝的帮助，我必会尽力而为。虽然我们身边的弟兄和同胞可以向你保证我对他们的关心和牵挂，然而现在主为我们提供了一个值得通过书信方式讨论的话题，使我们彼此安慰，在推进这件事上，我相信我们从你的关心和牵挂中得到很多帮助，而你因为牵挂必然不停地为我们祷告。

告诫要远离他们称为莱提提亚的邪恶礼仪

2. 因此，我必须向阁下描述所发生的事，这样你就会与我们一起为所得的恩惠作感恩祷告，就如你曾经为恳求这恩惠作祷告那样。你离开之后，我们得到消息说，人们开始骚乱，声称不能忍受那个他

---

① 这位马卡里乌斯，显然是奥古斯丁的神职同事。

书信 29：奥古斯丁致阿利比乌斯（约 395 年）

们称为莱提提亚（Laetitia，即"快乐"）的节日被禁止，徒劳地想要用庆典的形式掩盖醉酒的实质，其实这消息当你还在的时候就已经传来。然后非常巧合的是——出于全能上帝的隐秘安排——那周的礼拜三我要讲解的福音书章节正是："不要把圣物给狗，也不要把你们的珍珠丢在猪前。"① 我专门解释了何谓狗和猪，从而迫使那些像狗一样不断吠叫抱怨上帝戒律的人，那些沉迷于污秽的情欲享乐的人羞愧难当。然后我得出结论说，他们可以看到，有些事，在教会里面以宗教的名义做，是多么邪恶；如果他们在自己家里也做这些事，必然会被禁止进入圣地，并被剥夺教会的珍珠。

把狂饮者和醉酒者赶出上帝的家

3. 虽然我的这些话被很好地接受，但是因为聚会的人太少了，对于如此重大的问题，还远远不足以产生效果。而且，这次讲道被当时在现场的人按各自的能力和热心传播出去之外，遇到了很多异议，引起了很大争论。后来，当大斋日（dies Quadragesima）② 开始后，有大批信徒前来聚会听道，会上读了福音书里的那段经文："主进了上帝的殿，赶出殿里一切做买卖的人，推倒兑换银钱之人的桌子和卖鸽子之人的凳子，对他们说：经上记着说：'我的殿必称为祷告的殿'，你们倒使它成为贼窝了。"③ 当我提出醉酒问题以引发听众的注意后，我也读了福音书的这段经文，然后补充论证，指出我们的主应该会更加义愤更加激烈地把纵酒的宴席赶出圣殿，因为它们在任何地方都是可耻丑陋的。主在殿里赶走的是合法的买卖，因为那里出售的是按律

---

① 参见《马太福音》七章 6 节。
② 这里比较难以确定究竟是哪一天。拉丁文的表述是 dies Quadragesimae，直译为大斋期的一天，但是哪一天呢？他前面曾谈到礼拜三。如果采纳拉丁文 dies quadragesima，那就是指"第四十天"，也就是升天节，是信中所描述的那种节日庆祝中的一个。这些庆祝显然与他们教会的圣徒莱奥提乌斯（Leontius）节相关联。
③ 参见《马太福音》二十一章 12 节。

125

法规定祭献所需的物品；那么——我问他们：这两个地方哪个看起来更像贼窝，是卖必需品的地方，还是酗酒宴饮的地方？

不要行希伯来人的旧恶习

4. 由于我准备了充分的经段随时为我所用，所以我接着说，犹太人虽然迄今仍属肉体，但他们从不曾在圣殿里举办过宴会，不要说醉酒淫乐的宴会，就算节制有度的宴会也没有，当时殿也还不是献上主的身体和血的地方；我说，他们的历史中不曾记载他们以宗教礼仪的形式公然饮酒，唯有一次在他们所造的偶像面前庆祝狂欢。① 当我说到这些事时，我拿起经书，诵读了整段经文。然后我又以极度忧伤的语气说，既然使徒因渴望把基督的百姓从心肠刚硬的犹太人中区别出来，说他的信"不是写在石版上，乃是写在心版上"②，既然上帝的仆人摩西因犹太人的那些首领而摔断了两块石版③，为何我们不能击碎那些虽然是新约之人却仍想在他们庆祝圣徒的日子在公众场合放纵淫乐——旧约时代的人也仅在崇拜偶像时做过一回——的人的心呢？

保罗把基督徒聚众宴乐醉酒定为一种无耻行径

5. 然后我放下《出埃及记》的经文，在时间允许的范围内，拿起使用保罗的经文批判醉酒之罪，我引读以下经段，指明他列出了哪些罪恶是与此并列的："若有称为弟兄是行淫乱的、或贪婪的、或拜偶像的、或辱骂的、或醉酒的、或勒索的，这样的人不可与他相交，就是与他吃饭都不可。"④ 我叹息着告诫他们，当我们与那些醉酒的

---

① 参见《出埃及记》三十二章 6 节。
② 参见《哥林多后书》三章 3 节。
③ 参见《出埃及记》三十二章 19 节。
④ 参见《哥林多前书》五章 11 节。

人同席时，遇到的是多大的危险，即使是在家里。我又读了稍后的另一段经文："不要自欺！无论是淫乱的、拜偶像的、奸淫的、作娈童的、亲男色的、偷窃的、贪婪的、醉酒的、辱骂的、勒索的，都不能承受上帝的国。你们中间也有人从前是这样；但如今你们奉主耶稣基督的名，并藉着我们上帝的灵，已经洗净、成圣、称义了。"① 我读完之后，告诉他们反思一下，如果信徒欣然把沾染这种罪的人——连天国之门也向其关闭——接纳进自己的心，也就是上帝的内殿时，他怎么可能听到这样的话"但如今你们……已经洗净"。然后我读到这一章："你们聚会的时候，算不得吃主的晚餐；因为吃的时候，各人先吃自己的饭，甚至这个饥饿，那个酒醉。你们要吃喝，难道没有家吗？还是藐视上帝的教会……呢？"② 当我引用这段经文时，我特别提醒他们注意，即使是适当的有节制的宴席，也不得在教会举办，因为保罗并没有说"你们要酒醉，难道没有家吗？"，似乎在教会里喝醉酒才是非法的；他乃是说"你们要吃喝，难道没有家吗"，吃喝本身是合法的，但在教会里吃喝是非法的，人可以在家里通过必要的饮食恢复精力。然而由于世风败坏，道德沦陷，我们已经变得非常羸弱，无法指望人们常守节制，只要求把纵酒饮乐限制在各自的家里。

什么是情欲的果子，什么是圣灵的果子

6. 我又回顾先前讨论过的福音书经段，它谈到假先知说："凭着他们的果子，就可以认出他们来。"③ 然后我提醒他们这里的果子就是指作为；我问他们醉酒属于怎样的果子，又引用《加拉太书》的一段经文："情欲的事都是显而易见的，就如奸淫、污秽、邪荡、崇

---

① 参见《哥林多前书》六章9—11节。
② 参见《哥林多前书》十一章20—22节。
③ 参见《马太福音》七章16节。

拜偶像、邪术、仇恨、争竞、忌恨、恼怒、结党、纷争、异端、嫉妒、醉酒、荒宴等类。我从前告诉你们，现在又告诉你们，行这样事的人必不能承受上帝的国。"① 随后我问，我们基督徒——主命令凭我们的果子来认识我们——如何凭醉酒的果子被认识。我推荐他们去读以下经文："圣灵所结的果子，就是仁爱、喜乐、和平、忍耐、恩慈、良善、信实、温柔、节制。"② 我又叫他们思考并认识到，如果他们不仅在家里奉行那些属于情欲果子的作为，而且以那样的作为毁损教会的名誉，因为如果有可能，他们甚至以成群的宴乐者和醉酒者充塞伟大教堂的整个空间；而另一方面，他们不愿把圣灵的果子——圣经的权威和我们忧心忡忡的劝告都催促他们结这样的果子——献给上帝，从而以最恰当的方式过圣徒的节日，这是多么可耻又可悲的事情！

富有成效的总结

7. 讲完这些，我放回书卷，然后尽我所能要求大家祷告；出于对危险本身的紧迫感，我又尽主乐意赐给我的能力，把共同的危险明确呈现在他们面前。这危险既是受托于我们之人的，也是我们这些必须为他们向大牧首交账之人的。我以他（大牧首）的谦卑，他所遭受的可怕侮辱，被掴掌被吐口水的脸，被刺穿的双手，荆棘的冠冕，十架和流血——藉着这一切恳求他们，即使他们对自己没有什么不满，也请他们至少可怜可怜我，回想一下可敬而年迈的瓦勒里乌斯③对我的无尽的爱。因为他为了他们的缘故不遗余力地把传讲真理之道的危险任务交托给我；他常对他们说，如果我来了，他的祷告就得到了回应。他之所以对我的到来感到高兴，当然不是因为我可以与他们

---

① 参见《加拉太书》五章 19—21 节。
② 参见《加拉太书》五章 22 节。
③ 瓦勒里乌斯，当时的希波主教，并于 395 年按立奥古斯丁为他的副主教。

一起赴死，或者看见他们的死，而是因为我们要为永生而共同努力。最后我说，我已经决定信靠不可能有假的上帝，他曾藉着他的先知之口应许给我们主耶稣基督："倘若他的子孙离弃我的律法，不照我的典章行，背诵我的律例，不遵守我的诫命，我就要用杖责罚他们的过犯，用鞭责罚他们的罪孽。只是我必不将我的慈爱全然收回。"① 我说，我信靠他，如果他们鄙弃这些已经向他们念诵讲解的伟大真理，他就要用杖和鞭责罚他们，但他不会让他们与这世界一起毁灭。所以我要鼓起全部勇气和力量来行责备之职，这是我们的向导和管理者根据事态的严重性和危险程度提供给我的装备。我并没有以自己的泪引出他们的泪，但我承认，当我说到这些事，看到他们哭泣，我也被感动，难以自禁。就在我们一起哭泣中，我完成了讲道，满心盼望他们能改邪归正。

最激烈的反对者最终被说服

8. 然而，到了第二天，这是个他们许多人习惯于大吃大喝纵情宴乐的日子，所以一早我就收到消息说，他们中有些人，甚至那些曾听我讲道的人，仍在不停地抱怨；恶习对他们的控制力是如此强大，他们都提出这样一个问题："为何是现在（禁止）？那些以前没有禁行此事的人不是基督徒吗？"我听到这话，真的不知道能用什么更有力的方式去影响他们，但我作好预备，万一他们想维持恶习，我就向他们宣读先知以西结的话："守望者倘若警戒了危险，即使受到警戒的人不听，他也被认为无罪。"② 然后抖掉衣服上的尘土，扬长而去。③ 事实上，主表明他并没有离弃我们，他是通过这种方式敦促我们信靠他。比如，就在我预备走上讲坛前一刻，那些我听说曾抱怨禁

---

① 参见《诗篇》八十八篇31，34节。
② 参见《以西结书》三十三章9节。
③ 参见《马太福音》十章14节。

止旧习的人来到我面前；我友好地接待了他们，并且只用了短短几句话就把他们引到正当的观点上。因此，当我开始讲道时，我省略了原本预备好要读的经文，因为看起来已经没有必要了，我只是简略地谈到他们的问题，大意是，对于他们所提的"为何是现在"的问题，最简短最真实的回答就是："是的，就是现在！"

为何教会在早期容忍这类习俗

9. 然而，为了避免对于我们之前的那些或者容忍或者不敢阻止无知民众奉行如此明显恶习的人产生可能的鄙视，我向他们解释了初期教会为何不得不允许这样的习俗存在。那是因为：经过这么多残暴的逼迫之后，和平终于来临，当时成群结队的异教徒想进入基督的教会，但都被拒绝，原因在于他们一直奉行通过大吃大喝的宴席来欢度他们的偶像节日；考虑到他们不那么容易放弃这些极其有害但具有久远传统的享乐行为，所以很自然地，我们的先辈们认为权宜之计是接受他们的这种软弱，只要他们愿意抛弃他们那些传统节日，就允许他们过其他节日，即纪念圣洁殉道者的节日，这取而代之的节日虽然有同样的放纵，但至少没有同样的血腥。因为只要他们以基督之名联合起来，顺服于他至高权威的轭下，就有可能接受健全的节制戒律；他们既尊崇并敬畏这位设立戒律的教师，就自然不会拒绝这样的戒律。因此，我总结说，如果他们敢于承认自己是基督徒，现在就是按照基督的旨意生活的时候了；他们既已确认自己为基督徒，那些原本只是为了使他们成为基督徒而临时允许的事，就应当摒弃了。

彼得对放纵者的告诫

10. 然后我告诫他们要甘心效仿海外教会，它们有些从来不曾接纳这些习俗，有些则在优秀教牧者和顺服信众的配合下纠正了这些做法。① 由于引用了圣使徒彼得大教堂里日常饮酒的例子，我说，首先我们早就听说这是禁止的，但因为位置偏远，主教没有注意到，也因为在这样一个城市，有许多属血气的人，尤其是来来往往的朝圣者和陌生人，越是无知的人，就越是顽固地信奉那种习俗，所以还没有完全控制或废除那种陋习。但是如果我们真正尊重使徒彼得，就应聆听他的教导，并且更加虔心地阅读表明他意愿的书信，而不是关注与他的意愿无关的教堂。紧接着我拿起书卷诵读经文："基督既在肉身受苦，你们也当将这样的心志当作兵器。因为在肉身受过苦的，就已经与罪断绝了，你们存这样的心，从今以后，就可以不从人的情欲，只从上帝的旨意在世度余下的光阴。因为往日随从外邦人的心意行邪淫、恶欲、醉酒、荒宴、群饮，并可恶拜偶像的事，时候已经够了。"② 说完这些之后，我看到大家都不约而同地赞成废除这种陋习；于是我鼓励他们午后时间留在这里读经唱圣诗，这样，他们就会更加高尚更加纯洁地度过那个节日；而从聚会的人群可以轻易看出，谁在追随自己的心灵，谁在听从自己的肚腹。讲完这些，我的讲道结束。

午后的聚会在诵读与唱圣诗中度过

11. 到了下午，聚集的人群比上午更多了，读经和唱诗轮流进行，一直到我与主教一起来到；我们到了之后，又读了两篇诗篇。然后老人③不容分说地要求我向人群讲几句话，我其实很不情愿，因为我一直盼望这个充满危险的日子快点过去。于是我就简短地说了一些感谢上帝的话。由于我们听说在异端的教堂里举行着传统的宴席，当我们忙碌于自己的事务时，他们却在酒怀中度过，所以我说，白昼与黑夜相比，显出它的美丽，就如白色与黑色相比显得更加可爱；同

---

① 这是由米兰的圣安波罗修完成的。
② 参见《彼得前书》四章1—3节。
③ 即主教瓦勒里乌斯。

样，我们庆祝灵性的聚会若没有与另一头情欲的宴席相比照，可能就没有那么令人愉悦；我劝勉他们，如果他们已经尝过主味是何等甜美，就当满腔热心地欲求这样的宴席。然而，那些坚持第一类宴席的人不得不担心它何时会毁灭，因为每个人都分割他所爱的那个事物。使徒责骂这样的人，说："他们的上帝就是自己的肚腹。"① 在另一处又说："食物是为肚腹，肚腹是为食物；但上帝要叫这两样都毁坏。"② 因此我们有责任寻求那不会毁灭的，那远离情欲之爱，通过灵性圣化所得的。按照时间安排，我讲完这些话以及主适时默示我的其他类似的话，就举行每日的晚礼，然后我与主教一起退出，弟兄们继续在原地唱圣诗，人群依然庞大，有男有女，一直唱诗到天黑。

呼吁公正处理冲击大公教会的西尔库塞利奥

12. 我尽我所能简要概述了你毫无疑问渴望听到的消息。祈求上帝屈尊保守我们的努力不会导致任何伤害，或引起任何憎恨。当然，在很大程度上我们活泼而热忱地与你一同享有安宁，因为我们不断收到属灵的塔迦斯特教会的礼物。载着弟兄们的船只还没有到达。在阿尔根提乌斯（Argentius）任司铎的阿斯那（Asna），西尔库塞利奥袭击了我们的大教堂，并毁坏了祭坛。这个案子正在审理，我们恳求你热切祷告，使它得以和平解决，以适合大公教会的方式解决，以遏制异端放肆的舌头。我们已经送信给阿西亚克（Asiarch）。③ 至福的弟兄啊，你要在主里面坚守，并记念我们。阿门。

---

① 参见《腓立比书》三章 19 节。
② 参见《哥林多前书》六章 13 节。
③ 罗马管理小亚细亚的文官之一，负责公众崇拜和公共赛事。

书信30：保利努斯致奥古斯丁
（394年或395年）

保利努斯因为没有收到奥古斯丁的回信，故又写了一信，由罗马努斯（Romanus）和阿基利斯（Agilis）带给他（n.1–3）。

罪人保利努斯和塞拉西娅问候尊敬的弟兄和大人，同心合一的奥古斯丁：

保利努斯恳请奥古斯丁回信

1. 我在基督主里同心合一的弟兄和大人啊，虽然我们互不认识，但通过你那些神圣而敬虔的作品我早已知道你；尽管彼此不曾谋面，我却早已看见你。所以，我整个心灵都充满你，迫不及待地要通过弟兄般亲密的书信交谈靠近你。我相信，藉着主的恩惠，我的话已经传到你的手里。但是我的年轻送信人——我在冬天到来之前托他给你和其他同样为上帝所爱的人送去问候——还没有回转，我们不能再推迟我们的职责，也无法克制我渴望从你得到回音的焦炽之情。于是，我现在再次写信，如果我的前信已经有幸到你手上，那这是第二封信；如果它没有如此幸运送到你手上，那这还是第一封信。

信基督的人在基督的身体里彼此相爱

2. 我们属灵的弟兄啊，你看透万物①，但请你不要只是通过我们的职责或书信到达的时间来称量我们对你的爱。主是一且始终如一，但他的爱无时无刻不在归于他的人里面运行；这位主为我作见证：从最初通过可敬善意的主教奥勒留和阿利比乌斯②读到你反驳摩尼教的作品③，从而认识你，对你的爱就深深地扎根于心里，所以我感觉与其说是要与你建立一种新友谊，不如说是重续一种早已存在的老旧情。于是就给你写信，语词或许笨拙，爱却真挚可见，通过内里的人在灵性上彼此交流而认识你。所以我们虽然身处异地，心却在一起，虽然不曾见面，却了解彼此，这并不奇怪，因为我们是一个身体上的肢体，我们拥有同一个头，我们沐浴同一个恩典，我们靠同一个饼存活，我们行走同一条道，我们住在同一个家。④ 最后，在构成我们存在的一切事上，整个盼望和信心——我们藉此存在于现在，也藉此努力在将来存在——我们在主的灵和体上都联合为一；我们若偏离这个一，就什么都不是。

保利努斯希望罗马努斯和阿基利斯带回信

3. 因此，我们身体上的彼此分离能使我们失去的是多么微不足道的东西！它最多不过是眼目的满足，而眼目追求的总是暂时的事物。事实上，我们不应把这种身体享有的恩惠称为属灵的恩赐，因为到了复活的时候，属灵恩赐要赐予我们不朽坏的身体，我们虽然不配，但藉着基督的功德和上帝父的圣善，有胆量心存这样的盼望。因

---

① 参见《哥林多前书》二章 15 节。
② 奥勒留当时是迦太基主教；阿利比乌斯是塔迦斯特主教。
③ 关于这些作品，参见《书信》24 及注释。
④ 参见《罗马书》十二章 4—5 节；《哥林多前书》十二章 12 节；十章 17 节。

此我祈求，愿上帝的恩典藉着我们的主耶稣基督，应允我们能得这样的益处，让我们甚至能看见你的脸面。这样，不仅我们的欲求得到最大的满足，我们的心灵也将被光大大照亮，我们的贫乏将从你的丰盈获得财富。即使你不在我们身边，你也可以做到这一点，尤其是这一次，我们在主里最亲最爱的孩子罗马努斯和阿基利斯①完成爱的事工之后，将以主的名返回我们这里。我们把他俩举荐给你，他们与我们在主内同心合一，就如我们的另一个自己。我们特别希望他们因这事工能感受到你的爱所产生的果效，因为你知道至高者应许给帮助弟兄的弟兄的，是何等高贵的回报。② 如果你愿意通过他们把你所得的恩赐犒劳我，你可以放心使用他们。请你相信，他们都是与我们在主内一心一意的。③ 我亲爱的基督里的弟兄，可敬可爱、令人思慕的人啊，愿上帝的恩典永远与你同在，一如现在。代向基督里与你牢固联合的众圣徒问安，请把我们介绍给众圣徒，好叫他们乐意与你一起为我们祷告。

---

① 这两人把这封书信带给奥古斯丁。
② 参见《箴言》十八章 19 节。
③ 参见《使徒行传》四章 32 节。

书信 31：奥古斯丁致保利努斯和塞拉西娅
（395 年末和 396 年初）

为收到保利努斯的第二封信感恩（n.1），为罗马努斯和阿基利斯带来的问候感谢（n.2-3），表明保利努斯心灵的谦恭与和悦；又写到他自己被瓦勒里乌斯任命为希波副主教（n.4），请求这位朋友能转到非洲，为其他基督徒团契树立谦卑和贫穷的典范（n.5-6）。确认他给保利努斯送去三卷本的《论自由意志》，请求后者带给他《驳异教徒》的作品（n.7-8）。问候语（n.9）。

奥古斯丁在主内问候至爱、至诚而至福的弟兄保利努斯和姊妹塞拉西娅，真正有福且得赋上帝最丰盛恩典的人：

奥古斯丁为第二封信献上感恩
1. 我原本期望我的回信——对你的前信作了回复，如果我有能力以某种方式对你的信作出回复的话——能尽快送到阁下手中，从而可以在某种意义上与你同在，尽管仍然人各一方。然而，我的拖延反而使我得益，让我再次收到了你的来信。主是良善的，他往往不是赐给我们想要得到的，而是赐给我们更想拥有的。你收到我的信之后会写回信是一回事，而你没有收到我的信又写了信则是另一回事。读你的信是多么欢喜的事，如果我的信如我所深切盼望并恳切祷告的那样快速送到了阁下手中，那我的这种喜悦就可能要有所损失了。现在我拥有了双重的喜悦，既得到了这封信，又可以盼望得到你收到我的信之后的回信。因此，我不必为自己的耽搁受责备；主的恩慈多么丰富，他按自己的判断成就了更符合我期望的事。

奥古斯丁对罗马努斯和阿基利斯的到来表示高兴

2. 我们在主内满心欢喜地接待了圣弟兄罗马努斯和阿基利斯，他们就如同你的另一封信，不过这封信是通过耳朵听到并复述你的话语，是你最甜美部分的呈现，因而使我们更加热切地盼望看到你。不论何时何地，不论以什么方式，你都不可能通过书信，我们也不可能要求，让我们得到你的全面信息，就如我们通过他们之口得到的信息那样丰富。他们在讲述你时是多么喜乐——这是不可能在文字中找到的——我们可以怀着无以言表的快乐从他们的脸上和眼睛里读到深深刻写在他们心中的你。此外，单纯一张纸，不论什么纸质，不论上面写的是何等美妙的内容，其本身并不因此受益，尽管可能对他者展示巨大益处；但你的这封信，即这两位弟兄的心灵，我们在与他们交谈过程中读着，我们发现，你越是卓有成效地刻写，它在我们面前就越显得有福。因此，为了获得同样的福祉，我们不厌其烦地盘问有关你的所有细节，把这封信刻进我们的心里。

对他们的离去深表遗憾

3. 因此，我们很不情愿这么快就得同意他们离开，尽管他们是回到你的身边。请你看看吧，我被怎样矛盾的情感所搅扰。显然，他们越是急切地想要服从你，我们就越应该快快放他们走；然而，他们越是希望这样，就越是生动地描绘了你的样子，因为他们表明了你对他们是如何可亲可敬。另一方面，他们越是有理由要求快点走，我们就越是舍不得让他们走。真是让人纠结啊，幸好这样的分离并不是真的把我们分开，幸好"我们是一个身体上的肢体，我们拥有同一个头，我们沐浴同一个恩典，我们靠同一个饼存活，我们行走同一条

137

道，我们住在同一个家。"① 那么我们为何不使用同样的话呢？我想你认出这些话出自你的信。不过，既然它们是完全正确的，出自我们与同一个头的联合，为何它们就是你的话，而不是我的呢？若说它们有你所赋予的独特性质，那我得说正因如此我更爱它们，以至它们整个占据我胸口的通道，不允许其他话语从我心里流到舌头，直到它们脱口而出，因为它们是你的，所以具有优先性。上帝所爱的我圣洁的弟兄和姊妹啊，我们既是同一身体上彼此联结的肢体，谁会怀疑我们是从同一个圣灵得力量而存活？除非有人没有感受过把我们彼此联结起来的爱。

奥古斯丁被瓦勒里乌斯祝圣为希波地区副主教

4. 然而，我很想知道你是否比我们更耐心更轻松地忍受这种分离。如果是这样，我承认我不喜欢你性格中的这种力量，除非是出于这样的原因，即我们不如你那样值得欲求。当然，如果我在自己身上发现能忍受不能看见你的耐力，我也会感到不悦；它会让我放松看见你的努力，如果坚毅的结果是懒怠，那不是可笑至极吗？但是，阁下只要关注一下让我忙碌不堪的教会事务，就会由此知道，至福的父亲瓦勒里乌斯②——你会从弟兄那里听说，他与我一样怎样热切地向你致敬，他又如何渴念你——不满足我只做他的司铎，而要加给我更大的担子，作他的副主教，分担他的主教事务。③ 确实，我对此很难拒绝，因为我相信透过瓦勒里乌斯这份深挚的爱和众人的强烈要求，所呈现的是主的旨意；同时有人提出以前有过类似的例子，让我无法找

---

① 引自《书信》30，即保利努斯写给圣奥古斯丁的书信。
② 即奥古斯丁的主教。
③ 395年的时候，奥古斯丁想要拒绝，因为他认为，当他的主教还在世时他被祝圣成为主教，这违背教会习惯。当他被告知海外和非洲教会都有这样的例子，这样的事并非不正常，就顺从了。后来他写道，他不应该允许这样的事，因为这是尼西亚会议禁止的。

任何借口拒绝。然而，虽说主的轭本身是甜美的，担子是轻盈的①，但如果因为我自己的不成熟和软弱，这轭对我来说就有点烦恼，担子也过于沉重。然而如果有机会见到你，从你得安慰，我说不出我的轭和担子会变得如何轻省，如何可以忍受。我听说你的生活完全摆脱了这类事务，没有任何负担②，因此我恳求、祈求、要求你屈尊来我们非洲不算过于唐突，因为我们这里，与其说众所周知的土地干渴缺水，不如说人更干渴，缺乏像你这样的人物光临。

奥古斯丁邀请朋友来非洲

5. 上帝知道我们如何渴望你能亲自光临这里的土地，不只是因为我自己的渴望，甚至也不是因为那些了解你敬虔决定的人的渴望，不论他们是从我们这里，还是从流传的公众报告了解的，更是因为其他人，他们或者从未听说过你的事迹，或者听说了却并不相信，但只要让他们充分了解，就可以使他们爱上所了解事物的优秀品质。③ 虽然你为人慎重而慈悲，但我仍然要恳求你，让你的行为在我们土地上的人面前闪耀，"叫他们看见你的好行为，便将荣耀归给你在天上的父。"④ 当主呼召渔夫，他们就撇下渔船和渔网；他们只要想起自己抛下所有一切跟从主，就快乐欢喜。⑤ 确实，如果一个人不仅弃绝他能够拥有的，而且撇下任何他想要拥有的，那么他就是鄙弃一切。上帝的眼睛看见所欲求的；人的眼睛看见所拥有的。但在某种意义上，当我们过度迷恋属世之物时，我们所拥有的比我们所欲求的对我们有更大的控制力，更紧地捆绑我们。当那个年轻人求问主如何能进入永

---

① 参见《马太福音》十一章30节。
② 保利努斯当时在诺拉过隐修生活。他于394年被授予巴塞罗那司铎之职，条件是他可以不在那里定居。后来约于407年被按立为诺拉主教。
③ 保利努斯和妻子抛弃巨额财富，追求贫穷和隐修生活。
④ 参见《马太福音》五章16节。
⑤ 参见《马太福音》十九章27节；《路加福音》十八章28节。

生时①，他听到的回答是，他必须卖掉他的财产，分给穷人，并在天上积累财宝；于是他满心忧伤地离去，究其原因不外乎，就如福音书所说，他拥有大量财富。想要聚集他还没有的东西是一回事，散去已经积累的东西是另一回事。前者类似拒绝食物，后者类似截去肢体。基督徒的爱以多么巨大而神奇的喜乐看到，我们时代的人欢欢喜喜地成全了主的福音——就是那个年轻财主从主本人口中听到后忧心忡忡地拒绝的福音！

保利努斯是贫穷和谦卑的典范

6. 我虽然找不出词语表达我心里所产生并费力想说出的念头，但你的审慎和坦荡使你明白，那属人的荣耀不是你的，而是主的荣耀显现在你身上；因为你既极其警觉地提防仇敌，又十分敬虔地努力作工，从而像基督的门徒一样，使自己变得心里柔和而谦卑。② 事实上，谦卑地保留世俗财富比骄傲地放弃更好。所以，我再说一遍，既然你完全明白这荣耀不是你的，而是主的，我所说的话就显得多么贫乏，多么不恰当。因为我所说的就是对基督的赞美，而这种赞美，即使是天使的舌头也说不出能匹配的语言。因此，我希望基督的这种荣耀能呈现在我们同胞的眼前，作为合一婚姻提供的一个典范，教导男人女人如何将骄傲踩在脚下，教导每个人如何充满希望地追求完全。我不知道，如果你不是像你现在所选择的那样愿意过隐修生活，是否还能成就如此仁慈的事。

举荐维图斯提努斯；带去《论自由意志》

7. 我把维图斯提努斯（Vetustinus）这个孩子推荐给仁慈的阁下，

---

① 参见《马太福音》十九章21，22节；《路加福音》十八章22，23节。
② 参见《马太福音》十一章29节。

对于他的不幸，即使是没有宗教信仰的人也会产生同情。你可以从他本人了解他不幸和流浪的原因。至于他的志愿，即发誓事奉上帝，需要更多的时间，要等他成长到更成熟的年龄，以及恐惧渐渐消失之后才能得到证明。我给阁下带去三卷本的书，书中讨论的是自由意志的问题；但愿它们对一个如此重大的问题作出了恰当而慎重的解释！我深知你对我的爱是何等炽热，所以我完全确定你会不辞辛苦地阅读它们。不过，我知道罗马尼亚努斯弟兄①还没有这几卷书，至少没有全书，而我为一般读者写的几乎所有作品，他手头都有；我并没有因为你对我的挚爱，就把所有作品交给他，让他带给你，而是让他告诉你，你可以阅读我的任何作品，因为他已经拥有我的所有作品，并且一直把它们随身携带；给你的第一封回信②也是由他带去的。我相信，藉着主赐给你的属灵智慧，阁下必定已经体会到此人的心灵具有怎样美好的品质，也洞悉他性格中哪一部分因软弱而可以说成了跛足的。因此你在信里读到——希望如此——我怀着何等急切之情把他及他的儿子③推荐给阁下，你也必看到他们与我如何紧密地联系在一起。但愿主藉着你使他们得以建立。这事我应该向主祈求，而不是向你恳求，因为我知道你是何等期盼成就这事。

索求保利努斯的作品《驳异教徒》

8. 我从弟兄那里听说你写有一部题为《驳异教徒》的作品。如果我有权要求得到你心里的任何东西，请速速把作品寄给我拜读。因为你的心就如同主的神谕，我们可以指望从它得到令人满意的答案，对喋喋不休的讨论给出清晰明白的回答。我相信阁下有至福主教安波罗修的作品；我非常渴望得到他那些煞费苦心又充满雄辩的作品，那

---

① 参见《书信》5 第 23 页注释①。
② 即《书信》27。
③ 利肯提乌斯。参见《书信》26 第 100 页注释①。

141

是为反驳某些极端无知又傲慢之人而写的①，那些人声称主受益于柏拉图的著作。

带去自己和塞维鲁斯主教的问候

9. 曾与我同为门徒、如今已是米勒维斯教会主教，在城里众人皆知的至福的塞维鲁斯（Severus）弟兄②，与我们一起问候阁下。所有与我们一起事奉主的弟兄也诚挚地问候你，一如他们真心渴慕你；他们有多爱你，就有多想念你；你有多值得他们爱，他们就有多爱你。我们送出的那条面包③将因着你接受它所赋予的仁爱而成为更丰富的祝福。愿主保守你们，至爱至诚的大人和夫人，真正仁善的、拥有主最丰盛恩典的弟兄和姊妹，从这个时代直到永远。④

---

① 圣安波罗修的这些作品已佚失。
② 米勒维斯主教塞维鲁斯，是塔迦斯特虔敬团的成员之一。
③ 参见《书信》24 第 93 页注释①。
④ 参见《诗篇》十二篇 7 节。

书信32：保利努斯和塞拉西娅致罗马尼亚努斯
（396年）

保利努斯写信给罗马尼亚努斯，指出从非洲带来的消息如何令人大为欢欣（n.1），庆祝奥古斯丁名副其实地成为希波教会的副主教（n.2）。他劝告罗马尼亚努斯的儿子利肯提乌斯——奥古斯丁为他的事写过信——抛弃宫廷的骄傲，委身于上帝，从而习惯以奥古斯丁为师（n.3–5）。随信附上一首他自己编写的劝诫诗赠送给利肯提乌斯。

保利努斯和塞拉西娅问候可敬的大人、尊贵的弟兄罗马尼亚努斯：

为弟兄们带回的消息高兴

1. 就在写这封信的前一天，我们的弟兄①从非洲回来了——你知道我们是如何急切地等候他们——带给我们那些至圣至爱之人的回信，有奥勒留的、阿利比乌斯的、奥古斯丁的、普罗福图鲁斯的、塞维鲁斯的，他们现在全都成了主教。② 因此当我们享受来自这么多圣人的最新消息时，就迫不及待地把我们的快乐告知与你，通过这些愉快至极的宣告，让你也分享这份我们在忧心忡忡的朝圣之旅中殷切期

---

① 即罗马努斯和阿基利斯。
② 奥勒留是迦太基主教，阿利比乌斯是塔迦斯特主教，奥古斯丁是希波主教，普罗福图鲁斯是西尔塔主教，塞维鲁斯是米勒维斯主教。

盼的喜乐。如果你已经从经其他船只到达的可亲可敬的弟兄那里得到同样的消息，那就请从我们这里再一次接受这些好消息，就好比再一次享受喜乐。如果你是第一次从我们这里收到这样的信息，那要感谢在你的国家藉基督的恩赐得到如此大的爱。就如经上所写，凡是神意在圣徒身上成就的，都是神奇的。① 我们可能是最先知道这些信息的，或者是最先知道的人之一。

奥古斯丁被任命为希波副主教

2. 我们写这封信表达我们的喜乐不只是因为奥古斯丁成了主教，而且因为非洲教会配得上帝的眷顾，有幸能从奥古斯丁之口听到天上的话语；他以一种新的方式被推荐并得任命——归功于主的伟大恩赐——不是继承主教之位，而是与主教共治。也就是说，当希波主教瓦勒里乌斯还健在时，奥古斯丁被祝圣为希波的副主教。② 那位有福的老人，在他纯洁的心灵中没有一点嫉妒的黑暗影子，他从至高者领受与他和平之心相配的果子，因为他原本只期望有一位继任者，如今有幸得到了一位同事。这样的事在没发生前，谁会相信呢？关于全能者的这种工，福音书里的话同样可用："在人这是不能的，在上帝凡事都能。"③ 因此我们要在他里面欢欣喜乐，"他独行奇事"④，"使他的会众住在家中"⑤，因为"他看见我们的困苦"⑥，降恩惠给他的百姓，"在他仆人大卫家中，为我们兴起了拯救的角"⑦，如今在他拣选者中间兴起了他教会的角，从而"砍断罪人的角"⑧，即多纳图派和

---

① 参见《诗篇》六十七篇36节。
② 参见《书信》31第140页注释③。
③ 《马太福音》十九章26节；《马可福音》十章27节；《路加福音》十八章27节。
④ 参见《诗篇》七十一篇18节。
⑤ 参见《诗篇》六十七篇7节。
⑥ 参见《申命记》二十六章7节。
⑦ 《路加福音》一章69节。
⑧ 参见《诗篇》七十四篇11节。

摩尼教的角，如他藉他的先知所应许的。

保利努斯为利肯提乌斯担忧

3. 愿主的这个号角——他通过奥古斯丁吹响——之声敲打我们的孩子利肯提乌斯的耳朵，叫他这聆听的耳朵接受基督的进入，但不许仇敌夺去上帝撒的种子。① 那样，奥古斯丁在他自己看来必定就是基督的大祭司，因为如果他养育的这个在文学上与你相配的年轻人，如今经他引导变成了一个名副其实的基督里的孩子，那他必会认为他是得到至高者的垂听了。我希望你知道，他写信给我们谈到这个年轻人时真是满心焦虑。我们相信靠着全能的基督，奥古斯丁的属灵目标必胜过我们这位年轻人的属体目标。相信我，他必会被征服，就算违背他的意愿；他必被他敬虔父亲的信心征服，否则，他若选择顺着自己的路走，走向他的毁灭，而不是接受他的得救，那他赢的就是一场邪恶的胜利。为了不显失弟兄之爱应有的职责，我们送给你和我们的孩子利肯提乌斯五条面包，作为参与基督战役的士兵们的供应，在这战役中，我们每日征战以求简单的生计所需。因为我们不能丧失福祉，我们渴望把它吸收到我们的内在人中。② 不过，我们必须对他本人③说几句，免得他说我们信中写到他的话并没有写给他。因为该米西奥（Micio）听到的话，我们却对埃奇努斯（Aeschinus）说了。④ 但是，我何必引用别人的话来说这事呢，我完全可以用自己的话来说任何事，使用别人的话通常都是头脑不健全的标志。感谢上帝，我们的头是基督，我们有健全的头脑。愿我们永远看到你一生都在基督里平

---

① 撒种的比喻，参见《马太福音》十三章 4，19 节；《马可福音》四章 4，15 节；《路加福音》八章 5，12 节。
② 这个程式化表述为："接受这饼，愿你使它成为祝福。"
③ 即利肯提乌斯。本信最后部分以及那首诗都是写给他的。
④ 参见特伦斯（Terence），Adelphoe 96，97："米西奥，当我对他说这话时，我是对你说的。"

安，与全家人永远幸福快乐，至敬至爱的大人和弟兄。

对利肯提乌斯父亲般的劝告

4. "我儿，要听你父亲的法则，"也就是奥古斯丁的信心，"不可离弃你母亲的指教。"① 完全可以恰当地把奥古斯丁对你的爱使用母亲这个名称，因为当你丁点大时他就把你抱在膝头，从你婴儿时就喂你这世俗智慧的第一口奶。但如今他渴望用他属灵的乳房喂你乳汁，为主强壮你。因为他看到，你虽然身体上长大了，灵性上却仍在摇篮里哭号，在上帝的道上还是婴孩，在基督里仍在爬行，或者刚学会起步，仍然步态蹒跚，尽管有奥古斯丁的教导，就像母亲的手或乳母的臂，引导你脚步不稳的童年。如果你听从他，跟随他，我会再次用所罗门的话激励你："我儿，你头上要得华冠。"② 那么你必会成为真正的执政官和大祭司③，不是你在梦境中幻想的高位，而是真理即本身即基督所塑造的执政官和大祭司，那时他必以他行为的切实结果取代你空洞的梦幻假相。利肯提乌斯啊，你将成为真正的祭司，真正的执政官，只要你跟从奥古斯丁，踩着他先知般的脚踪，遵从他使徒般的规训，就如有福的以利沙跟从至圣的以利亚的脚踪④，如年轻的提摩太形影不离地陪伴著名的使徒踏上圣旅。⑤ 愿你以完全之心学习祭司的职责，以引导者之口为百姓谋求福祉。

保利努斯给利肯提乌斯的哀歌

5. 忠告和劝诫就至此为止吧。亲爱的利肯提乌斯啊，既然你自

---

① 参见《箴言》一章 8 节。
② 参见《箴言》一章 9 节。
③ 利肯提乌斯的野心是谋求帝国的这类政治和宗教高位。
④ 参见《列王纪下》二章 1 节。
⑤ 参见《使徒行传》十六章 1, 3 节。

书信 32：保利努斯和塞拉西娅致罗马尼亚努斯（396 年）

小就有可敬的奥古斯丁的灵性和口才耳濡目染，追求真理和智慧的热情已被点燃，那么我相信，不用费太多的口舌，只要稍加督促，你就可以回转到基督，因为基督就是真理和智慧，是众善之善，至高的大善。如果说他对你的影响力还不足以让你去求善，那我这样才能平平，根本不能与他相提并论的人，又能做什么呢？但是我相信他的天赋能力，也相信你自己的健全心智，我希望在你身上已经产生更丰富更伟大的结果，而不是仍然悬而未决，没有结果。我大胆地祈求双重恩典，即我希望在关心你爱护你这一点上能与奥古斯丁相提并论，也希望凭着对你的赤诚情感，能成为众多为你求福祉的人中的一个。因为我知道完全赢取你的圆满功德无疑得归奥古斯丁。我的孩子，我怕我的话冒昧欠妥，让你听来不悦，更怕你听了对我产生反感，从而使你心里受伤。于是我想到你的信，从信中得知你喜好节奏韵律，我在你这个年龄时也有这样的爱好。想到这里我找到了一种可能安抚你受伤心灵的方法——万一我伤了你的心——即通过诗歌的韵律激发你回到主，一切和谐之事的创造者。我恳请你侧耳倾听，不要离弃我为你的救恩所发出的话，请你甘心接受这些诗句，它们虽然平淡无奇，却充满对你的爱意和父亲般的情感，因为诗中包含基督的名，那是"超乎万名之上的名"[1]，是任何一个信徒都不可能轻视的名，这名使这些诗句配得尊重。

> 那么来吧，脱去这世界死死捆绑的锁链，和种种牵绊[2]，
> 不再惧怕温柔之主的甜美之轭。[3]
> 眼前的事物诚然好看，只有轻浮之心才会觉得神奇，
> 智慧的灵魂对此并不希奇。

---

① 《腓立比书》二章 9 节。
② 参见维吉尔《埃涅阿斯纪》4.412。
③ 参见《马太福音》十一章 30 节。

如今，迷人的罗马引诱你沉迷于它的种种魅力，
呜呼，它有能力让最强壮的人迷失。
我儿，当你面对繁华城市的光怪陆离，
让奥古斯丁父亲永远住在你心里。
仰望他，把他牢记在心里，
你就会在风雨飘摇的此生风暴中安之若素。
我要告诫你的话，一次又一次地重复①，
你才能逃离这个残酷战场的滑铁卢。
荣耀是个甜美的词语，却是可恶的奴役，
其结果是满身的痛苦；
现在欢喜欲求它的，将来后悔都无处哭诉。
爬上顶点是快乐的，但从高端跌落令人寒战，
如果你脚步不稳，从高处坠落就会更惨。
如今你在虚假的好事中欢喜开颜，
在野心的四风中颠簸飘散，
在脆弱的虚名中流连忘返。
但是，当你被可咒诅的大火缠绕，
徒劳的努力，全都落空；
你想要指责无根的希望，企图解开你如今编织的捆绑，
都将为时晚矣，徒劳无益。
到那时，你无处依赖，就会想起你的父亲奥古斯丁
就会懊悔你曾鄙弃他诚恳的告诫。
因此孩子，如果你是明智的，如果你是虔诚的，
请倾听并领会父亲的话语，长者的告诫。
你顽梗的颈项为何不接受轭？

---

① 参见维吉尔《埃涅阿斯纪》3.436。

书信32：保利努斯和塞拉西娅致罗马尼亚努斯（396年）

"我的轭是容易的，我的担子是轻省的"①
基督可爱的话语这么说。
信靠上帝，低头接受他的轭，顺服他温和的笼头，
弯下你的肩头，温顺地接过他轻省的担子。
你可以现在就这样做，当你的生命仍然自由，
没有捆绑的绳索，
没有婚姻家累，没有高位尊荣。
真正的自由乃是，事奉基督，在他里面超越于万物之上；
不事奉人主，不事奉恶角，任何高傲的王，
惟独奉献给基督这位主。
不要以为地位的高贵能使人自由，
不要看他在光鲜的城市什么都拥有；
要知道，他自以为完全自由，
却拒绝在上帝面前低头。
做众人的奴隶，甚至奴隶的奴隶，多么可怜！
为自己买了使女，却被使女所役，真是可叹！
与阉人宦官打交道，在奢华宫殿度年华，
甘愿忍受罗马的万般不幸，他知道
以何等劳苦和丧失尊严的代价，
才获得军士的斗篷，官职的荣耀。
即使谋到最高权力，获得最显赫地位，
也并没有得到高过一切的权位。
他虽然可以夸口自己是整个城市的主子，
如果他拜偶像，那就是魔鬼的奴隶！
多么可悲啊，利肯提乌斯，

---

① 《马太福音》十一章30节。

如果为了这些东西你要留在城里，

为了取悦它们而鄙弃主你的真理！

你看那些主子，就是木头和石头的奴隶，

你还求告他们，向他们低头敬礼？

他们把金银当作神献上礼仪，

他们的神就是贪婪之病所爱的东西。

不爱奥古斯丁的，就让他爱这些东西吧，

亲近这些神的，就让他不敬基督吧！

因此上帝亲口说："一个人不能侍奉二个主"①

因为主所悦纳的必是一心！

一信，一神！②

基督，父的独生子，

对同一位主不可能有两样不同的服侍。

凯撒之国与基督之国的差异，

就是地与天的距离。

从地上起来，趁着呼吸还支配着这些肢体，

用你的心灵去洞察诸天，不要让肉身成为绊脚石。

现在就向血气行为告辞，

用清洁的心沉思属天生活的欢喜。

虽然你受捆于肉身，但你是一个灵，

只要充满信心，摧毁属肉作为，赢得胜利！

亲爱的孩子，

我出于信心的爱，写下这些话给你，

如果你接受它们，上帝就会接受你。

---

① 《马太福音》六章 24 节；《路加福音》十六章 13 节。
② 参见《以弗所书》四章 5—6 节。

书信32：保利努斯和塞拉西娅致罗马尼亚努斯（396年）

请相信，我所说的就是奥古斯丁的意思，
你会发现两位父亲出于同一份爱意。
如果我们都被鄙弃，失去你是我们更大的损失，
如果你听从我们，我们所得的报赏就十分甜蜜。
两位父亲都对你苦口婆心，万分焦虑，
能使我们俩欢欣喜乐，是你何等的荣誉。
我与奥古斯丁相提，不是夸口自己有他同样的功绩，
只是我对你的爱，与他无异。
我这条小河能否以小小的水滴滋润你？
除了我，你还有两条河可以纵情游弋。
阿利比乌斯是你的兄弟，奥古斯丁是你的老师，
一个是亲属朋友，一个是灵魂花园的园丁。
有这样的兄弟和老师的支持，利肯提乌斯，
你怎么可能不追求星辰，拍着不知疲倦的双翼？
不论你做什么——不要让世界指望以你为友，
你的灵魂属于基督，不属于世俗。
虽然你现在的目标是婚姻和更高的荣誉，
总有一天你会思考如何成为主的财富。
相信两个义人总能赢得一个罪人，
弟兄们的祷告也能战胜你的情欲。
回来吧，快快回到正路，
那是你父亲的话你弟兄的爱——
两人都是上帝的司铎——命令你要走的路。
他们把你拉回到你自己，
因为你现在所求的是外面的事，
而你父亲你弟兄的王国才真正属于你，
回到它们，追求它们，不要在外面浪费时日。

151

如果你不欲求属于自己的东西，
谁又会给你属于别人的东西？
你将不再是你自己，感官将你远远抛到外人的领地，
呜呼哀哉！你不是生活在自己心灵的园地。
以上就是一位焦虑的父亲对儿子所说的句子，
你要知道，我对你的期望和担心就是对我自己。
这页信纸，如果你接受，总会使你得生命，
如果你拒斥，就是指控你的证词。
愿基督保守你平安，我最亲爱的孩子，
愿他使你作他永远的仆人。
我祈求你为上帝而活，因为为世界而活就是死，
为上帝而活才是生命的真谛！

书信 33：奥古斯丁致普洛库莱亚努斯
（约 396 年）

奥古斯丁写信给希波的多纳图派主教普洛库莱亚努斯（Proculeianus）[①]，声明基督徒的仁慈，呼吁他一起通过某种探讨交流解决分裂问题（n.1-2）。如果埃伏迪乌斯（Evodius）在争论中说了什么过激的话，请求他原谅（n.3），提出以什么方式才能使讨论富有成效，从而使爱得胜，众人联结为一（n.4-6）。

奥古斯丁问候至尊至爱的普洛库莱亚努斯大人：

奥古斯丁毫不犹豫地表示对普洛库莱亚努斯的尊敬

1. 关于我在本信中对你的称呼问题——我在信中称你为"大人"（或主，dominus）——我不必因为无知之人的虚妄，就化更多时间向你解释。既然我们双方都在努力使彼此摆脱错误——虽然在没有对这个问题充分讨论之前，对有些人来说可能并不那么清楚，我们两人究竟哪个陷于错误之中——那么只要我们基于良知行事，使我们两人都从各执一词的偏颇中解放出来，我们就在"侍奉"（servimus）彼此。我在此事上真心尽事，并且出于基督徒的谦卑心怀敬畏，虽然大多数人或许并不清楚，但在上帝明明可鉴，在他面前没有心可以隐藏。你应该完全明白，我毫不犹豫地敬你身上的何者为尊。我当然不会认为

[①] 希波的多纳徒派主教。

分裂的错误值得尊敬，相反，我渴望尽我所能治好所有人的这种错误之疾。但我毫不犹豫地认定你是值得尊敬的，首先，正是因为将人类社会联结起来的纽带将你与我们相联结；其次，因为你身上有明显的标记表明你有温和的性格和平和的心，由此我有信心指望，只要向你显明真理，你会乐意接受。事实上，主命令我们要有多少爱，我就欠你多少爱，他爱我们以至为了我们担当十架的羞辱。

赞同并渴望与普洛库莱亚努斯对话交流

2. 如果你疑惑我为何这么长时间没有写信给阁下，那是因为我当时不相信你会有埃伏迪乌斯弟兄欣喜地报告给我的那种思想状态，但是现在我不得不相信。他告诉我，当你们在一个房子里偶然相遇，开始交谈，谈到我们的盼望，即基督的产业，然后你友好而欣然地说，你愿意当着其他好人之面与我正式交流。我非常高兴你能屈尊提出这样的建议，我绝不会放弃如此重要的机会。因此，我要尽主赐给我的力量，与你探索并研讨这个问题，在基督的教会——主曾说："我留下平安给你们，我将我的平安赐给你们"① ——里产生的可悲又可叹的分裂问题的原因、起源及本质。

恳请谅解埃伏迪乌斯

3. 然而我听说，你抱怨上述这位弟兄，说他给了你侮辱性的回答。我恳请你不要把它看作侮辱，因为我非常确定这不是出于骄傲，我了解我的弟兄。然而，如果在讨论过程中，由于他的信心以及对教会的爱，他说话的语气或许过于激烈，听起来冒犯了你的尊严，那应该称为胆量（fiducia 忠心），而不是倨傲（contumacia）。因为他希望对问题展开探讨和争论，而不是无原则地对你表示同意和奉承。奉承

---

① 参见《约翰福音》十四章 27 节。

是罪人的油，先知不愿意用这样的油来膏他的头，如他所说："义人要仁慈地指正我，责备我；但不要让罪人的油膏我的头。"① 他宁愿被义人严厉的仁慈指正，也不愿受谄媚的舒心假话赞美。所以先知说："那些口说吉言的，使你走上歧途。"② 因此，一个因听多虚假的好话而变得傲慢的人，有俗语恰当地说："他头脑发胀（自我膨胀）"（crevit caput），即他的头被罪人的油膏了；也就是说，这不是出于严厉指正的真理，而是出于虚假骗人的舒心赞美。然而，我不希望你得出这样的结论：我的意思是说你被弟兄埃沃迪乌斯指正，就如被义人指正。我担心你会认为我说的话包含某种侮辱你的意思，其实这正是我在尽我所能避免的事。但那说"我就是真理"的主是公义的。因此，当真理从任何人的口中说出，听起来非常刺耳时，我们并非被那个人所指正，他可能是一个罪人，而是被真理本身，也就是基督指正，他乃是公义的。这就要防止甜蜜但致命的恭维奉承之油——那是罪人的油——膏我们的头。此外，即使埃沃迪乌斯弟兄出于对教会的辩护有点无法自制，情绪有点激动，说话过于激烈，看在他年纪尚轻以及事态紧迫的分上，你也应该原谅他。

以什么方式交流才能富有成效

4. 无论如何，我恳请你千万记得你欣然作出的承诺，即你可以选择一些人在座，然后我们双方在他们面前心平气和地考察探讨这样一个重大无比的问题，也是与众人的得救密切相关的问题。当然，我们说的话不能让它随风飘散，而要一一记载下来，这样能使我们的讨论更冷静而有序地进行；而且万一我们忘了前面说过的话，也可以通过查阅记录回想起来。或者，如果你愿意，我们可以不需要居间人，

---

① 参见《诗篇》一百四十篇 5 节。
② 参见《以赛亚书》三章 12 节。

仅凭书信往来或私人会议并宣读——随你安排在什么地方——的方式展开讨论。这种方式可能更好,免得有些容易激动的听众更关注看我们之间的争执,而不是透过我们的讨论思考他们自己的得救。这样,当我们讨论结束达成共识,就可以随后向人们宣告。或者,如果我们同意通过书信交流,就把信的内容向我们各自的信众宣读,这样,不久的将来,我们可以不再说各自的信众,而是合而为一的信众。总之,不论你希望什么方式,不论你命令什么方式,不论你乐意什么方式,我都会欣然接受。至于我那有福而可敬的父亲瓦勒里乌斯的看法,虽然他现在不在,但我可以完全确定地承诺,他听到这个消息必会欢欣雀跃,因为我知道他有多么热爱和平,多么远离任何虚荣和个人尊荣的影响。

如此毁灭性的基督教分裂无论如何都要终止

5. 我请问你:我们要如何对待那些古老的争吵?那些傲慢人的敌对情绪留在我们肢体上的伤口,一直留存到今天;随着伤口的腐烂,我们甚至已经感受不到疼痛,而通常需要求助于医生才能消疼止痛。你看,基督教家庭和亲属的和睦被多么严重又可恶的祸害破坏了。丈夫和妻子关于家庭生活是彼此统一的,但对基督的坛却意见分歧。他们指着他起誓以便有彼此的平安,却不能在他里面拥有平安。子女与父母同为一家,但不分有同一个上帝之家。他们想要得到被继承人地上的产业,却与他们争吵关于基督的产业。仆人与主人撕裂共同的上帝,而这位上帝"取了仆人的样式"①,乃是为了使我们从奴役状态释放出来。你们的人尊崇我们,我们的人尊崇你们;你们的肢体以我们的冠冕起誓,我们的以你们的起誓。我们接受每个人的话,我们希望不冒犯任何人。但是基督冒犯了我们什么,我们要把他的肢

---

① 《腓立比书》二章 7 节。

体分裂？那些想要借助我们——就我们对他们有用来说——实现其世俗目标的人，称我们为圣徒和上帝的仆人，以便推进他们地上的利益。我们每天接待低头恳求者，恳求我们解决他们的纷争，而我们之间的可耻而危险的分歧不是金银问题，不是土地和牲畜问题，它是关于我们的这个头本身的争辩。那些致敬我们的人可能会尽可能低下他们的头，恳求我们使他们在地上和好，而我们的头从天上降到十架上，我们却没有在他里面和好。

若没有爱掌权，就不能成就合一

6. 如果你身上真的有许多人所称颂的慈悲情怀，我请你，恳求你把你的善好品质——如果它不是为各种转瞬即逝的尊荣假装出来的——展现在这里，激发你的内在自我萌生同情。但愿你能与我一起恒切祷告，通过和平讨论所有问题，以期此事得以解决，免得我们可怜的牧众，现在因我们的职位尊重我们，到了上帝审判的日子，他们的尊重变成对我们的指控。相反，我们要以真实无欺的爱使他们从错误和纷争中回转，走向真理和平安。可敬而至爱的大人啊，我为你祷告，愿你在上帝面前蒙福！

书信 34：奥古斯丁致优西比乌[①]
（约 396 年）

虽然奥古斯丁热切渴望教会合一（n.1），但他对那个殴打母亲成性，甚至为给她致命一击竟转向多纳图派并接受他们二次洗礼的年轻人深感悲哀。他要求展开调查，这是否普洛库莱亚努斯主教下令所做的事，如他的司铎维克多在正式报告中所记录的（n.2-5）；如果普洛库莱亚努斯愿意，他很乐意并已预备好为分裂的问题作全面探讨（n.6）。

致卓越的大人和弟兄，配受爱戴和尊敬的优西比乌：

奥古斯丁多么渴望基督徒的和平

1. 在上帝面前，人心的一切秘密都是敞开的；他知道，我有多渴望基督徒的和平，就有多深地为那些人的渎神行为震惊，他们如此无耻、不敬又顽固地坚持与他相分离。上帝也知道，我心里的这种情感是平和的，我的目的并不在于，对任何人都不顾他的意愿强迫他进入大公教会；相反，我的目的在于，让真理向所有身陷谬误的人显明，并通过我们的事工，在上帝的帮助下，使彰显的真理为人信服，引导他们自愿地拥抱它、跟随它。

[①] 此人也是一位多纳图派的主教，但在教阶上显然高于《书信》33 中的普洛库莱亚努斯。

书信34：奥古斯丁致优西比乌（约396年）

某个不敬年轻人接受多纳图派的二次洗礼

2. 别的不说，我要问你，还有比刚刚发生的事更可恶的吗？一个疯狂的年轻人因为不断殴打母亲，向她举起不敬之手，甚至在那些法律严令禁止惩罚重罪犯的日子①，也不例外，受到他的主教训斥，希望以此让他记住自己是从她而生的。于是，他威胁母亲说，他打算转到多纳图派，还说要杀了她，杀了这位他以如此不可思议的暴行殴打成习的母亲。他威胁她之后，就真的转向了多纳图派；一边还在暴怒之中，一边就接受了二次洗礼；一边还在蹂躏自己母亲的生命，一边就披上了白色的外衣。②他被列为名人和要人，得允进入教会的圣所；使大家痛心而义愤的是，他虽然是个人尽皆知的意图弑母者，却表现为刚刚洗礼得洁净的新生者。

那个背叛者二次受洗伤害了教会母亲的心

3. 尊敬的先生，你能赞同这样的事吗？我绝不愿相信你会赞同，因为我知道你是个审慎的人。一个肉身的母亲遭受殴打，而正是这个身体生出并养育了那个不孝之子；当教会，他的灵性母亲，禁止这样的事时，她也在圣礼上遭受伤害，而她正是通过这些圣礼为这个不孝之子提供生命和营养。难道你不觉得他似乎就在那弑母般的暴虐中说："我要对这个禁止我殴打母亲的教会做什么呢？我找到了可做的事。让她受到我所能给她招来的所有伤害击打；让我身上所成就的事使她的肢体受苦；我要去和那些人一起，他们知道如何摧毁使我降生在她里面的恩典，如何破坏我从她肚腹里领受的样式；我要用残酷的折磨使两位母亲痛苦。愿后来生育我的第二位母亲成为先把我埋葬的

---

① 指四旬节（复活节前四十天）和复活节期间。
② 刚刚受洗的人穿的。

那位；为了让她悲伤，我要寻求灵性上的死，而为了致第一位母亲死，我要在肉身上活着。"尊敬的优西比乌啊，我们所能看到的，不就是他把自己武装成一个多纳图主义者，恣意攻击一个年老体弱、寡居无助的穷乏妇人吗？因为当他还是大公教徒时，他被禁止殴打她。当他暴怒地对母亲吼叫"我要转向多纳图派，我要喝你的血"时，他的目的不就是为此吗？看看他如何完成他所吼叫的前半部分誓言：鲜血淋淋的良知，纯洁无瑕的衣衫；但后半部分——喝他母亲的血——还未完成。如果你能接受这样的事，就让他如今的那些神职人员，他的那些祝圣者敦促他，在他的八日期①内实现他所立的整个誓言。

对可恶年轻人的放荡行为不能沉默

4. 其实，主的右手大有能力，足以阻挡年轻人的怒火喷向这位贫穷、独居的寡妇，并以自己独特的方式制止他如此可恶的行为计划。但是我——尽管内心极度忧伤——除了说出来，还能做什么？或者那些人做了这样的事，还能命令我说："要保持沉默"？愿主让我远离这样的胆怯，他既藉着他的使徒命令我说，这些人"将不该教导的教导人"，所以主教"要严严地责备他们"②，我岂能因害怕他们的暴怒而保持沉默？我之所以希望把这样可恶的渎神行为记录在公共档案中，原因在于，我不希望有人以为我悲叹的这些荒唐行径只是我杜撰出来的——他们倒完全有可能这样做，尤其在那些这样做会带来益处的城镇，在希波就更有这种可能了，因为正有传言说，普洛库莱亚努斯并没有批准这样的做法，尽管这是官方文件里所呈报的。

---

① 新受洗的人穿着白色洗礼袍过八天。
② 参见《提多书》一章9—13节。

书信34：奥古斯丁致优西比乌（约396年）

为基督徒的和平告诫普洛库莱亚努斯

5. 那么，对于这样一个严重的案子，还有什么方法比提交给你处理更恰当呢？因为你地位显赫，性情平和，且被公认为最大公无私。所以我恳求你——就如我已经藉着我的弟兄们，善良而可敬的人，就是我派到阁下那里去的人所做的——请你屈尊调查一下，普洛库莱亚努斯的司铎维克多（Victor）究竟有否从他的主教接受这样的命令，即他在公开的报告中所宣称的命令；或者，维克多本人并不是这样说的，但他们在记录中作了虚假记载，尽管他们与他属于同一个派别。或者，如果他（普洛库莱亚努斯）同意与我们和平地讨论整个彼此有分歧的问题，从而使已经显而易见的错误变得更加明显，那我很乐意接受。因为我听说他有一个提议，即避开喧闹的人群，双方各自推出五个有影响力和大尊荣的人，然后我们就在这十人面前，根据圣经共同考察孰是孰非。至于有人转达我的他的另外提议，即他提出我为何不去康斯坦蒂纳（Constantina）①，因为他们大多数人都在那里，或者他说我应当去米勒维斯（Milevis）②，因为如他们自己所说，他们准备在那里举行所谓的大公会议，对我提出这样的建议是荒唐可笑的，因为我只对希波的教会负有职责。这个问题的全部意义主要存在于我与普洛库莱亚努斯之间。然而，如果他觉得自己处于劣势，他可以求助于任何他所愿意的人。至于其他城市，在教会问题上，我们可以去我们的弟兄和司铎同仁以及他们的主教允许或者力邀我们去的城市。

普洛库莱亚努斯可以与没有文学功底的撒姆苏西乌斯主教讨论

6. 无论如何，我不是很能理解，他既然宣称做了这么多年的主

---

① 也称为西尔塔（Cirta），努米底亚（Numidia）的一个城市。
② 努米底亚的另一个城市。

161

教，为何会害怕我，一个初出茅庐者，或者他为何如此躲避，不愿意与我讨论。或许他畏惧我的文学知识，因为他自己可能没有学过，或者至少涉猎不多；但是那与这场争论有什么关系，这是基于《圣经》或者基于教会或者公共档案的争论，这些方面他难道不是远比我精通吗？最后，我有一个弟兄和同仁，名叫撒姆苏西乌斯（Samsucius），是图里斯（Turris）[①] 的主教，他没有这位所担心的任何文学功底，可以让他出面与他讨论；我会问问他，我以基督的名相信，他肯定会很乐意代替我参加这场讨论。我相信，在这场为真理而战的讨论中，主会帮助他，他虽然拙于言表，但在真信仰上训练有素。这样，他［普洛库莱亚努斯］就没有任何理由把这个问题推托给其他不相关的人，因为关注它的是我们，是我与他，理应由我们双方展开讨论。当然，如我所说，如果他想求助于那些人，我也不会反对。

---

① 位于努米底亚南部。

书信35：奥古斯丁致优西比乌[①]
（396年）

再次打扰优西比乌，务要让普洛库莱亚努斯主教把执事普里姆斯驱逐出他的教派（n.1-2）；并约束多纳图派教士们的放荡行径；不然，如果他利用公开记录让普洛库莱亚努斯了解他们，就没有人能指责他（n.3-4），再三恳请要给他回复（n.5）。

奥古斯丁致杰出的大人、至爱的弟兄、值得热爱和尊敬的优西比乌：

优西比乌模棱两可的行事原则

1. 我如此再三地劳烦你恳求你，并非如你所说的，不顾你的意愿，强求你在主教之间作出双方认同的裁决。即使我有意推动你做这样的事，我也可以轻易地表明，对于这样一个清晰明了的案子，你完全有能力在我们之间作出论断；并且可以表明，你已经这样做了，因为你虽然对判断之职退避三舍，却在尚未听取双方的陈述之前，就毫不犹豫地宣告了有利于一方的判决。不过，对此，如我说过的，我就不说什么了。我对尊敬阁下所祈求的，没有别的，不过就是——有劳阁下无论如何在本信中留意一下——请你问一问普洛库莱亚努斯，他是否对他的司铎维克多说过正式报告里记载他所说的话，或者，那些

[①] 这是写给优西比乌的另一封信，写于上一封书信后不久，仍然讨论前一话题。

被派去的人并没有听到维克多本人怎么说，所以他们记载在公共档案里的内容有讹误？也请问问他，对于我们两人之间全面讨论这个问题的提议，他作如何想。我想，一个人总不会因问某人一个问题，并且屈尊记下所得到的回答就成为一个裁决者吧。因此我要再次恳求你不要拒绝这样做，因为据我的经验，他不愿意接收我的信；否则，如果他愿意，我也不会拿这样的事来叨唠阁下了。既然他不愿意，而我出于职责又不可能对这样的事熟视无睹，保持沉默，那我所能采取的最恰当的做法只能是，由你这样一个人，作为他那边的朋友，做个提问的居间人。至于母亲被儿子殴打的故事，稳重如你，自然对此大为不悦，但你说："如果他〔普洛库莱亚努斯〕知道此事，定会把这个邪恶的年轻人逐出他的教派。"那好，我的回答是："他现在已知此事；就请他把他逐出去吧。"就这么简单。

执事普里姆斯的放荡行径

2. 我还有另外一件事。有个副执事名叫普里姆斯（Primus），原是西班牙教会的，因行为不检点，被禁止与修女交谈，但他无视这明智的命令和规定，所以被从神职人员中开除。他愤怒反抗上帝的法则，转向多纳图派，接受二次洗礼。此外，这些修女中有两位，是他的同乡，原本以大公教会的地产为生，也被他一起带过去，或者自愿跟他过去，两人也接受了二次洗礼。如今，他恣意地与西尔库塞利奥①在一群女游民中转悠——这些妇女无耻地拒绝嫁人，免得要顺从丈夫——他沉迷于令人作呕的醉酒狂欢，大公教会禁止他做的邪恶行为，如今他毫无约束、无所顾忌，想做就做。或许普洛库莱亚努斯对此并不知情；那就通过你这样稳重而严肃的人，把这件事告知他，让他下令把这个年轻人逐出他的教派，此人之所以选择加入他的教派，

---

① 参见《书信》23 第 84 页注释②。

正是因为他不服从教规，行为败坏，从而丧失了大公教会神职人员的身份。

奥古斯丁利用一切方式扫除跌脚石

3. 就我本人来说，如果主愿意，我要遵循这样的行为准则：他们中任何人因为教规的原因被开除之后，想回到大公教会的，都应该经过谦卑的悔改才能被接纳，因为即使他原本希望一直留在他们中间，他们很可能也会要求他采取这样的态度。鉴于这些事实，我恳请你想一想，那些我们用教规对其不洁行为作出惩戒的人，却被引导到第二个洗礼池前，并且为了能受洗礼，他们必须回答自己是异教徒，这是多么可恶的一件事！多少烈士流血殉道，难道就是为了让一个基督徒说出这样的话吗？！然后，这些人表面上似乎被更新、被圣化了，但事实上却变得更败坏了，披着新的恩典的外衣，以新的疯狂的渎神行为，嘲弄他们无法忍受的戒律。然而，如果我这样努力地藉着阁下的仁慈使这些暴行得到纠正是错误的，那么我若是利用那些公开记录让普洛库莱亚努斯了解这些人——我想，这是我在这个罗马城应有的权利，没有人能拒绝我——就没有人能指责我。因为上帝命令我们传讲圣道，命令我们"无论得时不得时"①，都要拒斥并谴责那些"将不该教导的教导人"②的人——如我通过主和使徒的话所能证明的——所以，不要让任何人以为可以命令我在这些问题上保持沉默。不论他们能想出何种放肆的暴力行为或强盗行径，主都不会不保护他自己的教会，因为他已经使地上的所有王国都顺服于他的轭，使天下的整个教会团结在他的怀抱。

---

① 参见《提摩太后书》四章 2 节。
② 参见《提多书》一章 11 节。

奥古斯丁表明自己的宽恕条件

4. 还有个案例。我们教会有个农夫，他的女儿原本是我们教会的望教者（catechumena），但被他们那些人①引入歧途，然后未经她父母同意，就受洗进入他们教派，甚至接受了修女的生活方式。她父亲想要用严厉的措施强迫她回到大公教会，但是对于这样一个心灵已被败坏的女人，除非她自主作出判断，自愿选择更好的道路，否则我是不会允许重新接纳她的。于是，这位农夫开始不断殴打女儿，试图强迫她服从，我立马断然阻止他这样做。然而，当我们经过西班尼亚（Spania）②时，他［普洛库莱亚努斯］的一个司铎站在一位可敬的大公教女士的田地上，在我们身后以极其侮辱性的声音叫喊，说我是背叛者和逼迫者，甚至用同样侮辱的话对那位女士——她是我们教会的成员，而他正站在她的田地上——叫喊。听到他的叫喊，我不仅克制自己，没作任何回应，而且阻止随我一起的众人反击。因为如果我对他反诘说："那就让我们考察看看，究竟谁是或曾经是背叛者和逼迫者。"我可能会得到这样的回答："我们不想任何争论，我们想要二次洗礼；我们要用狼的奸诈利牙捕食你们的羊群，而你们，如果是好牧人，就得保持沉默。"如果真的是普洛库莱亚努斯下的命令，那他还会下别的什么命令呢？"如果你是基督徒，就把这个交给上帝去论断；不论我们做什么，你只管保持沉默。"而那个司铎，甚至胆敢威胁那位管理教会地产的农夫。

请优西比乌把那些人的回答回复给他

5. 我恳请你把所有这些事都告知普洛库莱亚努斯；让他约束他

---

① 指多纳图派的人；奥古斯丁甚至不愿意提到他们的名称。
② 很可能是希波的一个郊区。

书信35：奥古斯丁致优西比乌（396年）

的教士们疯狂无度的行为，关于这些行为，可敬的优西比乌啊，我都一一告诉你了。劳驾你务必给我回复，不是要回复你对这些事的想法——我不愿意让你以为我是在把论断的重担强加给你——而是回复他们对此作什么回答。愿上帝的仁慈保守你安全，卓越的大人，真正可敬而可亲的弟兄。

书信36：奥古斯丁致卡苏拉努斯[1]
(397年初)

奥古斯丁写给卡苏拉努斯（Casulanus）司铎，尽他所能反驳乌尔比库斯（urbicus），即来自罗马城的某个人，关于安息日禁食所写的一篇论著（n.1-9）。他表明这个乌尔比库斯关于主日禁食和进食的解释是荒谬的（n.10-15）。他首先分析以利亚和但以理的禁食，然后谈到保罗的观点，谈到各种禁食的理由，谈到爱（n.16-26）。他提出米兰主教安波罗修的观点，即遵守各个教会关于禁食的风俗习惯，来反驳摩尼教徒和近期的普里斯西利安派的错误（n.30-32）。

奥古斯丁主内问候同为司铎的、最思念的可爱弟兄卡苏拉努斯：

乌尔比库斯关于禁食的错误规定[2]

1.1. 我不知道这是怎么回事，我竟然没有回复你的第一封信；但我知道我的疏忽并不是因为我对你不够尊重，因为我很喜欢你的学术追求，甚至喜欢你的表达方式，我为你祷告，敦促你趁着年轻在理解上帝的话语上取得更大进步，为教会的教化结出丰硕的果子。现在我收到你的第二封信，信中你恳求我，基于使我们合而为一的最友好

---

[1] 奥古斯丁教区的一位神父。
[2] 这个段落标题似乎与该段内容没有直接关系，但仍保留拉丁文本的格式。——中译者注

书信36：奥古斯丁致卡苏拉努斯（397年初）

最正直的弟兄之爱的纽带，让我抽出时间给你回信。所以我决定不能再拖延时间，要立时满足你出于爱的渴望；我虽然有许多重大事务急需处理，但还是要先偿还欠你的债务。

没有法律要求安息日须禁食

1.2. 首先，你问我在安息日（周六）禁食是否合法，我的回答是：如果这完全不合法，那么可以肯定，摩西、以利亚以及主本人，都不会连续禁食四十天之久。当然我们不能由此得出结论说，在主日（周七）禁食就不是合法的。但是，如果有人认为应该专门把这个日子定为禁食日，就如有人把安息日作为斋戒日遵守一样，那这个人就会给教会造成不小的麻烦，这样说并非没有理由。在这些《圣经》没有作出明确规定的问题上，我们应该把上帝百姓的习俗和我们先辈的传统当作法律来遵守。如果我们想要对此展开论辩，并指责其他按自己的习俗行事的人，那就会产生无穷无尽的争论。诚然，通过费力的论证，可以表明哪一方都不拥有绝对可靠的真理性文本，但是我们必须防备，不要让爱这片清澈的天空被争辩的乌云笼罩。而你说的那个人——你认为值得把他的作品连同你的前信一起寄给我，让我来回应他——恰恰没有足够小心地避免这种危险。

安息日禁食的规定不符合教会惯例

2.3. 我没有很多闲暇时间对他的观点一一反驳，因为我需要时间去处理其他更重要、更紧迫的工作。但是，你只要使用你在给我的信里所透露出的聪明才智——那是上帝给你的恩赐，是我所喜爱的——稍稍仔细地考察一下那位你所称呼的乌尔比库斯（Urbicus）①

---

① Urbicus 这个词源于 Urbs Roma，意指一个来自罗马城的人。这自然是个假名，如作者后来指出的，他认为卡苏拉努斯出于仁慈考虑把此人的真名隐去了。

169

的作品,你就会看到,他自始至终都在肆无忌惮地用最恶毒的语言伤害基督的几乎全体教会。不,我不应该说"几乎全体",而就是"全体"。因为结果表明他甚至没有放过罗马人,尽管他似乎自以为是地捍卫他们的习俗,但他不知道,因为没有注意,他辱骂的洪水也把他们给淹没了。当他的论证,即证明人应当在安息日禁食,失败后,他就开始恶毒地抨击荒淫的宴席,醉酒的节日,放任无度的迷乱,似乎不禁食就是纵欲,就是酗酒。果真如此,那安息日禁食对罗马人有什么益处呢?因为他们在不禁食的日子——根据他的观点推论——必然都是酒鬼和暴食者。此外,因贪食和醉酒——这些事往往是恶的——累住内心①是一回事,放下禁食的严苛,谨守应有的自制和节制——这样的事发生在主日的话,没有哪个基督徒会指责——则完全是另一回事。既然这两者完全不同,那就让他先把圣徒的节食餐与暴食者的贪婪与酗酒区分开来——否则,他就会把不禁食时的罗马人变成暴食者——然后,让他不必探讨安息日饮酒是否合法的问题,主日饮酒也是不允许的,而去探讨安息日我们是否必须禁食的问题,因为这不是我们主日的惯例。

节制的基督徒在安息日进食是合法的

2.4. 我希望他在探讨或者论断这个问题时,不要如此公然诽谤遍布全世界的教会——只有罗马教会,以及少数几个西方教会除外。在所有东方教会中,甚至许多西方教会的百姓,没有人能忍受他的说辞;有那么众多又如此伟大的基督的仆人,包括男人和女人,在安息日节食有度的人,被他说成"都属肉体,不能得上帝喜欢"②;又对他们写道:"你们这些作恶的人,离开我去吧,我不想认识他们的

---

① 参见《路加福音》二十三章 34 节。
② 参见《罗马书》八章 8 节。

道"①；他们的神就是自己的肚腹②；他们宁要犹太人的礼仪，不要教会的法度；他们就是使女所生的儿女③；他们不受上帝公义之法统治，凭着自己的私欲，谋求自己的私善，不接受有益的约束；他们是属血气的，散发着死味④，以及诸如此类的话语。如果他这些话说的是上帝的某个仆人，可以确定，没有人会听他的，所有人都会对他避而远之。但是事实上，他用这些侮辱和诽谤攻击传到普天之下并且正在结果、增长的教会⑤，几乎所有的地方在安息日都可以进食，所以我要警告他，不论他是谁，要勒住自己的毒舌。我想你是不愿意让我知道他的名字，恐怕我会严厉责备他。

安息日的安息和禁食

3.5. 他说："'人子是安息日的主'⑥，在这一日，行善是可以的，但作恶绝不可以。"因此，如果我们进食就是作恶，那我们在任何一个主日的生活都不是正当的。当他承认众使徒也在安息日进食，并说，根据主的话，当时还不是禁食之时："日子将到，新郎要离开他的儿女，那时候他们就要禁食"⑦，因为有欢喜有时，哀恸有时⑧——当他说这些话时，他应当首先注意，主是在谈论一般的禁食，不是谈论安息日禁食。其次，当他希望人们把禁食理解为哀恸，把食物理解为欢喜时，他为何不想想，上帝藉着经上所记载的话——"在

---

① 参见《马太福音》八章23节。
② 参见《腓立比书》三章19节。
③ 指以实玛利，他是亚伯拉罕的使女夏甲的儿子："把这使女和她儿子赶出去。"参见《创世记》二十一章10节。亦参见《加拉太书》四章23节。
④ 参见《罗马书》八章5—6节。
⑤ 参见《歌罗西书》一章6节。
⑥ 参见《马太福音》十二章8节；十二章12节。
⑦ 参见《马太福音》九章15节。
⑧ 参见《传道书》三章4节。

第七日歇了他一切的工"① ——意指什么？这里的安息不是哀恸，而是欢喜。或许他更愿意说，上帝的安息和圣化安息日对犹太人来说意指欢喜，对基督徒却意指哀恸。然而，当上帝圣化第七日，因他在这一日歇了他一切的工，他并没有提到在那个安息日的禁食或进食；当他后来命令希伯来人守这个日子时，也没有说到任何关于是否进食的问题。禁令只要求人停止他自己的工或者奴役性的工，先民领受这样的律法是作为"后事的影儿"②，因此他们遵守命令禁止做工，就如我们今天看到犹太人的做法，但并不是如有人所认为的，是因为属肉的犹太人没有正确理解基督徒所理解的东西。因为我们对这些事的理解肯定不会比众先知更好，他们根据当时情势的需要，遵守安息日不做工，也就是犹太人认为今天仍然应该遵守的习俗。因此就有那样的事例，有人在安息日捡柴，上帝就命令用石头打死他③；但是我们在任何地方都没读到有人因在安息日禁食或进食就被石头打死，或者被判定要受什么惩罚。禁食和进食这两者，哪个有助于安息，哪个有益于劳作，就让我们这位作者本人来决定，既然他认定欢喜属于那些进食者，哀恸属于那些禁食者；或者他以为主——他在回答禁食问题时，说："新郎和儿女们同在时，他们岂能哀恸呢？"④ ——也是这样认定的。

为何众使徒在安息日进食

3.6. 至于他说到众使徒之所以在安息日进食——显然这是古人的传统所禁止的——是因为当时还不到安息日禁食的时候；那么请问，是否也有某个时段在安息日是不守安息的（犹太人在那个日子不需要

---

① 参见《创世记》二章2节。
② 参见《歌罗西书》二章17节。
③ 参见《民数记》十五章35节。
④ 参见《马太福音》九章15节。

歇下手头的工）呢？古人的这个传统是否可能既禁止他们禁食，又要求他们守安息？然而我们读到，就在那个安息日，基督的众门徒不仅进食，而且还掐起麦穗来吃①，按古人的传统，这种行为在安息日也是禁止不可行的。那就让他说说，我们的解释是否更加合理地反驳了他的观点：主允许他的门徒在那个日子做这样两件事，即掐麦穗和进食，这样，前者反驳了那些要求安息日绝对安息（什么事也不做）的人，后者反驳了那些要求安息日禁食的人。主指出，随着时间的变迁，前一种习俗如今已经变成过于烦琐的苛刻要求，而后者，他希望在两个时代②都应由人来自由选择。我说这些并非要论证我的观点，只是要向他表明，对于他提出的观点，我们可以用合理得多也有力得多的解释来反驳他。

法利赛人一个礼拜禁食两次

4.7. 他说，"如果我们一个礼拜禁食两次，我们如何避免像法利赛人那样被指责③呢？"——似乎法利赛人被指责是因为他在一周内禁食两次，而不是因为他自高自大，自认为优越于税吏。他甚至可以说，那些把所有货物的十分之一捐给穷人的人，也要像法利赛人一样受谴责，因为法利赛人在他夸口的善工名单里也详列了这一点——我倒希望能常常看到基督徒做这样的事，可惜极其罕见。或者他可以说，不义者、通奸者、勒索者不会像法利赛人一样受到谴责，因为法利赛人夸口自己没干这类事。然而，若真有人这样认为，那就无异于

---

① 参见《马太福音》十二章1节。
② 即旧法时代和新法时代。
③ 参见《路加福音》十八章11节。需要注意的是，"安息日"（sabbatum）这个词在本信中有三层含义：犹太人的安息日或第七日；基督徒的安息日或第一日；七天构成的一周或一个礼拜。在奥古斯丁时代还没有我们今天所使用的一礼拜七天的名称。礼拜日是主日即 Dies Dominica 或 Dominicus（奥古斯丁喜欢用阳性名词）；礼拜一、礼拜二、礼拜三、礼拜四、礼拜五分别是 Feria secunda, tertia, quarta, quinta, sexta；礼拜六是 sabbaum。在英文翻译时都使用了现代名称。

愚蠢而疯狂了。此外，所有人都承认，法利赛人所罗列的这些事，其本身都是好的；如果他不是像他所表现的那样以傲慢的夸口拥有它们，而是以谦卑的敬虔——这是他所没有的品质——拥有，那么同样，一礼拜禁食两次在像法利赛人那样的人身上不算任何功德，而在一个具有谦卑和信心的人身上，则是一种敬虔的委身行为。还有一点，福音书并没有说那个法利赛人受到谴责，它只是说算为义的倒是这税吏，而非那法利赛人。

法利赛人的义与基督徒的义

4.8. 但是，如果此人认为，我们必须把主的话"你们的义若不胜过文士和法利赛人的义，断不能进天国"① 作这样理解：我们若不在一礼拜内禁食超过两次，就不能成全他的诫命，那么请他充分注意，一个礼拜有七天，它们按自己的轨迹循环往复。如果有人从中抽掉两天，即在礼拜六和礼拜日不禁食，剩下还有五天可以禁食，这样他就可以超过只禁食两天的法利赛人。我想，任何人只要一礼拜内禁食三次，他就胜过一礼拜只禁食两次的法利赛人了。但是，如果有人一礼拜禁食四次甚至五次，从而除了礼拜六和礼拜日外，没有哪天不禁食——许多人一生都践行这样的方式，尤其是那些修道团体里的人——那么法利赛人不仅被他们胜过了，因为他只禁食两次，甚至被很多普通的基督徒——他们通常在礼拜三、礼拜五以及礼拜六禁食，如罗马中人通行的——胜过。然而，即使有人除了礼拜六（安息日）和礼拜日（主日）外其他五天连续禁食，并且从不完全满足自己的欲望，那个不知姓甚名谁的匿名人物，那个你称其为乌尔比库斯（即罗马城的人）的论辩者，仍然说，这样的一个人是属肉的，似乎其他几天的食物都与身体无关；他还论断说，这样的人以自己的肚腹为

---

① 参见《马太福音》五章 21 节。

神，似乎只有礼拜六（安息日）的食物进入他的食道。

一个礼拜禁食六天是荒谬的

5.9. 他并不满足于仅仅胜过法利赛人，即一礼拜禁食三次，而是苛求人除了礼拜日（主日）外的六天都要禁食，他说："既然原罪的污点已经除去，两者①在肉身里合二为一，遵守基督的法令，就不应与那些律法之外的人，与所多玛的官长，与蛾摩拉的百姓②同享安息宴席，而应与那些住在修道院里的人为伍，与那些通过庄严的教会法规献身于上帝的人为伍，他们应该在禁食中越益敬重法令。因此，六日的小罪可以通过禁食、祷告和捐献之水洗净，然后通过礼拜日的食物恢复体力，就能够以毫无负担的心歌唱：'主啊，你使空虚的灵魂得充实，使干渴的灵魂得饱足。'③"他的这一番话，以及要求除了礼拜日之外连续六天禁食，不仅粗暴而放肆地把东西方教会的广大基督徒——他们在礼拜六（安息日）是不禁食的——都送上被告席，而且也指控了罗马教会。他说："那些……遵守基督法令"的人，"不应与那些律法之外的人，与所多玛的官长，与蛾摩拉的百姓同享安息宴席，而要与那些住在修道院里的人为伍，与那些通过庄严的教会法规献身于上帝的人为伍"，"应该在禁食中越益敬重法令"，然后为确定并阐述他所说的"在禁食中……敬重法令"是什么意思，又说："于是，六日的小罪可以通过禁食、祷告和捐献之水洗净。"毫无疑问，他认为那些一礼拜禁食少于六天的人就没有根据法律践行禁食，或者没有向上帝起誓，或者没有洗净由于我们的必朽性产生的罪的污点。那就让罗马人看看他们在做什么，既然这个人的论证如此苛刻地对待他们；除了极少数教士和僧侣奉行这种一个礼拜六天连续禁食的

---

① 他很可能指圣灵入住受洗的灵魂。
② 参见《以赛亚书》一章 10 节。
③ 参见《诗篇》一百零六篇 9 节。

生活，看看他们中间能找到几个这样的人；更何况，罗马并没有礼拜六（安息日）禁食的习俗。

那一天的禁食能洗去主日的过犯吗？

5.10. 然后，我要问：如果任何一天的小罪都被那天的禁食遮盖或洗去，因为他说："六日的小罪可以通过禁食……之水洗净"，那么我们如何对待礼拜日——这天禁食是可耻的——悄悄溜进来的罪？如果说那天不会有任何罪潜入基督徒身上，那你看看，那个人，那个伟大的禁食者，指责其他人是暴食者的人，他是如何尊崇肠胃的，因为他主张人在进食那天不会犯任何罪！或者礼拜六的禁食具有无比巨大的功德，仅凭它——就是礼拜六的禁食——就能洗去其他六天的罪，包括主日的罪，不论多么微不足道，那么人唯有在他完全禁食的那天才不会犯罪吗？那么究竟为何在基督教体制中偏爱第一日（即礼拜日），胜过第七日（即礼拜六）呢？看看，按照这个人的说法，安息日（礼拜六）应该无比神圣，因为人只要整天禁食，就不会犯任何罪，而且这一天的禁食可以把其他六天的——包括主日的——罪全都除去。我想这个结论你恐怕是不会赞同的。

在安息日节制的人，怎能在主日放纵进食？

5.11. 当他想要装成一个属灵的人，指责那些礼拜六（安息日）进食的人是属肉的，请注意，他在礼拜日（主日）并非只是简单进食来恢复体力，而是设宴纵欲或 alogia。这个源自希腊语的拉丁词是什么意思呢，不就是一场名副其实的宴席，完全不受理性约束？因此，没有理性的动物被称为 aloga——非理性的或暗哑的，而那些受食欲支配而不受理性约束的人被比喻像它们一样。因此，饕餮大餐使原本由理性支配的心灵由于无度的吃喝，就如同死了一般，这样的宴食被称为 alogia。此外，被认为应在主日的 alogia 上歌唱"主啊，你使空虚的灵魂得充实，使干渴的灵魂得饱足"的理由，不是心灵的饮食，而是身体的吃喝。属灵的人啊，坚定的禁食者啊，指责别人心里属肉，你自己最好不要如此暴食！看看，是谁警告我们不可违背主的法令，放纵食欲，免得我们为地上的食物卖掉天上的粮！他甚至还说，因为食物，亚当失去了乐园①，以扫失去了头生位份！② 看看谁说："饥饿的引诱是撒旦的常用伎俩；他引诱受害者吃一点点，最终使他吃太多。"又说："解释这些原则对暴食者效果无几。"

关于禁食的荒唐解释

5.12. 这些话是否要敦促我们在主日禁食？否则，安息日——那日主在坟墓里安息——就会比主日——那日主从死里复活了——更加神圣。当然，根据他的意思，礼拜六的安息日就应该是更圣洁的日子，因为通过禁食免去了所有罪，其他日子犯的罪都因禁食而被抹掉；而在主日，由于贪吃的诱惑，乐园失去了，头生位份被卖了。但是，为何他自相矛盾，要求我们在基督教的礼拜日不是通过简单节制的饮食恢复体力，而是投身于 alogia 的享乐，自我赞美并歌唱："主啊，你使空虚的灵魂得充实，使干渴的灵魂得饱足"？如果我们在禁食的日子并没有犯罪，如果我们只礼拜六禁食就可以洗去其他六日的所有过犯，那么显然，没有哪天比主日更糟，没有哪天比安息日更好。最亲爱的弟兄啊，请相信没有谁像他这样理解法令，除非有人完全不理解。导致亚当堕落的不是食物，而是被禁的食物；导致圣亚伯拉罕的孙子以扫毁灭的不是食物，而是轻视自己的长子身份，贪图食物。同样，美好而忠信的灵魂可以敬虔地进食，而渎神而不信的人可能邪恶地禁食。礼拜日比礼拜六更优先，因为我们相信复活，不是因

---

① 参见《创世记》二章 17 节；三章 1—6 节。
② 参见《创世记》二十五章 29—35 节。

为我们习惯于进食,或者放任自己沉醉于饮酒唱歌。

摩西禁食四十天

6.13. 他说:"摩西四十天既不吃饼也不喝水。"① 为解释他为何说这个,他又说:"看哪,摩西这位上帝的朋友,云端的居住者,律法的传播者,百姓的领导者,他如何通过连续禁食六个礼拜(六个安息日),为自己赢得功德,而未受任何责备。"但是他是否注意他这话可能招致怎样的异议?可以肯定,如果他提出摩西禁食的例子是想倡导礼拜六(安息日)禁食,因为在整整四十天里,如他所说,有六个安息日,那么人们同样可以用这个例子充分证明应该礼拜日(主日)禁食,因为在摩西所经历的四十天里,同样有六个主日。他接着说:"但直到那个时候,礼拜日才被上帝专门留给将随基督出现的教会。"我不知道他为何说这话。如果他是说随着基督定出主日之后,就有更大的理由禁食,因而我们应当在礼拜日禁食,那我们绝不会那样做!如果他担心他引用四十天禁食的例子反而证明应该在礼拜日禁食,如果他是为这个原因加上"但直到那个时候,礼拜日才被上帝专门留给将随基督出现的教会",好叫人认为,摩西是在安息日之后的那日(即礼拜日)禁食,因为基督还未到来——基督到来之后礼拜日(主日)禁食才是不当的——那么为何基督自己也同样要禁食四十天呢?② 他为何没有在每个安息日后面的那个日子放弃禁食,从而在他复活之前举荐主日进食,就如他在受难之前赐下他的血给人喝?所以,可以肯定,此人提出的这四十天禁食与礼拜六(安息日)禁食问题毫无关系,就如它与礼拜日(主日)禁食毫无关系一样。

---

① 参见《出埃及记》二十四章18节。
② 参见《马太福音》四章2节;《路加福音》四章2节。

对安息日和主日进食的厌恶

6.14. 此外，他还使用极其侮辱的语言反对礼拜六（安息日）进食，就如反对酗酒宴淫以及各种贪婪而放纵的奢侈饮食那样，尽管礼拜六进食完全可以做到节制有度——当他这样谩骂时，他没有认识到关于主日可以向他提出怎样的反驳。因此没有必要对他一一回复，因为他的批判根本没有把安息日的进食与暴食的恶习区分开来，而且他一直反复说着同样的事，使用同样无效又无关的论证。问题是：安息日是否不应该禁食，而不是：安息日是否不应该暴食，这样的行为，敬畏上帝的人在主日也不做，尽管他们肯定不会在主日禁食。谁像他那样信口雌黄呢？他说："那些在圣日把我们引入罪中的事，怎么可能准许我们去做，或者怎么可能与上帝相配呢？"他承认礼拜六（安息日）是个圣日，他说人因进食被引入罪之中。这就是说——按他的意思——或者礼拜日不是圣日，那他就使礼拜六成为更好的日子；或者，如果礼拜日是圣日，那么我们因进食而被引入罪中。

拜偶像或行奸淫与安息日进食完全是两回事

7.15. 他试图通过神圣权威证明我们应在礼拜六（安息日）禁食，但他没有找到任何经文来证明。他说："雅各吃食喝酒，得到满足，他的救恩就被上帝取消，一天就倒下二万三千人。"① ——似乎是说："雅各在礼拜六（安息日）吃喝，他的救恩就被上帝取消。"当使徒讲到几万几千人倒下时，他并没有说"我们不要像他们那样在安息日进食"，他乃是说："我们不要行奸淫，像他们有人行的，一天就倒毙了二万三千人。"② 当他说"百姓坐下吃喝，

---

① 对《哥林多前书》十章8节经文的严重误解。
② 参见《哥林多前书》十章8节。奥古斯丁用准确的经文反驳这个乌尔比库斯（罗马人）。

起来玩耍"① 时，他指什么意思呢？显然，使徒使用这节经文是为了把百姓从崇拜偶像中拉出来，而不是从安息日的吃喝中拉出来。这经文并不证明他们在安息日这样做，而是此人依据自己的幻想推测的。事实上，一个人如果是个好喝者，就算他禁食，也完全可能在禁食结束之后，开始放纵大喝；正如另一个人如果是个节制的人，即使不禁食，他的吃喝也始终有度。他还引用使徒的话"不要醉酒，酒能使人放荡"②，试图证明安息日禁食的有效性，似乎使徒是说"不要在安息日进食，那会使人放荡"，这也是毫不意义的。但是，正如对使徒的这一命令：不要醉酒，酒会使人放荡，敬畏上帝的基督徒不仅在主日进食时遵守，同样，他们在安息日进食时也遵守。

以利亚和但以理的禁食

7.16. 他说："我可以进一步反驳那些陷入错误的人，没有人会因禁食冒犯上帝，即使他没有因此得奖赏，因为不冒犯就是得奖赏。"若不是说话不经大脑的人，谁会说出这样的话呢？那么当异教徒禁食时，他们没有因此得罪上帝更多；或者，他希望我们把他的话理解为专指基督徒而言，那么如果有人坚持在主日禁食以至成为普世教会的巨大丑闻，他是否没有冒犯上帝呢？然后他补充了一些圣经证据，但对他所辩护的观点毫无益处。他说："正是通过禁食，以利亚得到乐园的回报，并且当他还在肉身时就作了王。"③——似乎那些礼拜六（安息日）不禁食的人就不可能教导禁食，而那些在礼拜日不禁食的人却在教导禁食；或者，以利亚禁食的那个时候，上帝的百姓习惯于在安息日也禁食。我想，我们前面关于摩西禁食四十天的回答，也可以拿来反驳他关于以利亚禁食四十天的论证。他说："正是通过禁食，

---

① 参见《出埃及记》三十二章 6 节；《哥林多前书》十章 7 节。
② 参见《以弗所书》五章 18 节。
③ 参见《列王纪上》十九章 8 节；《列王纪下》二章 11 节。

但以理未受攻击、毫发无损地脱离了凶残的狮子"①——似乎他读到这一段经文意指但以理在安息日禁食，或者甚至但以理安息日呆在狮子坑里；而我们读到的，就如事实上所记载的，是说他确有进食。②他说："正是由于禁食，那忠诚的三兄弟胜过了火窑里的烈焰，并在柴堆这旅馆敬拜向他们显现的主。"③ 这些圣徒的例子根本不能证明任何一天禁食的价值，更不要说安息日的禁食。我们不仅没有读到说，这三人是在礼拜六被扔进火窑，甚至也没读到说他们在里面呆到足够长的时间，以至我们可以说他们在里面禁食了。相反，他们唱诵赞美诗的时间不到一小时，唱完之后他们就没有在不伤人的火焰中行走。或许有人认为一小时（不进食）就足以称为禁食。果真如此，那他与那些安息日进食的人就没有任何争执可言，因为午餐前的不进食时间远远长过在火窑里呆的时间。

保罗关于吃喝的观点

7.17. 他又提出使徒的另一证据，使徒说："上帝的国不在乎吃喝，只在乎公义、和平并圣灵中的喜乐。"④——上帝的国，他认为是指上帝统治下的教会。那么请问，当使徒说这话时，他是否提到基督徒在礼拜六禁食？使徒说这话完全没有提到任何一天的禁食。这话是针对那些固守犹太人的旧法习俗，相信某些食物是洁净的人，他警告这些弟兄，不要让软弱者因为不能对吃喝作出这种区分而使他们跌倒。因此，他前面说到"基督已经替他死，你不可因你的食物叫他败坏"，"不可叫你的善被人讥谤"⑤，然后说："因为上帝的国不在乎吃

---

① 参见《但以理书》六章 16—23 节。
② 参见《但以理书》十四章 32 节。
③ 参见《但以理书》三章 23—30 节。
④ 参见《罗马书》十四章 17 节。
⑤ 《罗马书》十四章 15—16 节。

喝，只在乎公义、和平并圣灵中的喜乐"等等。如果此人认为使徒这些话的意思是说，上帝的国，即教会，不在乎吃喝，只在乎禁食，那么我们不仅应当礼拜六禁食，而且应当任何一天都不进食，如果我们不希望被关在上帝之国的门外的话。然而，我以为，就如他所承认的，无论如何我们在主日总是属于教会，即使我们——经他允许——进食。

何为赞美的祭，何为禁食的祭

8.18. 他说："我们为何抱怨向一位更大能的主献上宝贵的祭？那是灵渴望的，是天使赞美的。"然后他加上天使①的证据，说："加上禁食和捐助的祷告是好的。"② 他为何说"向一位更大能的主"，我不知道，可能是记录员记错了，你没有注意到，所以未加纠正就发给了我。这样说来，他是希望我们把"向主献上的宝贵的祭"理解为禁食，似乎他要论证的主题是关于禁食，而不是礼拜六（安息日）的禁食。没错，主日不可能没有宝贵的祭，那是献给上帝的，但它不是禁食的祭。他接着进一步为他所捍卫的观点堆积证据——完全是不相关的证据。他引用经文"向上帝献赞美的祭"③，然后试图将《诗篇》里的那句经文与他要确立的论点联系起来，接着说："这肯定不是血和醉酒的宴席，那样的宴席没有对上帝的赞美，只有魔鬼协助下恣意的亵渎。"真是难以置信的妄断！那么主日就没有赞美的祭献给上帝，因为那日没有禁食，有的只是"醉酒的宴席"，以及"魔鬼协助下恣意的亵渎"。如果这样说是大谬不然，那就让他明白，"向上帝献赞美的祭"这话不是指禁食。事实上，在某些日子，尤其在节日，禁食是不奉行的，但在所有的日子，普世的教会都向上帝献赞美

---

① 拉斐尔（Raphael）。
② 参见《多比传》十二章8节。
③ 参见《诗篇》四十九篇14节。

的祭。否则，复活节与圣灵降临节之间的五十天里没有任何禁食，那根据此人的说法，这期间岂不是要丧失赞美的祭，心智正常的人都不敢说这样的话，何况基督徒！事实上，正是在那些日子里，许多教会——事实上几乎所有的教会——都唱颂哈里路亚（Alleluia）。① 没有哪个基督徒，除非极端无知，会不知道这个词就是赞美的意思。

无物阻止人安息日进食

8.19. 然而，他承认自己在主日进食，不醉酒，但心灵喜乐，他说，我们少数人，因基督之名的信心，从犹太人和众多外邦人中被拣选，应在安息日晚香之时献上禁食，而不是动物祭品，作为上帝悦纳的祭，加上我们的赞美，靠我们的热情，我们的罪行必被烧尽毁灭。"早晨"他说，"他必被我们听见，他也必垂听我们；当主日我们按规定举行礼拜之后，我们会有时间吃喝，不是醉酒，而是心里喜乐。"所以，举行的是 eulogia，即赞美，而不是 alogia，纵欲宴席，如他前面所说。不过，我不太明白，安息日这个上帝祝圣了的日子为何对他是绊脚石，或者他为何认为那天不可能心里充满喜乐、完全避免过度地吃喝。事实上，我们可以在安息日前一天禁食，就如他所说可以在主日前一天禁食。或许他认为连续两天进食是不对的？那请他注意，他这样的观点会侮辱罗马教会本身，因为它遵循每个礼拜的礼拜三、礼拜五和礼拜六禁食，而另外的连续三天，即主日、礼拜一和礼拜二，按照惯例都要进食。

"乌尔比库斯"的观点是对教会的侮辱

8.20. 他说："可以肯定，羊群的生命依赖于牧羊人的意志。但你们这些称恶为善，称暗为光，称光为暗，称苦为甜，称甜为苦的

---

① 复活节期间，所有的应唱、领唱和回应都加上"赞美主"即"哈里路亚"这个短语。

人，有祸了。"① 我不是很明白他这些话是什么意思。如果你这位罗马城朋友确定说了这些话，如你所写的，那么依赖于牧首意志的百姓就与自己的主教一起在礼拜六（安息日）禁食；但是如果他写这些话给你是因为你在给他的信里说了这类事，那也不要受他影响去赞美基督教城（罗马）在礼拜六的禁食，从而迫使你去指责基督教世界的进食。当他说"你们这些称恶为善，称暗为光，称光为暗，称苦为甜，称甜为苦的人，有祸了"时，他所谓的善、光、甜就是指礼拜六禁食，而所谓的恶、暗及苦则指礼拜六进食，他这不就是在谴责全世界礼拜六不禁食的基督徒吗？但是他既没有自己照照镜子，也没有注意他说话的对象，所以根本口无遮拦，写下如此草率而鲁莽的话。他随后又说："不要让人论断你的饮食。"② ——他自己却在论断别人的饮食，对那些在礼拜六吃喝进食的人指责多多。他根本没有想到，同一位使徒在另一处说过另一个告诫："吃的人不可轻看不吃的人，不吃的人不可论断吃的人。"③ 只有这样，才能平衡那些礼拜六禁食的人与那些礼拜六不禁食的人之间的关系，避免伤害；这样，吃的人不会轻视不吃的人，禁食的人也不论断进食的人。

禁食有不同理由和不同时间

9.21. 他说："甚至彼得也对罗马人教导同样的事，彼得的信心传到整个世界，他是众使徒的头，天国的看门人，教会的根基，若不是通过禁食，也不可能除去降到西门——魔鬼（diabolus）的象征——头上的死状。"④ 按他这样说来，难道其他使徒与彼得相反，教导全世界的基督徒进食？事实上，就如彼得与其他使徒和睦相处，

---

① 参见《以赛亚书》五章20节。
② 参见《歌罗西书》二章16节。
③ 《罗马书》十四章3节。
④ 即行邪术的西门；参见《使徒行传》八章18—24节。

同样，礼拜六（安息日）的禁食者——他们是彼得播种的——与礼拜六的进食者——其他使徒播种的——也和睦相处。以下这种观点为许多人所认同，虽然很多罗马人声称是假的：使徒彼得打算主日与行邪术的西门争论，就在前一日禁了食，以防卫巨大的试探危险，该城的教会也与他一同禁食。最后他得胜了，这是著名而杰出的胜利，之后他继续保持这个习惯，西方的一些教会也效仿他。但是，如果如那人所说，行邪术的西门是魔鬼的一个比喻，那么我们得说，魔鬼并非只是礼拜六或礼拜日的试探者，而是日常试探者，我们也不是通过每天的禁食来抵挡他，因为我们主日不禁食，复活节后的五十天内也不禁食，在庄严的殉道士节和其他节日都不禁食。尽管如此，如果"我们的眼目时常仰望主，他必将我们的脚从罗网里拉出来"①，如果"我们或吃或喝，无论做什么，都为荣耀上帝而行"②，如果我们尽自己所能，"不拘是犹太人，是希腊人，是上帝的教会，都没有任何冒犯"③，那么我们就胜了魔鬼。那些在吃喝上冒犯人的，或者在禁食上冒犯人的人，都极少注意到这些思想，他们总是走向极端，从而激起公愤，这样魔鬼不仅没有被击败，反而高兴无比。

《圣经》的证据

9.22. 但是如果有人这样回答：雅各在耶路撒冷教导，约翰在以弗所教导，其他使徒在其他地方教导，就如彼得在罗马教导，教导人应当在礼拜六（安息日）禁食，但是其他地方都偏离了这个教义，而罗马坚定地保留了它；如果另一边反驳说，它其实只是包括罗马在内的西方一些地方的教义，并不是使徒传统所主张的，而东方是最早传讲福音的地方，始终一丝不苟地坚守着从所有使徒包括彼得本人留

---

① 参见《诗篇》二十四篇 14 节。
② 参见《哥林多前书》十章 31 节。
③ 参见《哥林多前书》十章 32 节。

下来的传统，即人不可在礼拜六（安息日）禁食，那么这就是一场没完没了的争吵，不断产生观点，不断提出论证，永无终结。普世教会要有统一的信仰，就是传播到世界各地的信仰，正如教会内部各肢体之间是合一的那样，即使信仰的这种统一性通过不同的习俗表现，信仰里的真理绝不会因多样性而受到阻挡。"王女的一切荣华都在内里。"① 而以不同方式奉行的习俗就如同她的衣服，关于这衣服，经上说："金线镶边，层层叠叠，丰富多彩。"② 信仰这件衣服也可以因不同的习俗而丰富多彩，但绝不能因相互矛盾和彼此争端而撕裂。

保守信仰的统一性，接受习俗的多样性

10.23. 他说："最后，如果犹太人守礼拜日（主日）而否定安息日，那基督徒为何要守安息日呢？或者我们是基督徒，我们守主日；或者我们是犹太人，我们守安息日，因为'一个人不能侍奉二个主'。"③ 他说这话是否认为有一个安息日的主，还有一个礼拜日的主？或者他不记得他自己所引用的"人子是安息日的主"④？他因为想要我们反对安息日，就如犹太人反对礼拜日，竟然如此偏离真理，甚至说我们不应接受律法和先知，正如犹太人不接受福音和使徒。你肯定明白，凡有分辨能力的人，应该知道何为错。他说："所有旧事都已过去，在基督里成了新的。"⑤ 这话没错，因而我们不像犹太人那样在礼拜六守安息，即使为表明那个日子所预示的安息，我们通过基督徒应有的节制和简朴放下禁食的担子。如果我们的一些弟兄认为，安息日的安息不应通过放下禁食的担子来表明，那我们论证王服

---

① 参见《诗篇》四十四篇 14 节。
② 参见《诗篇》四十四篇 15 节。
③ 《马太福音》六章 24 节。
④ 《路加福音》六章 5 节。
⑤ 参见《哥林多后书》五章 17 节。

的多层多彩就毫无意义。但我们既然对安息本身持有同样的信念，那就不必对王女的内宫费心了。虽然随着旧的过去，安息日的肉身安息也过去了，但我们既在礼拜六的安息日进食，也在礼拜日的主日进食，不是出于迷信的习俗，也不是侍奉两个主，因为礼拜六的主与礼拜日的主是同一位。

两种安息：属肉的和属灵的

10.24. 他说，旧事已经过去，因此"在基督里，彼坛（ara）让位于此坛（altare）[①]，刀剑让位于禁食，火让位于祷告，动物祭品让位于饼，血让位于圣怀。"但他不知道，altar 这个词在律法和先知书里使用极其频繁，而摩西第一个在幕帐里筑起上帝的坛（altare）[②]；同时 ara 这个词也出现在使徒的作品中，比如殉道者在坛（ara）下大喊。[③] 他说，刀剑让位于禁食，忘了两约里刀剑都是双刃的，福音的士兵都要用刀剑武装自己。[④] 他说，火让位于祷告，似乎当时圣殿里没有献上祷告，如今也没有火被基督丢在世上（地上）。[⑤] 他说动物祭品由饼取代，似乎他不知道即使在那时主的餐桌上也常摆陈设饼[⑥]，而如今他分享无瑕疵无玷污的羔羊之身。[⑦] 他说血已经让位给圣怀，却没想想他如今是领受圣怀里的血。[⑧] 他若说旧事已经过去，在基督里成了新的，从而祭坛让位给祭坛[⑨]，刀剑让位给刀剑，火让位给火，

[①] 乌尔比库斯使用了祭坛的两个词：ara 和 altare，认为前者用于旧体制中，后者用于新体制中。奥古斯丁反驳这种假设。
[②] 参见《出埃及记》四十章 24 节。
[③] 参见《启示录》六章 9，10 节。
[④] 参见《以弗所书》六章 17 节；《希伯来书》四章 12 节。
[⑤] 参见《路加福音》十二章 49 节。
[⑥] 参见《出埃及记》二十五章 30 节。
[⑦] 参见《彼得前书》一章 19 节。
[⑧] 参见《马太福音》二十六章 26—27 节；《马可福音》十四章 22—23 节；《路加福音》二十二章 17 节；《哥林多前书》十一章 23—25 节。
[⑨] 两个祭坛都用 altare 这个词。

饼让位给饼，祭品让位给祭品，血让位给血，那岂不是要真实也恰当得多。显然，我们由此看出，属肉的旧事物全都让位给属灵的新事物。所以，我们必须理解——不论我们在那个循环往复的礼拜六是进食，还是禁食——属肉的安息已经让位与属灵的安息，后者寻求的是一种真正而永恒的安息，而前者只是一种身体上的暂时休息，如今已被鄙视为一种迷信。

新约里关于禁食的规定

11.25. 他在结论中得出的其他观点以及散布在其他地方的一些要点，我认为不值得一一评论，因为它们与所讨论的问题即礼拜六应该禁食还是不禁食没有关系。我把它们留给你去解释和批评，尤其是如果你从我以上所说多少得到了些帮助的话。我想我已经尽我所能对他作出恰当的回应，但是如果你想问我本人对这个问题的看法，我在心里对此反复思考之后，我认为，福音书和使徒作品，以及整部被称为新约的书对禁食都是有要求的，但是关于何日应当禁食何日不应禁食，我在主和众使徒的教导里都没有找到任何具体的规定。因此，我想对于（安息日）禁食，采取宽松原则比苛求更合宜，因为安息日禁食只是预示永恒安息，而不是获得永恒安息，要获得永恒安息必须靠信心和公义——即王女的荣耀所在的内室①——而永恒安息才是真正的安息。

禁食与爱人

11.26. 事实上，在我看来，在这个礼拜六（安息日）禁食还是进食的问题上，我们只要谨守使徒的这段经文，就会更安全，更平

---

① 参见《诗篇》四十四篇 14 节。

安："吃的人不可轻看不吃的人，不吃的人不可论断吃的人"①，因为"我们不吃也无损，吃也无益"②。当然在这些事上，要充分留意，不可伤害与我们一同生活的人，也不可伤害与我们一起住在上帝里面的人。因为正如按使徒的话，"有人因食物叫人跌倒，那就是他的罪了"③，同样，有人因禁食叫人跌倒，那也是他的罪。所以我们不可像那些人，看见约翰不吃不喝就说"他是被鬼附着的"④，也不可像那些人，看见基督又吃又喝就说"他是贪食好酒的人，是税吏和罪人的朋友"⑤。主对这些话作了真正必要的补充，他说："智慧是通过智慧之子证明为义的。"⑥ 如果你问谁是那些智慧之子，就读读这样的经文："智慧之子就是义人的教会。"⑦ 他们是这样一些人，他们吃时不轻视不吃的人，他们不吃时不论断吃的人，但他们肯定鄙视或论断那些吃或不吃都叫人跌倒的人。

禁食上的错误

（1）摩尼教徒的错误

12.27. 礼拜六（安息日）禁食的案子相对容易解决，因为罗马教会在那日禁食，其他一些教会，包括附近的和远地的，也都如此。但礼拜日（主日）禁食却是个大问题，尤其是由于可恶的摩尼教异端——公然反对大公教信仰和《圣经》书卷——的传播，因为他们对自己的信徒规定了那一日必须禁食。由此导致的结果是，主日禁食被认为更加令人厌恶，除非有人能够坚持不间断禁食超过一个礼拜，以

---

① 《罗马书》十四章 3 节。
② 《哥林多前书》八章 8 节。
③ 参见《罗马书》十四章 20 节。
④ 参见《马太福音》十一章 18 节。
⑤ 参见《马太福音》十一章 19 节；《路加福音》七章 33—34 节。
⑥ 参见《马太福音》十一章 19 节。
⑦ 参见《便西拉智训》三章 1 节。

至于接近四十天的禁食，完全不进食——我们知道有些人确实做到了，比如我们得到最可信的弟兄报告，说某人确实禁食足足四十天。正如在古代列祖时代，摩西和以利亚各自禁食四十天时，他们的行为并不反对安息日进食的自由；同样，如果有人能够连续七天不进食，那他并没有专门选择主日作为禁食日，而是恰好碰到这七日中有个主日，这一日他按许诺那样在禁食中度过。然而，如果连续禁食必须在一个礼拜内结束，那么没有哪天比礼拜日（主日）结束更为恰当。如果禁食超过一个礼拜身体才恢复进食，那么可以肯定，主日不是被选（eligitur）为禁食日，而是被发现（invenitur）包括在人许诺要禁食的那些日子里面。

（2）普里斯西利安派的错误

12.28. 普里斯西利安派（Priscillianists）[1]——很像摩尼教徒——常常引用《使徒行传》里的一段经文——记载使徒保罗在特罗亚（Troas）的事——为主日禁食作佐证，不必为此困扰。经文记载说："七日的第一日，我们聚会擘饼的时候，保罗因为要次日起行，就与他们讲论，直讲到半夜。"[2] 然后，有一个少年人因困倦沉睡，从窗口掉下去，被扶起来时已经死了，保罗就从他们聚会的楼上下去，使他恢复生命，《圣经》又这样说到这位使徒："保罗又上去，擘饼，吃了，谈论许久，直到天亮，这才走了。"[3] 这些记载绝不能解释为

---

[1] 一个异端学派，四世纪末产生于西班牙，传讲诺斯替-摩尼教的光暗二元论。它的创立者普里斯西利安（Priscillian），西班牙的阿维拉（Avila）主教，被公元381年的撒拉哥沙（Saragossa）主教会议定罪，并于公元385年由马克西姆（Maximus）下令与他的主要追随者一同处死。这个异端认为，人的灵魂想要征服黑暗王国，所以坠入身体并囚禁于其内；我们主的死只是表面上的，只是把人从质料的力量中解脱出来。他们拒斥某些圣经经卷，并用某种非字面的意义来解释其他经卷。他们有一套不雅的苦修体系，古怪的礼仪习惯，比如在主日和圣诞节禁食。他们允许为某个圣洁的目的说谎。奥古斯丁在《论说谎》（De mendacio）里反驳了他们。

[2]《使徒行传》二十章7节。

[3]《使徒行传》二十章11节。

使徒常按惯例在主日禁食。因为我们今天称为主日的日子，在当时称为七日的第一日，这在福音书里很清楚。圣马太把主复活的日子称为"prima sabbati"，即一个礼拜（七日）的头一日，其他三位福音书作者称之为"una sabbati"，同样是七日的第一日，也就是后来被称为主日的那一日、礼拜日、周日。所以有两种可能：其一，他们过完安息日之后，在那日黄昏开始聚会，就是主日前的夜晚，然后聚会一直延续至主日，即七日的第一日，所以，在那晚他准备擘饼，就如在基督的圣餐礼上擘饼；他一直讲论到半夜，这样，主持圣餐礼并再次会上讲论（因为时间紧迫）后，他可以在周日黎明时起程。其二，解释是，他们在七日的第一日聚会，不是在前一晚，而是从周日的第一个时辰开始，"保罗因为要次日起行，就与他们讲论"，解释了他为何连续讲论不间断的原因，因为他要赶路，又希望他们得到充分的教导。因此，这段经文并没有证明他们通常在主日禁食，而是表明，在他们看来，使徒争分夺秒地讲道，他们聚精会神地聆听，不能因身体的需要而中断，尤其是使徒即将离开他们的时候。因为他看望他们的机会很少，因为他还有很多其他行程，尤其因为他将离开那个国家，并且就如后来的事件所表明的，他的肉身不可能再到他们这里来。还有一点——由此更加清楚地表明他们并没有主日禁食的习惯——即该书作者专门解释了为何要连续讲论的原因，让我们知道，如果情形所需，可以为更加重要的活动舍弃食物。所以，他们如饥似渴地聆听保罗讲道，永不满足地吮吸，不是吮吸水，而是吮吸道，从那泉源流出的每字每句，因为他们知道这泉源马上就要离开他们。他们不仅忘记了早餐，甚至把一日中的正餐也弃之不顾了。

不赞成主日禁食

12.29. 虽然主日禁食在当时并不是惯例，但如果某些紧急情况，就如使徒保罗所经历的，使他们在主日整天没有时间进食，直到半夜，甚至到第二天早晨，这也并不冒犯教会。但是如今，在这个末了时代，一些异端，尤其是极端不敬的摩尼教徒，不遵行只在情势需要时偶尔在主日禁食的做法，而是开始把主日禁食作为一个正统而神圣的教会法规问题来教导，并向基督徒信众大肆宣传。因此我想，即使出现使徒所经历的那种紧急情况，他当时所做的，我们今天也不一定非做不可，免得由冒犯产生的恶大过讲道所带来的善。所以，无论出现什么样的紧急情况，或者有什么充分理由，使得基督徒不得不在主日禁食，如我们在《使徒行传》里看到的，使徒本人在航行中遭遇沉船之险，就连续禁食十四天，期间包括两个主日①，我们仍然应当毫不犹豫地认为，主日不能包括在禁食的日子里，除非你起誓要连续禁食七天以上。

为何要在第四日和第六日禁食

13. 30. 至于教会为何指定在第四日尤其是第六日禁食，原因似乎可以这么理解：根据福音书，七日的第四日，即通常所说的 quarta feria，礼拜三，是犹太人商议如何治死主的日子②；然后间隔一天，这一天的黄昏，即我们称为七日的第五日的那天结束时，主与门徒一起吃逾越节，然后那个晚上被出卖，这个晚上连接七日的第六日，众所周知就是他受难的日子。这一日，从黄昏开始算起，是除酵节的第一日。③而福音书作者马太说，七日的第五日就是除酵节的第一日，因为这日黄昏要吃逾越节晚餐，在这个晚餐上他们开始吃未发酵的饼以及已经祭献过的羔羊。由此可以推断，当主说"你们知道，过两天

---

① 参见《使徒行传》二十七章 33 节、
② 参见《马可福音》十四章 1 节；《马太福音》二十六章 1—5 节；《路加福音》二十二章 1—2 节。
③ 参见《马太福音》二十六章 17 节。

是逾越节，人子将要被交给人，钉在十字架上"① 时，正是七日的第四日。所以这一日要挑选出来禁食，因为就如福音书作者接着所说："那时，祭司长和民间的长老聚集在大祭司称为该亚法的院里。大家商议要用诡计拿住耶稣杀他。"② 但是中间隔了一天，关于这天，福音书说："除酵节的第一天，门徒来问耶稣说：你吃逾越节的筵席，要我们在哪里给你预备？"③ 然后，主于七日的第六日受难，这一点无人有疑问。因着这个原因，第六日留出来禁食是正当的，因为禁食表示谦卑，如经上所说："我禁食降卑己心。"④

为何安息日禁食

13.31. 接下来就是礼拜六（犹太人的安息日），这日基督的身体在坟墓里安息了，正如上帝在最初创造世界时，在那日歇了他一切的工。⑤ 由此产生出王女衣袍上的多样性：⑥ 有些教会，尤其是东方教会，选择那日不禁食，把它标志为安息的日子；另一些教会，比如罗马教会和一些西方教会，选择在那一日禁食，因为主以那么卑微而羞辱的方式死去。每年唯有这一日，即逾越节（或复活节），为唤醒对历史的记忆，纪念门使们就像死去亲人一样为主的死哀恸，所有人都在此日禁食，即使那些礼拜六从不禁食的人，也非常敬虔地遵守这一日的禁食。毫无疑问，它具有双重的象征意义，一方面是一年一度的门徒之悲痛；另一方面是礼拜六的安息之恩福。当然，有两件事使我们满心盼望义人的福祉和一切苦难的终结，那就是死亡和从死里的复活。在死亡中人得到安息，这安息如先知所说："我的百姓啊，你们

---

① 《马太福音》二十六章 2 节。
② 《马太福音》二十六章 3—4 节。
③ 《马太福音》二十六章 17 节。
④ 参见《诗篇》三十四篇 13 节。
⑤ 参见《创世记》二章 2 节。
⑥ 参见《诗篇》四十五篇 13—14 节。

要来进入内室，隐藏片时，等到主的忿怒过去"①；而在复活中，整个人，包括身和灵，都获得完全的幸福。所以，我们认为这两者（死和复活）不能都通过禁食的艰辛来预示，而应通过恢复精力的进食之喜乐来表示，除了那个逾越节的礼拜六——这一日，如我们所说，门徒们对所发生之事的悲痛必须通过一种更加严格的禁食来记念。

安波罗修关于禁食习俗的回答

14.32. 但是，如我上面所说，我发现，不论在福音书里，还是在直接涉及新约启示的使徒作品里，都没有对任何特定日子作出明确的禁食规定，而且这件事，就像其他很多难以一一列举的事一样，在王女——即教会——的百色衣袍上都可以找到属于自己的一席之地，所以我要告诉你，尊敬的米兰主教安波罗修（Ambrosius）——我就是由他施洗的——对于这个问题如何回答。当我的母亲与我一起呆在那个城市时，我还是望教者，对这些问题并不关心，但我母亲感到很焦虑，不知道是根据我们城市②的习俗在礼拜六禁食好，还是根据米兰教会的惯例在礼拜六进食好。为了解除她的焦虑，我请教了上述这位属上帝的人。他说："我能给你的最好的教导，不就是我自己所做的吗？"我当时以为他的回答是说我们应当礼拜六进食，但他接着又说："我在这里时，我礼拜六不禁食；我在罗马时，我礼拜六禁食。不论你到哪个教会，都要遵守那个教会的习俗，如果你不希望被冒犯，也不希望冒犯别人。"我把这个回答带给我母亲，她很满意，毫不犹豫地遵此而行。我自己也遵循这样的原则。但是由于——尤其在非洲——同一个教会或者同一地区的各教会中，有的人礼拜六禁食，有的人礼拜六不禁食，所以我认为最好是遵循那些被授以管理

---

① 参见《以赛亚书》二十六章20节。
② 即塔迦斯特（Thagaste）。

权威的人的习俗。因此，如果你愿意接受我的建议，尤其因为出于你的迫切要求，我对这个问题的讨论已经超过了必要的篇幅——那我建议你在这个问题上不要拒斥你的主教，而要毫不犹豫地接受他的做法。

书信37：奥古斯丁致辛普利奇[①]
（约397年）

奥古斯丁很高兴他挑灯写成的作品得到辛普利奇的阅读和赞赏（n.1-2），他还把自己当时的另一部作品《问题汇编》，即对辛普利奇提出的问题的回复，也交给他批评指正（n.3）。

奥古斯丁主内问候最有福的辛普利奇（Simplicianus）大人和父亲，并致以最深沉的敬意和最诚挚的爱：

奥古斯丁为辛普利奇所深爱

1. 阁下惠寄的书信我已收讫。信中字字温馨，令我如沐春风，因为你不仅记得我，一如既往地关爱我，而且不论主屈尊恩赐我什么礼物——不是出于我自己的功德，乃是出于主的怜悯——你都为我欢欣雀跃。读着来信，我沉醉于你父亲般的挚爱，那是从你最善良的心灵涌出的，这种情感对我并不意外，也不陌生，我再次感受到它，觉得它是那么确切，那么熟悉。我最有福、最尊敬的大人啊，我向你致以最深沉的敬意！

奥古斯丁的作品受到辛普利奇赞赏

2. 诚然，我的一引起作品确实是绞尽脑汁、字斟句酌写出来的，

[①] 米兰的老司铎，既教导过圣安波罗修，也教导过圣奥古斯丁。参见《忏悔录》8.1。

但能蒙大人你的阅读和指教,又何其幸也?那必是主——我已将灵魂交给他——希望缓解我的焦虑,消除我的畏惧,因为我在这样的写作中不可避免会陷入这种境况,担心会有某些疏忽和草率,即使是论及最清楚明白的真理,也可能会引起冒犯。如果我的作品蒙你悦纳,我就知道它也蒙谁悦纳,因为我知道谁住在你心里。确实的,正是这位一切属灵恩赐的给予者和分配者,藉着你的论断确证我对他的顺服。不论那些作品有什么配得你垂爱的,都是出于上帝,他对我的事工说"让它成了",它就成了;而正是因着你的认同,"上帝看它是好的"①。

奥古斯丁把自己的作品交给辛普利奇批评

3. 至于你屈尊吩咐我回答的那些问题,即便我因自己的愚钝没有完全理解,我也会借你大德的协助努力作出解答。我只有一个请求:请您为我的软弱向上帝祷告。另外,不论在这些你以父亲般的慈爱希望我着手解释的问题上,还是在其他你可能在我任何作品中发现的问题上,请你不仅要表达一个读者的关注,更要提出一个批评者的指正。因为就如我知道上帝赐给我很多天赋,同样,我也必须承认自己有不少错误。

---

① 参见《创世记》一章3—4节。

书信38：奥古斯丁致普洛福图鲁斯[①]
（约397年中）

奥古斯丁写信给普洛福图鲁斯主教，谈到要忍受病体（n.1），谈到梅迦利乌斯主教去世，谈到伤害以及克制怒气（n.2）。最后是问候（n.3）。

奥古斯丁问候普洛福图鲁斯弟兄。

以平静的心灵忍受病体

1. 在灵性上，蒙主悦纳，屈尊赐给我力量，我很好；但在身体上，我卧病在床，因痔疮发炎肿胀，疼痛难忍，既不能坐，也不能站，更不能走。然而即便如此，由于这是主所喜悦的，我必须说我很好，除此之外还应说什么呢？如果我们不意愿他所意愿的，我们只能谴责自己，不能认为他会做或容忍什么对我们不好的事。你知道这一切，但因为你就是我的另一个自我，所以我乐意对你诉说这些，就如同在对自己诉说一样。因此，我把我的白天和夜晚都交托在你的圣洁祷告中；请为我祷告，让我不浪费白天，使我能耐心忍受夜晚，"我虽然行过死荫的幽谷"，因为有主与我同在，我"也不怕遭害"[②]。

[①] 普洛福图鲁斯（参书信28）此时是西尔塔或康斯坦蒂纳（Constantina）的主教。
[②] 参见《诗篇》二十二篇4节。

书信38：奥古斯丁致普洛福鲁斯（约397年中）

要避免发怒

2. 我相信你已经听到年长的梅迦利乌斯（Megalius）① 去世的消息，自从他下葬到我写信的今天差不多有二十四天时间了。我希望知道，如果可能，你现在是否可以为他的教区物色一位继任者，如你曾经提议的。这世上不会没有伤害，但有伤害就会有救助；这世上也不会没有忧愁，但有忧愁就会有安慰。同时，我们必须保持警醒，免得对某人的憎恨攫住我们的内心，不仅阻止我们"在内室祷告，关上门"②，而且——杰出的弟兄啊，你清楚地知道——仇恨也会向上帝本身关上门。对人的憎恨会极其狡猾地潜入我们心里，因为每个愤怒的人都相信自己的愤怒是公义的，而习惯性的愤怒就成了憎恨。表面看起来公义的愤怒混杂着某种甜美，就像留在瓶底香水的痕迹，如果我们让它滞留太长时间，就会使整个瓶子变酸，瓶子也就不适合使用了。因此，我们最好不要对任何人有愤怒之情，哪怕是公义的愤怒，因为很容易不知不觉地就从公义的愤怒陷入憎恨的情绪。在接待陌生的客人时，我们通常会说，宁愿接待一个坏人，忍受种种不适，也不能冒险——因为小心提防，免得把坏人迎进来——把好人关在门外；但是就心里的情绪来说，恰恰要遵循相反的法则。毫无疑问，守住心里的客室之门，不向敲门的愤怒打开，即使是公义的愤怒，要比接纳一个不容易赶走并且很可能从小苗长成大树的"客人"要安全得多。事实上，怒火无耻生长的速度比修剪的速度更快，直到日落还毫无羞愧地躲在黑暗里。③ 我相信，如果你记得在最近的一次旅行中你对我所说的事，你就会明白我写这些话有多揪心、多焦虑。

---

① 卡拉马（Calama）的主教，努米底亚的大主教，两年前按立奥古斯丁的主教之职。
② 参见《马太福音》十一章6节。
③ 参见《以弗所书》四章26节。

问候

3. 我们问候塞维鲁斯弟兄以及他身边的弟兄们。若不是带信人那么匆忙，我或许也会写信给他们。不过，我要请你帮个忙，就是我们这位维克多弟兄——请阁下代我向他表示感谢，感谢他告知我他去了康斯坦蒂纳；再请你帮我说服他不必费力经卡拉马返回，不然就为难他了。因为他知道我为一件奈克泰利乌斯长老再三催促的事而压力山大，所以当时他就这样许诺我。再见！

书信 39：杰罗姆致奥古斯丁
（约 397 年）

伟大的释经作家杰罗姆（Hieromymus, Jerome）向奥古斯丁举荐执事普莱西狄乌斯，他的传信人（n.1），并请奥古斯丁代为问候阿利比乌斯（n.2）。

杰罗姆在基督里问候至真至圣至福的父亲奥古斯丁大人：

举荐执事普莱西狄乌斯

1.1 去年我藉我们的弟兄副执事奥斯特里乌斯（Asterius）之手给阁下送去一封信，表达敬意，相信你已收到。现在我再次藉我圣洁的弟兄普莱西狄乌斯（Praesidius）执事传信给你，首先请你记念我；其次，请接待我这位传信人，他是我最亲近的人；最后，他若有什么需要，请爱护他、支持他。虽说有基督这位大恩赐者，他不会有任何缺乏，但他非常热切地渴望与优秀的人交朋友，当他得到这样的朋友时，他就认为自己获得了最大的益处。你会从他本人了解他为何要去西方作这次旅行。①

要信靠基督。问候阿利比乌斯

2.2. 我们这些人虽然定居在修道院，却被变化之浪推搡得东倒

---

① 从杰罗姆所居住的圣地出发。

西歪，遭受朝圣之旅的各种麻烦。但我们信靠主，他说："你们可以放心，我已经胜了世界"，因为在他的帮助和保护下，我们战胜了仇敌魔鬼。我恳请你代我问候我们圣洁而可敬的弟兄阿利比乌斯主教。那些在修道院与我们一起急切侍奉主的圣洁弟兄们，衷心向你问好。愿基督我们全能的上帝，保守你平安，并永远记念我们，真正圣洁的大人，永远值得爱戴的父亲。

书信 40：奥古斯丁致杰罗姆
（约 397 年末）

奥古斯丁感谢杰罗姆的来信（n.1），赞美那本众所周知的关于教会作家的书，并询问书名（n.2）。他在书信 28 曾谈到同样的问题，认为保罗关于彼得的话不是谎言（n.3 - 4）。然后他建议杰罗姆唱一首更正曲（n.5 - 8）。最后他谈到奥利金的错误，认为杰罗姆应在他讨论教会史的书里单独列出异端邪说（n.9）。

奥古斯丁致司铎同仁和弟兄、至尊至爱的杰罗姆大人。

奥古斯丁恳请经常来信

1.1. 非常感谢你专门写信问候，虽然信很短，比我所期盼的短太多了，因为像你这样的人，不论写多少话，都不叫冗长，不论需要花多少时间阅读，我都不嫌烦琐。因此，虽然我被大量不相干的问题和世俗的事务纠缠，我也不会轻易原谅你的信写得如此简短，唯有一点对我有利，那就是我也可以短小的篇幅回复。所以，我恳求你不要吝惜笔墨，多多书信往来，免得物理空间把我们的距离拉大，彼此疏远，因为即使在我们不动笔墨、沉默不语的时候，我们也因"圣灵所赐合而为一的心"① 在主里联合。确实，你不辞劳苦地从主的宝库里

---

① 参见《以弗所书》四章 3 节。

收集而成的书卷为我们展现了一个完整的你。如果我们不了解你的原因在于我们没有见过你的真实面容，那么同样可以说你也不认识你自己，因为你也没见过自己的面容。但是如果你认识自己是因为你了解自己的思想心灵，那么我们也可以通过你的作品全面认识你。我们称颂主，因为他把像你这样一个人赐给你自己，也赐给我们所有人，你的弟兄们，阅读你的作品的人。

"挽词"或"论教会作家"

2.2. 我们前不久收到一些物品，其中有你的一本书，只是一直不知道它的书名，因为没有封面，通常的书都会在封面上标注书名。不过，最初拥有该书的弟兄说，它的书名叫 Epitaphius（挽词）。如果我们读到的是死去之人的生平或作品，那我们可以相信这是你希望它有的名称，但是它提到许多当时（写作时）还存活者的作品，甚至许多现在仍然活着之人的作品，所以我不知道你为何给它取那样的题目，或者为何允许别人相信你给它取了那样的题目。然而，我们完全支持这本书，因为你写的这本书非常有用。

彼得和保罗的安提阿（Antiochea）之争（所谓的客套谎言）

3.3. 在对使徒保罗的《加拉太书》的解释中，我们也发现有些内容困扰我们至深。因为如果《圣经》承认所谓的客套谎言（officiosa mendacia）[①] 是有效的，那它还有什么权威性可言？我们又

[①] 大公教神学，如圣奥古斯丁和圣托马斯·阿奎那（St. Thmas Aquinas）所阐述的，区分了三类谎言：（1）有害的或恶意的谎言；（2）客套的或礼貌的或"白色的"谎言；（3）戏谑的谎言。第一类谎言是有意欺骗，对人有害，因而始终是错的。第二类谎言不伤害任何人，它可能是一种借口，或者有益于某人。出于这种原因，有些神学家认为客套谎言有一定合理性。但是圣奥古斯丁毫不含糊地认为，所有谎言，包括这一类，在道义上都是错误的。第三类谎言是为娱乐而说，并非真正的谎言，因为它不欺骗任何人。

如何能引用圣经来支持判决，对故意欺骗的不实行为作出惩罚？因为只要你引证某段经文，如果与你争辩的对手不同意，他就可以说，你所引用的经文是作者为了某个高尚目的使用的礼貌谎言。比如，使徒在叙述的开头说："我写给你们的不是谎话，这是我在上帝面前说的。"① 如果可以认为使徒这话只是出于客套，那么当他后面谈到彼得和巴拿巴时，说："我一看见他们行得不正，与福音的真理不合。"② 岂不是也可以认为他这话是谎言？如果他们实际上行得正直，那么他就是说了谎；如果他在这里说的是谎话，那他在哪里说的是真理呢？难道能这样认为：当他说的话正投读者所好时，他说的就是真理；当他说的话与读者所想不合时，就可以指责他是说客套话，是出于礼貌的谎言？如果这样的法则得到认可，那么不仅认为他可能说谎的人，甚至认为他应当说谎的人，都不会缺乏理由。我们没有必要化太多笔墨去探讨这个问题，尤其是对像你这样有智慧有远见的人，点到就够。我绝不是要妄自尊大地试图以我的小小笔头来扩展你的天赋，你的天赋是神赐的纯金；没有人比你自己更适合修订我所提到的那篇作品。

保罗关于犹太礼仪的论断

4.4. 再者，使徒所说的"向犹太人，我就作犹太人，为要得犹太人"③，以及其他出于怜悯和同情，而不是出于欺骗和蒙人说的话，你不必要求我来教导你应如何理解它们。④ 就比如一个人看护病人，就在某种意义上变成病人本人，不是通过假装发烧，而是通过同理心设想，如果他自己是病人，他希望别人怎样对待他。当然，保罗原是

---

① 参见《加拉太书》一章 20 节。
② 参见《加拉太书》二章 14 节。
③ 《哥林多前书》九章 20 节。
④ 在书信 75，杰罗姆在回信中引用了这段话。

犹太人，在变成基督徒时，并没有放弃犹太人的那些习俗，那是犹太民族以正当方式接受并适用于某个特定时期的礼仪。因此，甚至在他成为基督的使徒之后，他也仍然坚守那些仪式。但是他教导说，它们对那些想要遵守的人并无危险，因为他们从自己的祖先继承了这些礼仪，即使他们已经相信基督；然而，他们不能把得救的盼望建立在这些礼仪上面，因为那些礼仪（奥秘）所预表的救恩是靠着主耶稣实现的。由此他论断绝不能把它们强加给外邦人，因为他们原本就不习惯这些仪式，不然，这种沉重而无谓的担子很可能使他们离开信仰。

彼得为何受到保罗责备

4.5. 因此，他责备彼得并不是因为彼得遵守祖先的传统习俗，如果他愿意，他可以堂而皇之地遵守，不必隐瞒，也无需表里不一，这些习俗虽然已是多余，但并非有害；而是因为他"勉强外邦人随犹太人"①。他若不是认为，即使在主到来之后，这些习俗仍是得救所必需的，他就不可能这样做。然而真理证明这是错的，如保罗的使徒职分所阐明的。彼得作为使徒并非不知道这一点，但他"因怕奉割礼的人"②，就那样做了。因此，彼得确实受到了责备，保罗叙述的事是真实的。否则，《圣经》是为将来世代保存信仰而赐予的，它如果允许有假，它的权威就彻底被毁，不足为信。如果我们承认圣经有谎言，那会导致多大的、无法言喻的恶，只是这个问题不可能也不合适通过书信方式阐述，但如果我们能面对面交流，就可以更合宜也更安全地讨论。

---

① 参见《加拉太书》二章 14 节。
② 参见《加拉太书》二章 12 节。

书信 40：奥古斯丁致杰罗姆（约 397 年末）

保罗为何指责犹太人的礼仪

4.6. 因此保罗抛弃了犹太人特有的种种恶习。首先，因为他们"不知道上帝的义，想要立自己的义，就不服上帝的义了"①。其次，基督的受难和复活之后，恩典的圣礼已经"照着麦基洗德的等次"赐下并叫人知道，但犹太人仍然认为旧的礼仪应当遵守，不是尊重它们的传统价值，而是把它们当作得救的必要条件。这并不是说旧礼从来就不是必需的，否则，《马加比传》里的那些人为它们而殉道②岂不成了徒劳，毫无益处。最后，犹太人逼迫恩典下的基督徒传道人，把他们看作律法的敌人。正是鉴于这些错误和罪恶，他说，他"将万事当作有损的……看作粪土，为要得着基督"③；他不是要贬损律法中的礼仪，只要把它们当作祖先的习俗遵行，就像他所遵行的那样，而不是把它们看作救赎所必需的条件，就像犹太人所认为的那样，或者像彼得那样装假掩饰；他之所以责备彼得，就在于他假装持有犹太人的观点。试想，如果保罗参加犹太人的那些礼仪是假装自己是犹太人，为要得着犹太人，那么他为何不同样与外邦人一起献祭，把自己置于律法之外，就如外邦人在律法之外那样，以便得着外邦人？毫无疑问，他参加犹太人的礼仪是因为他原本就是犹太人，他之所以说我所引用的那段话，不是为了假装自己是原本不是的东西，而是为了表明他对他们感同身受，就如同他自己也陷入与他们同样的过犯，需要帮助。因此很显然，他是在传达某种悲悯和同理情怀，而非玩弄虚假的骗人机巧。所以他在同一段落阐述了一般性的原则："向软弱的人，我就作软弱的人，为要得软弱的人"，这样，下面一句"向什么样的

---

① 参见《罗马书》十章 3 节。
② 参见《马加比传下》七章。
③ 参见《腓立比书》三章 8 节。

人，我就作什么样的人，无论如何总要救些人"①，就可以理解为，他同情每个人的软弱，似乎那就是他自己的软弱。当然，当他说"有谁软弱我不软弱呢"②时，他不是说他在假装他们的软弱，而是说他同情这种软弱。

请杰罗姆唱更正曲

4.7 因此我恳请你，发扬真基督徒的实诚和严谨，以爱作料，对你的那部作品作进一步的修改和订正。向我们唱一首更正曲（palinodia）吧，如希腊人所说的。③ 事实上，基督徒的真理比起希腊人的海伦来，更美得无可比拟。因为我们的殉道者为前者反抗所多玛④，要比那些著名英雄们为后者攻打特洛伊更加英勇。我这样说不是请求你重新获得你的心灵之眼⑤——我绝不是说你失去了它们！——而是请求你把敏锐而警觉的心眼回转，因为转向那些假相你就无法注意到，如果相信圣经作者会在作品的某个地方以正当合理的方式说谎，那会产生怎样的有害后果。

奥古斯丁追求真理

5.8. 一段时间前我给你写过一信⑥，只是没有带给你，因为我委托的带信人一直未能出发。⑦ 我在口授那封信时产生的一些想法，我在这里也不应忽略，即如果你有不同于我的观点，并且比我的更好，

---

① 参见《哥林多前书》九章 22 节。
② 《哥林多后书》十一章 29 节。
③ 艾索克拉底（Isocrates）10.64。Palinode 是个希腊词，意为翻案诗、更正曲，比如贺拉斯（Horace）Epode 17。
④ 奥古斯丁这里说的"所多玛"似乎是指异教学说或者异教的罗马。
⑤ 这里涉及诗人斯特西克鲁斯（Stesichorus）的故事，据说他因写诗攻击海伦受到失明的惩罚，于是又写了一首更正诗表示翻悔，然后奇迹般地复明了。
⑥ 即书信 28。
⑦ 即普洛福图鲁斯（Profuturus），他因被选定并被祝圣为主教，而无法出行。

请你原谅我的草率。确实，如果你有另外的想法，并且你的想法是正确的——若不是正确的，就不可能是更好的——那么你要宽恕"我的过错，如果真理能在任何事上正当利用错误，那我的过错有益于真理，我不说不该受任何责备，至少不该大肆责备"①。

杰罗姆揭示奥利金的错误

6.9. 关于奥利金②的问题，承蒙你辛苦回复。现在我非常确定，不仅对教会作家，而且对所有作家都应该做到，认同并赞美我们发现是真实而正当的事，憎恨并鄙弃我们发现是虚假而邪恶的事。我曾求助于你的智慧和学识——现在也仍然需要——请你指出这位大作家的一些错误观念，如此了不起的一个人就因这些错误被判定偏离了真正的信仰。在你那本讨论你所能回忆的所有教会作家及其作品的书中，我想，如果当你列出那些你知道是异端的人——你认为应该把他们包括在内，希望人们对其有所了解——时，能同时指明他们的哪些观点要远而避之，那会更加有益。但是你又省略了某些异端，我很想知道这是出于什么考虑。或许你是不希望因提到异端使篇幅增加太多，就没有加上大公教会已经定罪的那些人及其观点。若是这样，我恳请你——如果你的其他工作允许，也避免对你的文字工作增加太多负荷——是否可以用一个小册子，通过简洁概述的方式，把迄今为止所有那些出于傲慢和顽梗企图破坏基督信仰的纯洁性的异端分子的假教义完整地罗列出来。我出于弟兄之爱谦恭地提出这样的建议，因为藉着我们主的恩典，你的文字工作对启发和鼓励圣徒们在拉丁语上的研究作出了巨大贡献。这也会对那些因身负其他职责而没有时间作这些

---

① 参见书信 28 第 5 节。
② 奥利金（185—255 年），最杰出也最多产的早期基督教作家之一。很遗憾，他在某些教义上陷入错误，他的圣经注释总是忽视字面意义，过分使用寓意解经。尽管如此，他敬虔地热爱基督真理，终其一生都在追求并事奉真理。

研究的人，或者那些缺乏外语知识而无法阅读和学习很多事情的人提供不少帮助。我原本想恳求你化更多时间做这件事，不过那就利用友谊之嫌了。同时，我向阁下举荐我们的弟兄保罗[1]，我在上帝面前证实他在我们国家是备受尊敬的人。

---

[1] 迦太基主教。

书信 41：奥古斯丁致奥勒留
（397 年）

阿利比乌斯和奥古斯丁写信祝贺迦太基主教奥勒留实现了让司铎与他一同上台向信众讲道（n.1），然后请求他把他们的布道书寄来（n.2）。

阿利比乌斯和奥古斯丁在主内问候至福至尊的大人，至亲至爱的弟兄，主教同仁奥勒留：

司铎在主教面前讲道

1. "我们满口喜笑，满舌欢呼"①，因为我们从你的来信得知，受主灵启，得主帮助，你的敬虔计划已经付诸实施，这计划是关于圣秩里的所有弟兄，尤其是那些司铎，就是让他们在你面前向信众讲道。② 由此，藉着他们的舌头，你的爱在人们心里发出的声音比他们耳朵里听到的声音更加嘹亮。"感谢上帝！"我们心里所能想到，口里所能说出，笔端所能表达的，还有比这句话更好的吗？"感谢上帝！"没有比这句话说来更简洁，听来更喜乐，理解起来更深刻，使用起来更有效的了。感谢上帝，他赋予你一颗如此真诚地顾念子孙的

---
① 参见《诗篇》一百二十五篇 2 节。
② 这原本不是非洲教会的惯例，所以我们读到，奥古斯丁的主教瓦勒里乌斯（Valerius）因允许奥古斯丁还是司铎的时候就当着他的面讲道，而受到批评。但是奥古斯丁的讲道效果非常好，于是其他主教就效仿瓦勒里乌斯，其中奥勒留似乎是第一位效仿者。

心,他将你藏在内心深处、人眼看不见的东西彰显出来,不仅使你拥有这样美好的想法,还给你机会让它实现出来。事就这样成了,确定无疑地成了!愿这些好行为在人前照亮,愿他们看见而喜乐,便将荣耀归于他们在天上的父。① 愿你在主内为这样的人喜乐,愿主屈尊垂听你为他们的祷告,就如你不拒绝聆听主藉他们说话的声音;愿他们在主的路上行走、奔跑;愿渺小者与高大者同受祝福,因那些对他们说"我们往耶和华的殿去"② 的人而欢喜;愿他们走在前面,其他人跟从他们,效法他们,如他们效法基督一样。③ 愿我们都像蚂蚁,神圣的道路因勤劳而发光;像蜜蜂,在散发香气的圣职中工作;愿我们在忍耐上结果子,坚守救恩,直到终末;"愿主不叫我们受试探过于所能受的,在受试探的时候,总要给我们开一条出路,叫我们能忍受得住!"④

以某种神圣聚会为目标

2. 你既是配被垂听的人,请为我们祷告,因为你以最纯洁无瑕的爱这样的大祭靠近上帝,又以你的作为荣耀他的名。愿这些行为在我们面前照亮,因为你所祷告的上帝知道他们怀着多大的喜乐在你面前照亮。这些都是我们的祷告;我们心里多忧多虑,这众多的安慰,使我们心里欢喜。⑤ 事就这样,因为这是以前所应许的;既是以前所应许的,将来也必这样。那赐你如此恩福的主,也藉着你赐你所事侍奉的百姓这样的福祉;我们藉这位主恳求你把司铎们的讲道整理出来,指导人把它们写下来,修订好,寄给我们。就我来说,我一直没

---

① 参见《马太福音》五章16节。
② 参见《诗篇》一百二十一篇1节。
③ 参见《哥林多前书》十一章1节。
④ 参见《哥林多前书》十章13节。
⑤ 参见《诗篇》九十三篇19节。

忘记你所索要的泰科尼乌斯（Tyconius）[①]的七法则或七要义，并且如我说过多次的，我一直在期待听到你对它的想法。

我们向你热心举荐希拉里努斯弟兄（Hilarinus），他是希波的大医生和法官。至于我们的罗马努斯弟兄，我们知道你会积极地为他张罗，我们不需要求别的，只需求主帮助你。

[①] 奥古斯丁同时代的一位多纳图派作家，后被多纳图派逐出了教派，但一直没有回到大公教怀抱。他的《法则书》（Liber regularum）或《论七法则》（De septem regulis）是阐述释经学的一般原则，受到奥古斯丁的高度赞赏。

书信42：奥古斯丁致保利努斯
（约397年夏末）

奥古斯丁要求保利努斯偿还一整年没有给他回信的债务；还要求他写完了《驳异教徒》一书，就寄给他。

奥古斯丁在主内问候我基督里的弟兄和姊妹，可敬可嘉、敬虔无比的保利努斯和塞拉西娅：

1. 我们如此长久又如此热切地期待着阁下的回信，你却没有让塞维鲁斯弟兄带回来，这难道就是我们所希求或盼望的吗？我们为何整整两个夏季都得在非洲忍受这样的干渴？我还能再说什么呢？你这慷慨之人啊，你日日捐献自己的东西，那也请偿还欠我们的债吧。或许这是因为我听说你在写一部反对鬼神崇拜的书，于是表示我多希望看到那本书，所以你迟迟不写回信，以便完成你那本书，然后寄给我吗？但愿你能用如此丰盛的美餐来招待我这个一整年都对你的书信如饥似渴的人！如果你还没准备好餐桌，那我就会不停地抱怨，除非你在完成作品之前能提供些补给。特别问候我们的弟兄罗马努斯和阿基利斯。① 我身边的人都一起问候你；他们若不是因为爱你太深，也就不会像我一样对你的拖延写信怨恨如此之切了。

---

① 参见书信31。

书信 43：奥古斯丁致格罗里乌斯等
（396 年末或 397 年初）

多纳图派虽然被多次会议审判定罪，尤其是罗马大会和阿尔勒大会，但仍毫无廉耻地坚持其宗教分裂行为（n.1-4）。奥古斯丁随后论到不敬的迦太基会场，论到多纳图派的冥顽不化，论到向皇帝的上诉（n.5-14）；谈到梅尔奇亚德主教的恩义仁厚（n.15-16），谈到卢西拉，谈到西尔库塞利奥的恶行（n.17-27）。

奥古斯丁致亲爱的大人、值得称颂的弟兄格罗里乌斯（Glorius）、埃莱厄西乌斯（Eleusius）、弗利克斯（the Felixes）、格拉马提库斯（Grammaticus）及其他乐于见信之人。①

谁应被认定为异端

1.1 使徒保罗说过："分门结党的人（异端分子），警戒过一两次，就要弃绝他。因为知道这等人已经背道，犯了罪，自己明知不是，还是去作。"② 但是，那些虽然主张错误而悖逆的观点，但并非出于顽梗恶意的人，尤其是那些并非任意妄为自创错误，而是从已被引入歧途并跌倒的父辈接受错误观点的人，那些认真努力地寻求真

---

① 奥古斯丁同时代的多纳图主义者，很可能比他们的一些弟兄更容易悔罪。
② 参见《提多书》三章 10—11 节。

理，一旦发现真理就乐于自我改正的人，这样的人不属于异端之列。因此，如果我不相信你们是这样的人，我就不可能给你们送任何书信。然而，我们虽然警告说，那些异端分子，因可恨的傲慢而自命不凡，因顽梗而可恶的争竞而疯狂，必须弃绝他们，免得他们蒙骗了软弱的人和小子们，但是我们仍然要尽一切所能纠正他们，绝不能对他们退避三舍。因此，我甚至写信给多纳图派的一些负责人，这些信不是教会的通传信函（communicatorias litteras）——他们因为悖逆，已经很长时间没有从普世统一的大公教会收到过此类信函——而是类似于我们与异教徒沟通的私信。他们收到这些信虽然有一段时间了，但他们不愿意回信，或者更可能是无能力回信。无论如何，看起来我已经尽了爱的职责，就是圣灵教导我们的，这爱不仅要给予自己，也要给予所有人，如他藉着使徒所说的："愿主叫你们彼此相爱的心，并爱众人的心，都能增长、充足。"① 他还在另一处告诫我们，对那些与我们相异的人要温柔劝诫："或者上帝给他们悔改的心，可以明白真理，叫他们这已经被魔鬼任意掳去的，可以醒悟，脱离他的网罗。"②

奥古斯丁对和平孜孜以求

1.2 我提出以上引言式的解释③，免得有人认为，因为你们不属

---

① 《帖撒罗尼迦前书》三章 12 节。
② 参见《提摩太后书》二章 25—26 节。
③ 奥古斯丁假定通信方对所提到的事有一定了解，所以这里有必要作个简单的概述。多纳图派于"大逼迫"或最后的逼迫之后始于迦太基。311 年，大执事凯西利阿努斯（Caecilianus）当选主教，接任曼苏里乌斯（Mensurius）主教。他为人苛刻，故不受欢迎，于是一群因不能参与他的选举而心生不满的人，起来挑战他的任职。努米底亚的一些主教，包括多纳图在内，就是这个群体中的人，他们聚集在迦太基，宣称对凯西利阿努斯的任命无效，因为这任命是由阿普吞加的弗利克斯（Felix of Aptunga）授予的，而弗利克斯被指控为"背教者"，或者曾把《圣经》交给或泄露给逼迫者。这种行为被认定为一桩重罪，而焦点在于，弗利克斯既然不再拥有圣灵，就不可能把它传（转下页）

于我们的教会，我这样给你们写信，还想这样与你们讨论你们的灵魂问题，实在是过于草率，不够谨慎。然而，如果我写信给你们讨论某个农场的生意，或者解决某个经济讼案，很可能就没有人会反对了。这个世界对人们是如此宝贵，他们对自己又是如此廉价！这封书信将是我捍卫上帝论断的见证，他知道我写信是出于什么动机，他还曾说："使人和睦的人有福了，因为他们必被称为上帝的儿子。"①

多纳图的宗派是如何产生的

2.3 因此，恳请你们回想一下，当我在你们的城市逗留②，讨论关于基督教合一教会（communio christianae unitatis）的一些问题时，你们的党徒出示了某些公共记录，其中有这样一则记载：大约七十位主教同时谴责我们大公教的迦太基教会的主教凯西利阿努斯，以及他的同事和他所任命的人。该记录还大肆渲染阿普吞加的弗利克斯的案子，把它描述得比其他案子更加可憎、更加罪恶。等这些记录被宣读完毕，我回答说，如果当时导致那次宗派分裂的人以及校对记录的人能想一想，被控方是在缺席情况下被草率定罪的，没有听证，没有对质，而定罪者又是被嫉妒而无耻之人煽动起来反对这些被控者的，那就没有什么可奇怪的了。但是我们有教会的另一份记录，其中记载提

（接上页）递给凯西利阿努斯。这里有两个要点：一个关于事实；一个关于教理。异议者选出马约里努斯（Maiorinus）取代凯西利阿努斯；马约里努斯于315年去世后，他们就选了多纳图。同时，政府认可凯西利阿努斯为合法主教。多纳图派就要求由"海外"主教作一次调查，由他们向皇帝提出诉求，皇帝允许此案在阿尔勒（Arles）审理，后来他还充当了凯西利阿努斯与他的指控者之间的仲裁者。所有这些调查的结果是一样的——宣告对凯西利阿努斯的任命是正当的。但是多纳图派坚决不接受这个裁定。争吵持续了一百多年之久，充满怨恨和暴力；多纳图派在非洲的大多数城镇都建立了自己的教会。奥古斯丁于四世纪末加入反驳他们的行列，但他不得不承认，他们是被高压强力制服的，而不是通过自由争论驯服的。

① 《马太福音》五章9节。
② 即迦太基。

基西斯的塞昆都斯（Secundus of Tigisis）——当时任努米底亚的大主教之职——宽恕那些被证明并在上帝审判台前承认是背叛者的人，甚至允许他们仍然占据主教位置。他们的名字都列在凯西利阿努斯的指控者名单里。而塞昆都斯本人就是那个会议的主席——在会议上，他判定那些缺席被指控为背叛者的人有罪，而在场投票者就是那些尽管承认自己有同样的罪但得到他宽恕的人。

多纳图派在罗马会议和阿尔勒会议上被定罪

2.4 然后我们说，他们居心叵测地推出马约里努斯来反对凯西利阿努斯，马约里努斯任职一段时间后，筑坛来对抗圣坛，以严重的结党来撕裂基督的合一性，然后他们要求当时的皇帝康士坦丁（Constantinus）指定主教①作法官，来裁决所兴起的破坏非洲和平纽带的各种分歧。这一要求得允后，凯西利阿努斯和那些从非洲坐船前来反对他的人都出庭，当时的罗马主教梅尔奇亚德（Melchiades）担任主审法官，与他的同僚——皇帝在多纳图派要求下派来的——共审此案。但是没有任何证据能证实对凯西利阿努斯的指控，由此也确认了他的主教职位，而前来指控他的那个多纳图，则受到谴责。进展到这一步之后，我们注意到，他们这群人仍然顽梗地坚持可恶的分裂立场，于是皇帝又费心在阿尔勒更加仔细地审理这桩案子并以此作为终审。② 但是他们不服教会判决，提起上诉，要求康士坦丁听证。这次会议双方都到场，凯西利阿努斯被宣布清白，他们被挫败，无功而返，但是依旧任性地决定不妥协。这次会议也没有忽略阿普吞加的弗利克斯的案子；依照该位皇帝的命令，他的记录在地方总督档案里被

---

① 他们要求高卢的主教作法官，因为他们这些主教完全没有背叛者的嫌疑。来自科隆（Cologne）、阿尔勒和奥顿（Autun）的三位主教被选出来去罗马与十五位意大利的主教汇合。
② 这就是314年的阿尔勒大公会议。

清除。①

提基西斯的塞昆都斯主教的背信弃义

2.5. 但是因为关于这些事我只是口头言说，并没有读那些记录，所以在你们看来我的话似乎并没有你们想象的那样迫切。当我注意到这一点后，就毫不迟延地把我答应要读的文件写信送给你们。当我行到格利扎（Geliza）② 教会时，打算回到你们的城市，不到两天时间就把所有这些记录都带到你们面前。然后，如你们所知，因为时间允许，就在一天内读了以下内容。首先是提基西斯的塞昆都斯案子，他不敢把那些公然承认自己是背叛者的人开除，但他敢于与他的其他同僚一起对没有出席也没有认罪的凯西利阿努斯定罪。然后是地方总督的档案，上面记载，经过彻底的调查，弗利克斯被证明清白无罪。你们应该记得，这些文件都是在午前向你们宣读的。午后我又把他们向康士坦丁提出的请求公之于众，把教会记录向你们宣读，其中记载了康士坦丁所指派的法官在罗马教会的审理程序，经过审理，他们被谴责，凯西利阿努斯被确认主教职分。最后读的是康士坦丁皇帝的书信，证明所有这一切都证据确凿。

关乎永恒福祉而非属世善好

3.6. 先生们，还有什么呢？你们还有什么要问吗？这里的问题不是关乎你们的金银，不是你们的土地或农场，甚至也不是你们的身体健康问题；我们是呼吁你们的灵魂去抓住永生，避开永死。你们总要让自己醒来吧！我们并非讨论某个晦涩的问题，也不是探究某个隐藏的奥秘，那是人的心灵不可能或者几乎不可能参透的；我们讨论的

---

① 316 年在米兰，由皇帝下令。
② 努米底亚的一个城镇。

这个问题是已经公开的事件。还有什么比这事更明显的吗？还有什么能比这事看得更清楚的吗？我们说：那些清白无辜的人在缺席的情况下被一个虽然人数众多却草率判决的会议定了罪。我们通过地方总督的档案证实这一点，根据这份档案，那人被完全洗清背叛者的指控，而你们的会议记录却声称他罪证确凿。我们说，那个判决是由公开承认自己是背叛者的人对那些被指控为背叛者的人作出的，我们通过教会记录来证明这一点，记录里都提到了那些人的名字。对于这些人，提基西斯的塞昆都斯明知他们犯了罪，却宽恕他们，似乎为了和平；而对于那些他没有证据证明其罪行的人，他却判其有罪，恰恰破坏了和平。由此很清楚，他根本上并非考虑和平，而是关心他自己的安全。比如，利尼亚（Linia）的普尔普里乌斯（Purpurius）就指控说，为了使他背叛《圣经》，某个监管及其士兵把他囚禁起来，然后又把他释放，当然不是无条件的，条件就是他必须放弃什么，或者下令别人为他这样做。塞昆都斯担心这个推测很可能被证实，又受到他的亲戚小塞昆都斯的告诫，另外还请教了他身边的其他主教，最后赦免了这些最明显不过的罪行，留给上帝论断。他这样做看起来为和平考虑，其实不然，他只是为自己考虑。

多纳图派的不公判决

3.7. 如果和平的念头扎根在他心里，后来他就不会在迦太基，与那些出席并承认自己有罪但被他判为无罪的背叛者联合，把那些缺席又没有证据证明其有罪的人定为背叛者。他更应该担心的是，他的这种做法破坏了统一的和平，因为迦太基是一个伟大而著名的城市，从它产生的任何一种恶，都很可能传播到整个非洲，就如从一个人头传播到他的全身。此外，迦太基与海外国家相邻，并享有广泛盛名，因此，它的主教拥有非同寻常的权威，能够面对一大群敌对的阴谋策划者毫不在意，因为他知道，凭着教会的通传信函，他不仅与罗马教会——在那里，教皇之位的至高权威长盛不衰——联合，而且与其他国家——福音就是从那些地方传到非洲的——联合；如果他的对手企图唆使那些教会孤立他，他随时预备在那些教会面前为自己辩护。但是，既然他（凯西利阿努斯）不愿来到他的同僚面前，因为他认为或者怀疑——或者根据他们的说法，他假装怀疑——他们已经倒向他的敌人，对他这个案件的真相持有偏见，那么塞比都斯——如果他想要成为和平的真正守卫者——就更有责任防止对于因拒绝与这场审判发生任何关系而缺席的人判定任何罪责。因为这里不是关于司铎或执事或更低神职人员的问题，而是同等级别的，即都是主教，他们有权利把自己的案子完整地提交给其他主教审判，尤其是使徒教会的主教。所以，在他们缺席情况下对他们作出的判决是完全无效的，更何况他们并非一开始接受了这些人的权威，而后否认，而是一开始就不愿意把案子交给他们，因为始终对其表示怀疑。

多纳图派为何拒绝海外主教的判决

3.8. 塞比都斯作为当时的大主教（primas），如果他完全出于和平考虑来主持这个主教会议，那这种情况尤其应该引起他的重视。因为对于那些诽谤缺席者的人，他或许完全可以轻易勒住他们的舌头，使他们变得温和而顺服，他只要这样对他们说："弟兄们，你们看看，残暴的大逼迫之后，藉着上帝的怜悯，世界的统治者终于给了我们和平；我们基督徒和主教们不应撕裂基督世界的统一性，连我们的异教仇敌也不再攻击这种统一性。因此，或者让我们放下所有这些讼案，把它们交给上帝去论断，那是大动荡时代的混乱强加给教会的；或者如果你们中有人非常确定地知道对手的罪行，并能提供确凿证据，能轻易使对手服罪，只是担心与这样的人打交道，那就让他们诉诸我们的弟兄和同事，海外教会的主教们。他们可以首先投诉被造人的行为，说他们意识到自己的罪恶，不愿服从命令，拒绝把案子交给非洲同事审理。于是通过海外主教传唤他们前来出庭，答辩原告对他们提出的指控。如果他们不服从这样的传唤，他们的邪僻与悖逆就在那些主教面前昭然若揭，然后通过主教会议的信函把他们的名字散播到世界各地——如今基督的教会已经在全世界遍地开花——切除他们与所有教会的联系，免得迦太基教会的讲台上滋生任何错误。唯有到那时，把那些人彻底从整个教会剔除出去了，我们才能安心地为迦太基信众任命另外的主教。否则，如果我们现在就任命另一个主教，海外教会很可能会拒绝与他联合，因为前一位主教还没有被正式废除，而他的任命是得到公开认可的，且教会也向他发了通传信函。于是，在和平年代可能产生一大丑闻，即统一的基督教会出现了分裂，而我们出于太过草率的决定，在人看来就是放胆立起另一个坛，不是与凯西利阿努斯作对，而是与整个世界作对，因为世界在并不了解事实的情况下很可能只会接纳他。"

多纳图派在其会议中的荒唐行为

3.9. 如果有人肆无忌惮，拒不接受如此正当而合理的建议，那他会做什么呢？或者说，一个人怎么可能既不经过权威的大会程序，又无视大主教（Primate）的反对，就对缺席的同事定罪呢？如果真的出现反对大主教权威的严重叛乱，当大主教希望延期审理时，有人非要立即定罪，那么，与这样一群骚动不安又图谋不轨的人脱离关系，岂不比与整个普世教会脱离关系好太多！但是因为海外主教在审理凯西利阿努斯及其任命者的案件时，没有发现哪个指控可被证实，所以指控凯西阿努斯的人既不愿意推迟对他的审判，也不愿意在他们宣告判决后准备把被告者的姓名通告海外的教会，以便教会避免与这些已经在非洲被定罪的背叛者有任何联系。如果他们试图这么做，凯西利阿努斯及其他人马上就会在由海外主教组成的教会法庭上为自己辩护，反驳他们谎话连篇的诬告，通过充分有力的论证还自己以清白。

书信 43：奥古斯丁致格罗里乌斯等（396 年末或 397 年初）

多纳图派的会场

3.10. 所以我们相信，这个任性而不公的会议主要是由那些公开承认自己有罪却被提基西斯的塞昆都斯赦免的背叛者组成的会。因为当时有关于他们叛教的消息流传，他们就想通过定别人的罪使自己摆脱嫌疑。所以，当全非洲的人都说背叛者已经在迦太基被定罪了——因为他们信了他们的主教对无辜者的虚假指控——那真正的背叛者就可以躲在虚假流言的云层里（安然无恙）。因此亲爱的朋友，你们看看，你方有些人说不可能的事却真实地发生了，即那些承认犯有叛教罪却得以免除审判的人，随后坐在审判席上起诉那些甚至未到场为自己辩护的人犯有叛教罪。更有甚者，他们由此逮到一个机会，使他们能够通过诬告抹黑别人，并由此使那些原本可能追究他们自己罪行的人把矛头转向别人。否则，如果没有人能把自己所犯的罪硬判给另一人，使徒保罗就不会对某些人说："你这论断人的，无论你是谁，也无可推诿。你在什么事上论断人，就在什么事上定自己的罪。"① 使徒的话入木三分，正是这些人的写照。

审判缺席方是不义行为

3.11. 因此，当塞昆都斯赦免他们的罪，将其留给上帝审判，他的行为就不是出于和平与统一的考虑；否则，他应该在迦太基采取措施阻止教派分裂，因为当时还没有出现有叛教记录的人，需要他（像后来那样）不得不赦免其自己都承认的罪。另外，为保护和平不受破坏，拒绝对缺席的被告作出有罪判决，这应该是世上最容易的事了。因此，即使他们决定"宽恕"这些人——因为没有他们的罪证，他们也不曾认罪，甚至根本未曾到庭——他们仍是在做对无辜者不义的

---

① 《罗马书》二章 1 节。

事。一个人若接受宽恕，那就说明他的罪是无可置疑的。所以，那些以为自己可以对甚至不可能宽恕的行为——因为根本不知是何行为——判定为罪行的人，真的是何等残忍，何等盲目！一者，已知的行为得到宽恕，以阻止调查其他问题；另一者，未经证实的行为被定罪，以掩盖另一些人的罪行。有人会说："他们肯定是知道的。"如果我承认这一点，即使如此，我仍然认为缺席者的权利应受保障。他们既然从不曾到庭受审，就不能说逃离审判。这些非洲主教也并不代表整个教会，所以也不能认为，拒绝接受他们的判决就是试图拒绝整个教会的审判。显然还有不少海外的同事，他们既然不信任非洲或努米底亚的同僚，那可以把案子提交海外的主教来调查审理。圣经岂不是有命令说："未有调查之前，不可指责任何人；即使作了调查之后，也要公正地谴责"① 既然圣灵不希望任何人未经调查就被归咎或受指责，那么当有人没有出庭，无法对所提出的指控作任何答辩就被彻底定罪，而不只是归咎或指责，这样的行为岂不是更大的罪恶?!

阿普吞加的弗利克斯被非法定罪

3.12. 然而，尽管被告方从未出庭——但并非意味着他们逃避审判——而且他们一直宣称不信任那个分裂教派，那些人②仍然说，他们是对已知的确凿指控作出了宣判。那么，我要请问你们，我的弟兄们，他们是如何知道指控是确凿的？你们回答："我们不知道，因为档案里没有记录任何证据。"让我来告诉你们他们是如何知道的。看看阿普吞加的弗利克斯的案子吧。首先读读他们是如何穷追不舍地拷问他。他们用何种方式收集其他案子的信息，也用同样的方式知道他的案子。后来，经过一番深挖细究和恐怖盘查，他被证明完全清白！

---

① 《便西拉智训》十一章 7 节（中译者据英文和拉丁文直译——中译者注）。
② 举行第一次迦太基会议的多纳图派。

既然他们如此猛烈抨击的人，尚且被证明是清白的，那么对于那些他们并未如此严厉谴责的人，我们岂不更有理由欣然认定是无辜的?!

教会讼案极少提交世俗法庭审理

4.13. 或许就如有人所说——诚然此话冒犯你们中的某些人，但我不能不说——有人确实这么说过:"一名主教,不应该由某个总督的判决免除。"① 似乎是主教自己要求这样的审理,而不是皇帝下令调查的——因为案情与皇帝关系密切,他要在上帝面前对此负责！事实上,是他们②使皇帝成为一个关于叛教和教会分裂的案子的裁决者和审判者；他们向他发出请求书,后来又上诉到他面前；然而他们拒绝接受他的判决。因此,若说有人因世俗法官赦免他的罪——尽管他本人并没有要求这样的恩惠——而必须受到指责,那么他们这些主动请求一个世俗统治者来论断他们案子的人,岂不是更应受到谴责！反过来,如果上诉于皇帝并不是罪过,那么由皇帝审理也没有罪过,因此,由皇帝的代表审理也无罪过。在弗利克斯主教的案子中,那位朋友③甚至想刑讯逼供,把一名证人吊挂在拉肢刑具上,还想用铁钩撕裂另一名证人。④ 当调查者搜寻指控弗利克斯的信息时,他能反对这样的盘问和残忍调查吗? 反对调查就会被认为自认有罪。然而,这位总督本人,包括他手下那些发出可怕传唤的传令官以及双手沾满鲜血的刽子手,应该不会对他的某个同僚——若有另外的地方可以审理,就拒不接受他的审判——作出缺席定罪审判；如果他真的作出有罪判决,那根据世俗法律他自己必定受到公正而应有的惩罚。

---

① 这话指责的要点在于,一个关于主教的案子不应该提交给民事法庭,只能提交给教会法庭审理。如果他起诉到民事机构,那他就贬损了教会法庭的威信。
② 多纳图派。
③ 很可能指多纳图,一种讯讽提法。
④ 罗马法律的标准程序之一,用酷刑盘问不可靠的证人。很显然,这位基督徒皇帝还没有把这个程序废除。

多纳图派一贯的行为方式

5.14. 如果总督的记录档案你们觉得不满意，那再看看教会的记录吧。所有这些都按顺序读给你们听过。或许你们会说，对于这样一个已经由非洲七十主教在提基西斯大主教主持下结案的案子，罗马教会的主教梅尔奇亚德及其海外的主教同仁，是否不应有权力审理？如果他有权力审理，那怎样呢？因为皇帝接到上诉请求后，派出主教与他同坐法官席，就有权对整个案件作出在他们看来公正的决定。我们通过多纳图主义者的请求书和皇帝本人的记录来证明这一点。你们应该记得，这两份文件都在你们面前读了，现在你们可以自行考察和抄录这些记录。认真读读，仔细想想吧。看看吧，为了维护或恢复和平与统一，所有细节都如此精心而细致地一一讨论；如何调查被告的合法身份，他们中的一些人又是如何受到侮辱；那些出场者的见证如何清楚地表明，他们（指控者）没有任何指控凯西利阿努斯的证据。于是，他们想要把整个案子转移到马约里努斯派的人——就是一群狂暴不安、敌视教会和平的人——手上，目的就是，使凯西利阿努斯受到这群暴民指控；他们以为，不需要任何文件证据，不调查任何案情真相，仅凭那群暴民的胡吼乱叫，就能使法官的意见倒向他们这边。除非，这样一群狂暴的，沉迷于谬误和邪恶之杯的人，有可能对凯西利阿努斯提出真正的指控，而七十名主教可以如此草率而毫无理性地对未到庭的无辜同事作出定罪判决！阿普吞加的弗利克斯的案子就是这样的例子！当初他们对无辜者未经调查就直接审判，这与暴民有何不同；现在他们又希望这样一群暴民来指控凯西利阿努斯，方法与他们自己使用的如出一辙！但是他们显然没有找到这样的法官，能接受这种荒唐行径的人！

书信 43：奥古斯丁致格罗里乌斯等（396 年末或 397 年初）

多纳图在审判中的悖逆

5.15. 你们凭着自己的审慎，既可以看出他们的悖逆，也可以看到法官们的持重，直至最后也没有被说服允许马约里努斯派的暴民来指控凯西利阿努斯，这些暴民在本案中完全没有合法身份。你们也会注意到，本案中与他们一起来自非洲的原告、证人或者任何相关者，是如何被要求一一带来；报告如何说他们都已经到场，但又被多纳图撤回。这个多纳图曾许诺一定会让他们出场，但许诺之后——这样的许诺不是一次两次，而是很多次了——又再次拒绝出庭——他已经在庭上承认了这么多，所以他不愿意到场让人觉得他是心里害怕，担心自己一旦出庭，就会被定罪。然而，经过调查和当面对质，定他罪的那些事实已经澄清。还有一个事实是，某个派别提供了一份诽谤凯西利阿努斯的小册子。至于司法调查如何重新展开，上交小册子的究竟是何许人，对凯西利阿努斯的指控如何显示都是诬告，这些还需要我说吗？你们全都已经听到，也可以读到记录，想读多久就读多久。

梅尔奇亚德的判决公正而完美

6.17. 关于［审判凯西利阿努斯的大会有］七十名主教这个数字，当他们的所谓的至尊权威受到质疑时，你们记得说了什么吧。然而，这些德高望重的人决定不去大肆调查无休无止的问题，避免陷入某种无法解开的链条之中；当他们看到这些主教竟然如此草率如此盲目，不作任何调查就胆敢贸然对未到庭的同事宣告判决，就根本不关心他们的人数究竟有多少，他们又从哪里聚合起来。然后，有福的梅尔奇亚德作出了怎样的最终判决！多么公正，多么完美，多么富有远见，多么有利于和平！一方面，对于那些并无确凿罪证的同仁，他没有贸然逐出他的主教羊群；另一方面，他发现多纳图才是整个纷乱事件的原因所在，所以对他作出重点谴责，而对其他人，他给予充足的

227

机会使其恢复灵性健康；他甚至预备给那些得到马约里努斯公开任命的人发出教会通传信函，规定：不论哪里出现两位主教——因为纷争导致两个职位——他都会确认最先被任命的那一位；至于另一个，会找到新的会众让他来管理。多么了不起的人！基督徒和平之子，基督徒百姓之父！现在可以将这个小小团队①与他们那个人数庞大的主教大队作个比较，不是比数量，而是比力量：这边是合理，那边是草率；这边是警醒，那边是昏盲；这边，仁慈无损公正，公正也不失怜悯；那边，狂怒后面隐藏着恐惧，恐惧又引发狂怒；这边的人聚在一起是为了揭示真相，以消除诬告；那边的人聚在一起却是提出诬告，以掩盖真相。

多纳图派被卢西拉的金钱败坏

6.17. 既然凯西利阿努斯可以有这样的法官，如果由他们来审理，他可以轻而易举地自证清白，他还会愿意将自己的案子交给那些人去审理和判决吗？他根本不会信任他们，即使他是一个外来人，最近才被任命为迦太基教会的主教，从而并不知道有个名叫卢西拉（Lucilla）的富婆②有怎样的力量，败坏无知者或幼稚者的心灵，他也不会把自己交在他们之手。更何况他在任执事时，曾动用教会法纪指责过她，从而冒犯了她。这个祸事也是导致不公正审判的一个诱因。因为在那个公认的背叛者对缺席的清白者定罪审判的大会上，就有那么几个人企图通过指控别人而掩盖自己的恶行，通过不实报告转移人们的视线，不再追究真相。因此，真正与此事有关的人并不多，但这些人因拉拢塞昆都斯，拥有更大的权力，后者迫于他们的恐吓，赦免了他们的罪。而其他人据说已经被卢西拉的钱买通，因而如此卖力地

---

① 教宗加海外主教。
② 一个富婆，马约里努斯属于她的"家"。她因坚持亲吻某个身份未经证实的"殉道士"的遗物而受到凯西利阿努斯指责。

指控凯西利阿努斯。我们可以找到执政官芝诺菲卢斯（Zenophilus）的审理程序备忘录，根据该备忘录，有个叫努底那里乌斯（Nundinarius）①的执事——已经被他的主教西尔塔的西尔瓦努斯（Silvanus of Cirta）免职，这也是我们从该记录中得知的——企图凭借其他主教的书信来获得这个团体的接纳，但没有得逞，恼怒之下就揭露了许多内幕，并把它们呈现于公共法庭。除了很多细节外，他还讲到一件事，即非洲的首府迦太基教会里的某些主教，收受了卢西拉的钱财，就筑起了这样的坛来对抗圣坛。我知道我们没有把这些备忘录读给你们听，但你们记得那是因为当时没有时间了。另外还有因骄傲而引发的嫉恨，因为迦太基的主教不是由他们任命的。

凯西利阿努斯为何对多纳图派的审判不满

6.18. 当凯西利阿努斯认识到，出于所有这些原因，他们不是作为真正的法官，而是作为收受贿赂的仇敌聚在一起时，他怎么可能还愿意羊入虎口，他的牧群又怎么可能允许他离开自己的教会，进入一个私宅，不是去接受负责同仁的认真调查，而是被一小撮暴徒和一个仇恨女人宰杀？更何况他看到有一个海外教会与个人仇恨无关，也不偏向于任何一方，乐意为他提供一次公正而彻底的调查呢。如果他的对手不愿意在那里提起诉讼，那他们就会切断自己与整个清白世界的联系；如果他们企图在那里指控他，他就会出庭，捍卫自己的清白，揭露他们的阴谋。后来，当他们要求海外审判时——太迟了，因为他们已经犯有分裂罪，已经沾染可怕的罪名，即立另一个坛——他就是这样做的，如你们所知道的。如果他们的指控有哪怕一点真实性，他们一开始就应该这么做，然而他们的策略是，随着时间的推移，虚假流言被信以为真，古老故事被认为理所当然，此时他们才愿意提交审

---

① 这个词还有通用的形容词含义，即与市日或公共节日相关的。

判；或者更有可能的是，如果凯西利阿努斯一开始就被定罪，如他们所愿，他们就可以依靠人数众多的优势，安然无恙。但是他们绝不敢将如此恶劣的案子提交到其他任何地方，因为到了没有行贿机会的地方，真相就会大白于天下。

整个教会与凯西利阿努斯联合

7. 19. 当他们从事实本身发现，全世界的教会一如既往地与凯西利阿努斯联合，海外教会还把通传信函发送给他，而不是发给他们错误任命的那个人，他们对自己始终保持沉默感到羞耻，因为完全可能有人对他们提出这样的质问：他们为何能忍受一个教会瞒着那么多国家，与有罪之人联合；他们为何自我孤立，不与世界上其他清白的教会来往，同时对于他们所任命的那个迦太基主教不被世界其他教会承认这一点保持沉默？于是，就如备忘录所记载的，他们选择将他们指控凯西利阿努斯的案子提交海外教会审理，预备接受两种可能发生的任何一种结果：如果他们能够通过某种诡计使诬告得逞，那他们就志得意满了；如果不能，那就坚持他们原先的顽梗，只不过现在似乎有了某种借口，他们会说自己遭受了不公正的审判——这几乎成了所有不诚实诉讼人的借口，而事实上，他们是被确凿无疑的真理打败的——似乎不能对他们说，而且是最公正地说："好吧，我们暂且假定那些在罗马审案的法官不是好法官；那还可以召开一次全教会的普世大会，让这些法官自己来辩护，如果可以证明法官们的决定是错误的，那就废除他们的判决。"那他们有没有要求召开这样的大会呢？让他们自己来说吧；我们可以轻易证明他们没有这样做，因为事实上整个教会都没有与他们有任何联系；即使做了，他们肯定在那里被击败，因为他们与教会的分离状态就是明证。

阿尔勒会议

7.20. 他们后来的所作所为，从皇帝的信函可以清楚表明。他们不是向其他主教，而是向皇帝本人提出大胆指控，说教会法官——就是那些德高望重的教会主教，通过他们的审理判定凯西利阿努斯无罪，同时把指控者自己的邪恶公之于众——判决错误。皇帝准许他们在阿尔勒由其他主教主持二次审理，不是因为这是他们应得的，而是对他们固执己见的一种妥协，也希望尽一切方法对他们这种极端的厚颜无耻有所约束。然而，作为一个基督徒皇帝，他不敢维护他们目无法纪又毫无根据的指控，所以没有允许他们在罗马的主教法庭审判，而是如我所说，指定了其他主教来审理。但即便如此，他们而后选择再次上诉于皇帝本人。你们已经听说，在这件事上他是如何厌弃他们；真希望他能通过判决终结他们这种毫无意义的争权夺利！于是他再次向他们妥协，在主教们作出审判之后，又同意审理他们的案子（打算以后再为此向圣主教长致歉），看看他们还有什么可说的，如果他们不服从他的判决——这可是他们自己要求的——最后他们无论如何总得服从真理吧。于是，他下令双方都来到罗马在他面前论辩。不过，凯西利阿努斯不知出于什么原因，并没有前往。经他们要求，皇帝指示所有人跟随他到米兰。当时，他们中有些人开始退缩，或许因为康士坦丁没有采纳他们的做法——对不到场的凯西利阿努斯当下作出定罪判决——而恼怒。谨慎的皇帝得知这一点后，就让卫兵出面迫使他们其余人都来到米兰。当凯西利阿努斯也到达米兰之后，如他所写的，他让他也出庭，然后开始审理案子，经过认真、仔细、审慎地调查，如他的书信所指明的，他宣判凯西利阿努斯清白无罪，而那些指控他的人卑鄙无耻。

多纳图派没有停止诽谤大公教会

8.21. 他们至今仍在教会外施行洗礼，如果可能，还对教会成员施行二次洗礼；他们在分裂和纷争中献祭，以和平之名接纳人，又把这些人隔断在救赎的平安之外。基督的合一被撕裂，基督的产业被亵渎，基督的洗礼被嘲笑；他们拒绝通过属人的权威机构使用暂时的惩罚措施改正自己的罪恶，免得他们因那些严重的渎神行为遭受应受的永恒责罚。我们谴责他们狂热的宗教分裂，愚蠢的二次洗礼，与已经传播到世界各民各族的基督的产业隔绝的罪行。他们如今所念的教会的名字，不仅可以从我们的典籍读到，他们使用的文献中也有，但他们没有与这些教会合一。当在他们的聚会地方念到这些名字时，他们会对读者说："平安与你同在！"但他们却不与接受这些书信的人分享平安。他们还指责我们对死去的人定罪，这种指责毫无根据，即便真有此事，也不影响我们对他们的指责。他们没有认识到，我们指责他们的那些事，他们全都深陷其中，而他们指责我们的那些事，就如同主的收成里的谷糠或稗子①，应当责备，但他们不明白，这责备并非针对好谷子，因为我们中间那些以恶人之恶为乐的人，只能与恶人为伍；而那些厌恶之但还不能纠正他们的人，不敢在收割前把稗子拔掉，"恐怕薅稗子，连麦子也拔出来"②，这些人虽然也与他们为伍，但不是在行为上，而是在基督的坛上。所以这些人不仅没有被他们玷污，而且根据上帝的话应该得到赞美和称颂，因为为了防止基督的名被可怕的分裂行为亵渎，他们忍受他们所憎恨的东西——为了正义，他们憎恨之；为了合一，他们忍受之。

---

① 参见《马太福音》十三章 24—30 节。
② 《马太福音》十三章 30 节。

多纳图派指责大公教会的旧恶

8.22. "圣灵向众教会所说的话,凡有耳的,就应当听。"① 因而我们在约翰的《启示录》里读到:"写信给以弗所教会的使者说,那右手拿着七星,在七个金灯台中间行走的说:我知道你行为、劳碌、忍耐,也知道你不能容忍恶人,你也曾试验那自称为使徒却不是使徒的,看出他们是假的来。你也能忍耐,曾为我的名劳苦,并不乏倦。"② 如果他这里的"使者"应该理解为天上的使者,那他就不会接着说:"然而,有一件事我要责备你,就是你把起初的爱心离弃了。所以应当回想你是从哪里坠落的,并要悔改,行起初所行的事。你若不悔改,我就临到你那里,把你的灯台从原处挪去。"③ 这样的话不可能是对天上的使者说的,因为他们永远保持着爱心,而魔鬼及其使者则从那里离开并坠落了。④ 他之所以说到最初的爱心,是因为他们为基督之名忍受了假使徒,他命令他要重新寻求这最初的爱心,行最初所行的事。如今我们因恶人的罪行受到责备,但不是我们自己的行为,而是别人的行为;有些事甚至我们都不知道。然而,即使我们看见这些坏事是真实的,确实存在,我们也当为合一而忍受它们,因麦子的缘故而放过稗子。任何以开放之心聆听圣经的人都会说,我们不仅不应受到指责,甚至还配得不小的赞美。

圣经教导要忍受教会里的恶人

8.23. 亚伦忍受百姓强求、制造并崇拜偶像⑤;摩西忍受他们中

---

① 参见《启示录》二章 7 节。
② 《启示录》二章 1—3 节。
③ 《启示录》二章 4—5 节。
④ 参见《马太福音》二十五章 41 节;《启示录》十二章 9 节。
⑤ 参见《出埃及记》三十二章 1—6 节。

成千上万的人抱怨上帝，如此频繁地冒犯上帝的圣名①；大卫忍受迫害他的扫罗，甚至当扫罗因其恶行抛弃天上的目标，通过魔法邪术追寻阴间的事物时，还为他的死复仇，称他为主的受膏者，因为他受过虔敬的油膏仪式。②撒母耳忍受以利的邪恶儿子，又忍受他自己的败坏儿子，这些人百姓都无法忍受，因而受到神圣真理指控或者神圣怒火教训；最后他忍受整个民族本身，尽管它骄傲地拒斥上帝。③ 以赛亚忍受那些他提出如此多真实指控的人；耶利米亚忍受那些使他遭受诸多苦难的人；撒迦利亚忍受法利赛人和文士，圣经见证当时这些人都是怎样的人。我知道我略过了很多例子。让他们中有愿意有能力的，自己去读读属天的话语，他们就会发现，所有圣徒，作为上帝的仆人和朋友，都容忍他们自己同胞中那些加害他们的人；当他们与那些人分享当时的宗教仪式时，他们不仅没有被玷污，反而因这种维护和保守配受赞美，如使徒所说："竭力保守圣灵所赐合而为一的心。"④ 让他们注意主到来之后的时代，关于这类容忍的例子，如果有可能把它们一一记下，为它们作证的话，我们会发现普天下这样的例子真是多了去了。然而，只要看看已记载的那些例子就够：主本人容忍犹大这个魔鬼、小偷，出卖他的人⑤；他允许犹大与其他清白的使徒一起领受圣餐，我们信徒都知道那是我们的赎金⑥；众使徒容忍假使徒⑦，就是那些"都求自己的事，并不求耶稣基督的事"⑧的人；

---

① 参见《出埃及记》十四章11节；十五章24节；十六章2，8节；十七章2，3节；《民数记》十四章2，3节；十六章2，3节。
② 《撒母耳记上》十八章10—24节；二十六章1—12节；二十八章7—14节；《撒母耳记下》一章116节。
③ 《撒母耳记上》二章12—26节；八章1—22节。
④ 《以弗所书》四章3节。
⑤ 参见《约翰福音》十二章4—6节；《马太福音》十四章至十六章。
⑥ 犹大在最后的晚餐领受了基督的身体和血，就是信徒在圣餐中所领受的。
⑦ 参见《哥林多后书》十一章13节。
⑧ 参见《腓立比书》二章21节。

保罗不求他自己的事，只求耶稣基督的事，以了不起的忍耐对待他们。最后，如我稍前所提到的，以使者之名管理教会的一名主教，受到圣道的称颂，因为他虽然憎恨那些作恶者，但以主的名忍受他们，甚至在他们受试探并被发现之后。

西尔库塞利奥的可恶暴行

8.24. 最后，让他们扪心自问一下：他们是否容忍西尔库塞利奥①的屠杀、焚烧行为，容忍其崇拜自毁者的尸体，容忍整个非洲在奥普泰图斯（Optatus）②的不可思议的残暴下呻吟多年？我且忍住不具体列举哪些地区、城市和庄园的独裁权力和公共盗窃，这些由你们自己来说会更好，私下说也好，公开说也好，随你们的便。因为不论你们把眼睛转向哪里，都会看见我所说的，或者毋宁说看见我忍住没说的。我们并不是要据此指控那些你们喜爱其行为的人；使我们反感的不是他们忍受恶者，而是他们分裂教会，他们筑自己的坛来反对圣坛，他们离开基督的产业——这产业已经传播到整个世界，如久远之前所应许的③——因而他们是无法容忍的恶人。我们痛心哀叹和平被破坏，合一性遭撕裂，洗礼被重复，圣礼被玩弄，这些事物都是神圣的，即使对被弃绝的人也如此。如果他们轻视这些事，就让他们看看那些表明上帝如何看重这些事的例子：那些造了偶像的，被刀剑杀死④，那些试图创立分裂宗教的，领头人被裂开的地面吞噬，与他们同流合污的百姓被火烧死。⑤ 罪罚相当，不同的惩罚揭示了不同的罪恶。

---

① 参见书信 23 第 84 页注释 2。
② 多纳图派的塔姆迦达（Thamugada）主教。
③ 参见《诗篇》二篇 8 节。
④ 参见《出埃及记》三十二章 1—28 节。
⑤ 参见《民数记》十六章 1—35 节；41—49 节。

攻击基督基业的人不属于上帝之家

9.25. 因此以下这些都是事实：逼迫时期圣书被背叛（上交给逼迫者）；背叛者认罪，却得赦免，不受审判；清白者被肆无忌惮的人未经调查直接定罪；在所有被缺席审判的人中，有一人受到的指控比其他人更严重，但后来被特定的法官判定无罪；然后有主教们主持的审判，然后又有向皇帝提出的上诉；皇帝被定为法官后，皇帝的判决又遭拒斥。当时发生的事，你们都已经读过；现在正在发生的事，你们有眼可以看到。如果你们对所读到的以前发生的事还有什么疑惑，那么看看眼前这些正在发生的事，也就可以解惑了。无论如何，我们现在不要再争论古代的文件、公共的档案或者法庭的记录、教会的备忘录等，我们有一部更伟大的书，就是世界本身。我在这本书里读到，我在上帝的圣书里读到的应许已经成全："耶和华曾对我说，你是我的儿子，我今日生你。你求我，我就将列国赐你为基业，将地极赐你为田产。"① 凡是不分有这份基业的，得让他明白，不论他有什么样的书卷，他已被剥夺继承权；凡是攻击这份基业的，最清楚不过地表明，他不是上帝家里的一分子。那么，这里就有一个问题，交出应许这基业的圣书的人该当何罪。因此，人若违背立约者的意愿引起纷争的，就可以认为他把约书焚之于火了。多纳图派啊，哥林多教会对你们做过什么，它反对过你们什么？不只是哥林多教会，同样的问题适用于所有类似的教会，不论它离你们如何遥远。那些教会根本不可能知道你们做了什么或者你们诽谤了什么样的人，它们对你们做过什么呢？难道是因为凯西利阿努斯在非洲冒犯了卢西拉（Lucillam），使得世界失去了基督之光（Lucem）？②

---

① 《诗篇》二篇7—8节。
② 拉丁文在这里有个双关语，一个是人名 Lucillam，一个是光 Lucem。

卢西拉煽动的多纳图派会议

9.26. 让他们最终认识到自己做了什么；因为随着时间的推移，他们的作为已经报应在他们自己身上。问问马克西米亚努斯（Maximianus）[①]——据说是多纳图的一个亲戚——是因哪个女人唆使，与普里米亚努斯（Primianus）分裂[②]，又如何聚集一帮分裂的主教，缺席判决普里米亚努斯有罪，自任主教，取而代之；正如马约里努斯在卢西拉的怂恿下，聚集一帮持异见的主教，缺席审判凯西利阿努斯有罪，自己担任主教与他抗衡。或者你们愿意承认普里米亚努斯被他非洲教会里其他反对马克西米努斯教派的主教判定无罪，却不愿意承认凯西利阿努斯被与教会合一反对马约里努斯教派的海外主教们证明了清白？我的弟兄们啊，请问我是在祈求什么大恩惠吗？我是在请求你们理解很难的事吗？诚然，非洲教会与其他地方的教会相比，差别很大，不论是在影响力上还是在数量上，都相差悬殊，无法相提并论；即使它保持合一性，它与其他国家的普世教会相比，也小很多，比马克西米亚努斯派与普里米亚努斯派之间的差异大多了。然而，我要求的只有一点——我认为这是正当的要求——请你们对这两个主教会议等量齐观，一个是提基西斯的塞昆都斯的主教会议——这

[①] 迦太基的多纳图派教会的一名执事。
[②] 多纳图派与其他分裂教派一样，在其内部又有分裂。普里米亚努斯原是迦太基多纳图派主教，他把执事马克西米亚努斯逐出了教派，后者就在一次主教大会上取得了一百名主教的支持，罢免了普里米亚努斯。然后马克西米亚努斯被祝圣成为主教，取而代之；又下令通过严厉的刑罚迫使所有普里米亚努斯派的人放弃他们的主教，归服于他。然而，普里米亚努斯联合了自己这边的310名主教，以其人之道还治其人之身，以同样的手段对付马克西米亚努斯及其党徒。马克西米亚努斯的教会被夷为平地，其宗派的成员受到严酷迫害。普里米亚努斯派原本有个原则，要求所有回归马克西米亚努斯派成员接受二次洗礼，但是他们没有遵守这个原则，因为没有要求马克西米亚努斯的两位神职人员阿苏尔的普莱泰克斯塔图斯（Praetextatus of Assur）和穆斯迪的弗利西安（Felician of Musti）二次洗礼，他们断然拒绝被普里米亚努斯派赶出自己的教会，并且要求按其自己的条件恢复原职。奥古斯丁在后来的书信里利用这种不一致来反驳他们。

是卢西拉煽动组建的会议，为反对未出庭的凯西利阿努斯，反对使徒教会（罗马教会）以及支持凯西利阿努斯的整个世界；另一个是马克西米亚努斯的主教会议，这同样是某个女人煽动组建的，为反对未到庭的普里米亚努斯以及站在他一边的其他非洲信众。还有比这更明显的意思吗？还有比这更合理的要求吗？

谁也不能从地上毁去上帝的教会

9.27. 你们看到这一切，你们得知这一切，你们为这一切悲泣；但是，如果为了获得属灵的王国，你们能克服属世的诱惑，如果为了避免永罚，你们不惧冒犯人世的友谊——那些东西在上帝的审判中对你们毫无益处——那么上帝在上，还有什么迫使你们滞留于有害而渎神的教派分裂状态呢？那就去共同协商吧，看看他们能如何回答我们的这些论据。如果他们拿出他们的文件，我们就拿出我们的文件；如果他们说我们的文件是伪造的，那我们也说他们的文件是假冒的，他们不能为此恼怒。谁也不可能从天上删去上帝的训令；谁也不可能从地上毁去上帝的教会。他应许了整个大地：她满了整个大地，她既包括好的也包括坏的；但她在地上失去的只有坏人，能进入天国的只有好人。这就是我们藉着上帝的恩赐要对你们说的话；他知道我们说这话，是出于对和平的爱，对你们的爱；是为了你们得纠正，如果你们愿意；也为了作见证，不论你们愿不愿意。

书信44：奥古斯丁致埃莱厄西乌斯等
(397年末或398年初)

奥古斯丁谈到与多纳图派主教福尔图尼乌斯开始讨论关于教会合一的问题，讨论现场混乱而喧闹（n. 1 – 7）。然后辩驳大公教会被指责的某项罪过，又谈到西尔库塞利奥的杀戮行径（n. 8 – 9），谈到犹大的洗礼和共餐，谈到逼迫和二次洗礼（n. 10 – 12）最后谈到要实现合一性问题的讨论取得成效需要什么条件，希望随后的会议能在安静的环境里把已经愉快开启的讨论圆满完成（n. 13 – 14）。

奥古斯丁问候各位尊敬的大人、可嘉的弟兄埃莱厄西乌斯（Eleusius）、格罗里乌斯（Glorius）以及两位弗利克斯（Felixes）：

与福尔图尼乌斯的讨论现场有点混乱

1.1. 我们最近去西尔塔（Cirta）① 教会的路上途经图布西昆（Tubursicum）②，虽然时间紧迫，还是短暂拜访了你们在那城的主教福尔图尼乌斯（Fortunius）。我们发现他与你们平时对他极为善意的描述完全吻合。我们给他送话，说你们曾与我们谈到他，希望能见见他，他没有拒绝。于是我们前去见他，因为考虑到他的年龄，理应我

---

① 努米底亚的一个大型城镇。
② 努米底亚的一个城镇。

们去拜访，而不是要求他先来见我们。我们有相当多的人一起出行，因为当时正好有个机会①大家都聚在一起。但是由于消息传播开来，当我们与福尔图尼乌斯一起就座之后，周围又聚集起一个相当规模的人群。不过，在整个人群中，恐怕只有极少数人希望切实有效地讨论问题，并且慎重而敬虔地讨论一个如此重大的问题。大多数人跑过来，就如同去戏院一样，不过是看看我们之间争吵这出戏如何表演，而不是怀着基督徒的真挚热切之心接受一次关于救赎的教导。因此，他们既没有在我们讨论时保持沉默，也不可能专注地或者有礼有节或者有理有序地与我们讨论问题；只有一小部分人除外，如我所说，他们显然对问题有虔敬和真诚的兴趣。结果可想而知，一切都混乱不堪，每个人都按自己的意向随意说话，毫无约束，无论是他还是我们，都无法控制局面，无论是恳求还是谴责，都没能让人们保持应有的安静。

多纳图派不愿意速记员记录文字

1.2. 尽管如此，我们还是开始了对问题的讨论，双方尽可能在喧嚣的间隙抓住机会轮流发言，一直争论了好几个小时。但在讨论刚开始时，我发现我们所说的话很容易从记忆滑过，我们没记住，那些我特别关心其救赎问题的人也没记住；同时为了使我们对问题的争论能更加谨慎更加克制，也使不在现场的你们以及其他弟兄能通过文字记录了解我们之间的讨论解决了什么问题，我们要求让速记员记下我们的话。这个要求受到福尔图尼乌斯和他的人长时间抵触，不过最后他总算妥协了。然而，当时在场并能够速记的记录员出于某种不明原因，不愿意作记录。我只好提议让我们这边几位弟兄来作记录，虽然他们并不特别擅长这个工作，而且我答应把记录的副本留下来。他们

---

① 他去西尔塔任命一位主教。

那边同意了。于是我们几位弟兄开始记录我们一方的话，也记下了对方的一些话，还有双方谈到的一些其他事也记录下来。后来，由于争论不断被混乱的叫喊声打断，我方也无法保持冷静的论辩，记录员忍无可忍，只好停笔不记。然而，我们的争论并没有停止，双方只要抓住机会，就继续说，说了很多。我不愿意剥夺各位阁下对问题的整个讨论的知情权，至少我要尽我所能回忆我所说的所有话。你们可以把我的信读给福尔图尼乌斯听，这样他也会承认我所写的是真实的，或者如果他的记忆比我好，他自己会直接告诉你们真实情形。

何谓真正的基督教会

2.3. 首先，他很客气地称赞我们的生活方式，他说他是从你们的描述中听说的——或许更多的是出于礼貌，而并非事实——又说，他曾告诉你们，你们告诉他的关于我的一切事，如果我在教会内部做，我完全可能已经很好地完成。于是我就问他，在哪一种教会里一个人可以这样生活，是如圣经久远前所预告的，传播到整个世界的教会呢，还是只限于某个非洲人组成的小派别或非洲的一小部分的教会？对此，他先是试图声称他的派别是包括世界范围的。我就问，他是否可以把通传信函（epistolas communicatorias）——我们称为规范信函（Formata）——发给我所选择的任何地方；我明确指出，显而易见，这样问题就可以非常简单地解决。如果他同意，我准备把这样的信发给那些我们双方都知道的，在使徒时期基于使徒的权威建立的教会。

究竟谁是逼迫者和背叛者

2.4. 但是因为他的声称显然是没有依据的，所以他以一堆含糊的话迅速转移话题。在这一堆话中，他提到福音书里主告诫的话："要防备假先知，他们到你们这里来，外面披着羊皮，里面却是残暴的狼。凭着他们的果子，就可以认出他们来。"① 然后我说我们也可引这同样的话用于他们，于是他转而夸张地大谈他的教派经常遭受的逼迫，希望由此表明他教派的人是基督徒，因为他们遭受了逼迫。当我准备用福音书里的其他话来反驳他这些话时，他抢先拿起经文，引用主的话："为义受逼迫的人有福了，因为天国是他们的。"② 很高兴他能引这段经文，我马上插话提出异议说，所以必须考察的问题是，他们是否为义的缘故受逼迫。我希望提出这个问题讨论——虽然每个人都很清楚——他们在马卡里乌斯（Macarius）时代受到逼迫时，是否还与教会保持合一，或者甚至那时他们就因分裂从教会独立出去了。因为凡是想要知道他们是否为义受逼迫的人，都更应注意这个问题之前的问题，即他们将自己从普世教会的统一中分离出去是否正当。如果他们的行为不是正当的，那么显然，他们不是为义，而是因不义而受逼迫，因而他们不可能属于有福之人，就是经上所说的"为义受逼迫的人有福了"。然后提到背叛《圣经》的问题，这个问题更多的基于传闻，而不是真相。我们这边回答说，背叛的是他们的首领，而非我们的首领；但是如果他们不愿意相信我们支持这个观点的文件，他们也没有权利强迫我们接受他们提出的证据。

多纳图派不在与海外教会的联合之中

3.5. 当那个仍有疑惑的问题被放置一边之后，我又问，他们脱离纯洁清白的基督徒主体——它是在最古老的教会里被组织起来的，保证在全世界有序传承——却完全不知道在非洲谁是背叛者，因为这些人只与那些他们知道占据主教之职的人交往，这怎么能说他们是正当的呢？他回答说，海外国家的教会之前一直保持纯洁清白，但是到

---

① 参见《马太福音》七章15—16节。
② 《马太福音》五章10节。

了他所谓的马卡里乌斯①逼迫时代，它们沾染了流血之罪。我完全可以反驳说，海外教会的纯洁性几乎不可能被马卡里乌斯时代的恶名所败坏，因为没有任何证据证明它们对所发生的事有任何责任，但是为节省时间，我更愿意探讨这个问题：如果海外教会从它们赞同马卡里乌斯的残暴时起丧失了纯洁性，那是否至少可以证明，多纳图派在那之前一直与东方教会以及世界上的其他教会保持着合一性呢？

没有理由诉诸萨迪卡会议

3.6. 然后他拿出一本小册子想要向我指出，萨迪卡（Sardica）大公会议曾发信函给多纳图派的非洲主教。当他大声读信时，我听到收信的主教名单中有多纳图的名字，于是我们开始求证信息：他是否就是那个以名字命名其宗派的多纳图；因为也有可能是写给另外一个多纳图，即另外一个异端派别的主教，考虑到在那些名字中没有提到非洲，这种可能性还是很大的。既然他甚至不能证明所提到的信函是专门发给非洲教会的主教的，他又如何能证明多纳图派的主教多纳图就是信中那个名字所指的人？虽然多纳图是常用的非洲名字，但是无论是设想在世界的另外地方有个人取了这个非洲名字，或者设想某个非洲人在那里被确立为主教，都并非不可能。此外，我们发现在那个记录本里既没有注明日期，也没有执政官名字，我们无法推定任何确切时间。当然，不久前我们听说，当阿里乌派（Arians）脱离大公教会后，他们试图联系非洲的多纳图派与他们联合——这是阿利比乌斯弟兄私下告诉我的。然后我拿起那本小册子，检查那次会议的程序，我读到亚里山大里亚的大公教会主教阿塔那修（Athanasius）——他与阿里乌派的激烈争论已经达到水火不相容的地步——和朱利乌斯

---

① 马卡里乌斯由康斯坦士（Constans）皇帝于348年派去非洲，奉劝所有人珍惜大公教会的合一性，同时为救济穷人募捐。由于多纳图派对他强烈抗拒，导致冲突和流血，多纳图派要求他们中所有在与帝国士兵作战倒下的人都享有殉道者尊号。

（Julius）——他是公义的罗马大公教会的一位主教——在那次会议中被定了罪。因此在我们看来很显然，这是一次阿里乌派的会议，而那些大公教会的主教都极力反对这次会议。我们想要带走小册子以便仔细讨论那些事，但他不愿意把它交给我们，说不论我们想看里面的什么内容，都只能在那里看。于是我请求他允许我在里面作些记号，因为我承认我有点担心，如果我在必要的时候提出要使用它时，有可能被偷梁换柱。这一点他也不同意。

遭受逼迫是否就能证明是公义的

4.7. 然后他开始坚持要我简洁地回答他的问题：我认为哪一个是义人，是逼迫者还是受逼迫者。我回答说，这个问题提得不恰当，因为有可能两人都是公义的，也有可能是一个义人逼迫一个恶人。此外，一个人遭受逼迫，并不能必然推出他就是义人，尽管这样的事普遍发生。然后，我发现他在这个问题上长时间逗留，目的是强调他的派别因为遭受了逼迫，所以是公义的，于是我问他，他是否认为米兰主教安波罗修是一个义人和基督徒。他当然不得不否认安波罗修是基督徒和义人，否则，他若承认这一点，我们就会直接反驳他说，他〔这个多纳图派的人〕就应该要求他〔安波罗修〕接受二次洗礼。当他不得不承认安波罗修不能被认为是基督徒和义人时，我就提醒他，安波罗修曾遭受多大的逼迫，甚至他的教会都被士兵包围。① 我进一步问，他是否认为马克西米亚努斯（Maximianus）——他从他们迦太基的宗教派别中分裂出来——是基督徒和义人。他只能否认。然后我

---

① 这事发生于米兰主教圣安波罗修与瓦伦提尼安（Valentinian）二世的母亲朱斯提娜（Justina）皇后之间的一场竞争。朱斯提娜是一名阿里乌主义者，她要求安波罗修把他的新大教堂交给阿里乌派。安波罗修拒绝了，他的教众坚定地支持他。在圣周（复活节前一周）职事期间，朱斯提娜派出士兵围困大教堂和主教，会众坚决抵制，在教堂里面防御数日，同时宗教活动继续进行。士兵中大部分都不是阿里乌派，不久就加入礼拜活动中，皇后不得不妥协。最终，和平得以恢复，大教堂仍为大公教徒所有。

又提醒他，此人也遭受了极大的逼迫，他的教会都被夷为平地了。通过这些例子，我努力引导他放弃——如果可能——这样的说辞：遭受逼迫就是基督徒公义的确据。

指控大公教会某项罪过

4.8. 他还讲到，在他们分裂的最初阶段，他的前辈考虑到凯西利亚努斯（Caecilianus）的罪，想要采取某种平和的措施防止分裂，所以他们在马约里努斯（Maiorinus）被任命取代凯西利亚努斯之前，指定了一个人，称为临时主教（interventor）①，暂时管理凯西利亚努斯在迦太基的会众。他说，这位临时主教被我们的人杀死在他的会客厅。我承认，此前他们虽然提出过许多指控，都被我们的人一一反驳，并且对他们提出更多更大的反控，但从未曾听说过这样的事。然而，他讲完此事之后，又开始不断地问，我认为谁是公义的，是杀人者，还是被杀者，似乎他已经证明此事就如他讲述的那样发生过。我说，首先，我们必须考察这是不是真的，任何传说的事若没有确凿证据就相信，总是不适合；其次，即便是真的，也有这样的可能，即两人都同样邪恶，或者甚至可能小恶者杀了那大恶者。事实上，给整个人（totus homo）二次施洗者就可能比只杀死身体的人更有罪。

西尔库塞利奥的罪恶杀戮行径

4.9. 他后来问我的问题当时没有机会提出来，他说，即使是恶人，也不应被基督徒和义人杀死，似乎我们把大公教会里做这些事的人都称为义人。但是这样的话，说说总是很容易，要证实却没那么容易，而他们自己——包括大部分人，只有极少数人例外——主教们、司铎们以及各级教士，继续聚合暴民，最野蛮的人，只要可能，就引

---

① 这个名称是指在主教空缺时管理教区的人。

发众多暴力谋杀甚至屠杀，不仅伤害大公教会成员，甚至有时伤害他们自己的党羽。尽管这些是事实，福尔图尼乌斯却假装不知道他们自己的最无耻行径——他自己比谁都更清楚地知道——坚持要求我举出义人杀死恶人的例子。虽然这与所讨论的问题无关，但我承认，拥有基督徒之名的人，无论在哪里犯这样的罪，都不是好人的作为。然而，为了向他表明什么样的问题才是该问我们的问题，我问他，在他看来以利亚是不是义人，他不可能否认。由此我提醒他，以利亚亲手杀死过多少假先知。① 他看清楚了这里的要点，那个时候义人做这样的事是合法的，他们做这些事有先知的灵引导，上帝的权威许可，上帝当然知道杀人对谁有益处。但是他仍然坚持要我告诉他，新约时代哪个义人杀死过什么人，包括邪恶而不敬的人。

犹大的洗礼和共餐

5.10. 然后我回到前面书信②使用过的论证，希望以此表明，我们不应因他们一些跟随者的恶行而指责他们，他们也不应因在我们中间发现某些类似行为而指责我们。因为你从新约找不出任何例子可以证明义人可能杀任何人；相反，我们主的例子却能证明清白之人对恶人一直保持容忍。那个已经领受他的赎价却背叛他的人，他一直忍受他与其他清白人一起，呆在他身边，直到最后的平安之吻。虽然他并没有对门徒隐瞒，沾染如此大罪的人就在他们中间，但他把他身体和血的第一次圣礼赐给他们时，并没有把这个背叛者排除在外。③ 这个例子对福尔图尼乌斯很有说服力，但他试图指出，在主受难之前，这样与一个恶人同领圣餐对使徒没有伤害，因为他们当时还未领受基督的洗礼，只受了约翰的洗礼。对此，我开始问他，经上为何如此写

---

① 参见《列王纪上》十八章 40 节。
② 参见书信 43。
③ 参见《马太福音》二十六章 20—28 节。

书信44：奥古斯丁致埃莱厄西乌斯等（397年末或398年初）

道："耶稣施洗比约翰还多，其实不是耶稣亲自施洗，乃是他的门徒施洗。"① 他们不曾领受的，如何给予呢？——这是他们（多纳图派）自己特别喜欢提的一个说法；或者基督是以约翰的洗礼来施洗？这里我可以提出许多与福尔图尼乌斯的这个观点相关的其他问题，比如，当约翰被问及主的洗礼时，他回答说主有伴郎，主自己是新郎②。那么请问，新郎能以朋友或仆人的洗礼来施洗吗？此外，如果他们还没有受洗，怎么可能领受圣餐？或者，如果那样，主怎么可能回答彼得——他希望主能给他全身清洗——时说："凡洗过澡的人，只要把脚一洗，全身就干净了"③？因此，完全的洁净并不是以约翰之名，而是以主之名的受洗，只要受洗者与洗礼相匹配。如果他的行为与洗礼不配，那么圣礼不是为他的救赎，而是为他的毁灭而与他永远同在。正当我准备问这些问题时，他自己意识到最好不再问关于主的门徒的洗礼问题，就此打住。

多纳图派幻想遭受大公教会逼迫而感到惊惧

5.11. 然后我们转向另外的讨论，双方都尽各自所能来回辩驳。在谈到的诸多事情中，有一点是说我们的人意图逼迫他们；他对我说，他希望知道在那样的逼迫中我会如何作为，是认同如此残暴的行径，还是完全不认同。我说，上帝看见我们的心——但他们看不见——他们一直在毫无根据地担心这样的逼迫；如果这样的事真的发生了，那必是恶人所为，而他们中有更恶的恶人。但是，即使有什么事违背我们的意愿，甚至不顾我们的抗争（如果我们有能力抗争），那也不是我们脱离大公教会的理由，因为我们已经通晓使徒所教训的要为和平而忍耐，他说："用爱心互相宽容，用和平彼此联络，竭力

---

① 参见《约翰福音》四章1—2节。
② 参见《约翰福音》三章29节。
③ 参见《约翰福音》十三章10节。

247

保守圣灵所赐合而为一的心。"① 我说，他们这些引发宗教分裂的人就没有保守这种和平和忍耐，而他们中那些较为温和的人如今忍受着更大的恶，为了防止这个分裂集团走向更大的分裂，而最初却不愿意为了合一忍受较小的恶。我又说，在古代从未像如今这样充分而有力地传讲合一的和平和忍耐，因为如今是通过主的典范和新约的爱传讲的，不过，众先知和圣贤们虽然一直抵挡百姓的罪，却从不曾试图脱离犹太民族的合一性，也不曾拒绝与他们一同参加当时所使用的宗教礼仪。

二次洗礼是非法的

5.12. 然后不知怎么地开始提到已逝主教格奈士利乌斯（Genethlius），奥勒留（Aurelius）之前的迦太基主教，因为他压制某个为反对多纳图派而颁布的法令，不允许它实施。他们全都称颂他，说他的好话。在他们不断地赞美中，我打断他们问道，如果格奈士利乌斯本人归入他们之手，他们是否会强迫他接受二次洗礼。我说这话时已经站起身，因为时间差不多，我们该走了。对此，这位老人坦率地说，有一个已经确立的惯例，如果有哪个信徒从我们这边转到他们那边，他必须受洗。但可以明显看出，他说这话显得极为勉强，甚至表现出真诚的遗憾。由于他如此公然地叹息他的党羽诸多恶行，表明——就如整个城市为他提供进一步的佐证——他本人完全没有掺和这些行径；他平时也常常以温和的告诫对他的信众讲到这些，让我们不免想到先知以西结的一段经文，文中公然写道，儿子的罪不能归给父亲，父亲的罪也不能归给儿子②，如其所说："为父的灵魂怎样属我，为子的也照样属我；不论哪个灵魂犯罪，犯罪的必死亡。"③ 所

---

① 《以弗所书》四章 2—3 节。
② 参见《以西结书》十八章 20 节。
③ 参见《以西结书》十八章 4 节。

书信44：奥古斯丁致埃莱厄西乌斯等（397年末或398年初）

以我们众人都一致同意，在这样的讨论中，任何一方都不应该把恶人的恶行提出来反对另一方。最后剩下的只有宗派分裂的问题，我再三劝告他要以和平合一的心与我联合，通过仔细考察，共同努力完成对这个如此重大问题的探讨。他温和地说，我们这边只有我一个人寻求这样的结果，其他人并不愿意考察这些事的真相，我就留给他这样的许诺，我会给他带来更多同事，至少十位，愿意以友善、冷静及敬虔之心探讨这个问题——就如我觉得他现在已经在我身上发现并认同的那样。他也许诺他那边会有同样数量的人参与讨论。

以最大的努力寻求基督徒的合一性

6.13. 所以，我藉着主的血敦促并恳求你们，要提醒他记得自己的许诺，要再三坚持要把这已经开始的事推向完成，你们看到，此事快接近终点了。就我所能看到的，要在你们的主教中间找到像这位老人一样如此思想开放又如此善意的人，实属不易。第二天他来拜访我们，我们再次讨论了这个问题。只是因为我必须去任命一位主教①，时间紧迫，无法与他相处更多时间。此外，我已经送信给"天国居民"（Coelicolae）② 的首领，在我们有限的时间允许范围内，要与他谈一次话，因为我们听到他在他们中间引入一种新的洗礼，通过这种渎神行为使许多人误入歧途。所以，当福尔图尼乌斯得知此人要过来，而我们又有另外的任务，就告辞说他有要事，友好而安静地离开了我们。

富有成效的讨论所需要的前提

6.14. 因此在我看来，我们应该在某个小乡村会面，完全避开喧

---

① 福尔图那图斯（Fortunatus），普洛福图鲁斯的继任者，短暂任期后就去世了。
② 这个名称多次出现在霍诺留斯（Honorius）法令中，这个法令用某些惩罚措施来威慑异端，他们若不皈依基督教敬拜上帝，就要受惩罚。

249

闹的人群——人群更多的是妨碍，而不是帮助——然后以真正友好而和平的氛围继续这个在主的帮助下已经开始探讨的极其重要的问题。这样一个地方，应该既没有我们的教会，也没有他们的会众，这个地方的人既属于他的教派，也属于我们的教会，比如提提亚那庄园（Villa Titiana）。如果能在图布西昆（Tubursicum）或塔迦斯特（Thagaste）找到这样一个地方，不论是我提到的，还是其他的，我们要记得手头备有正典书籍，带好双方认为有益的其他文献，然后，把所有其他事搁置一边，不受任何干扰，如果上帝乐意，让我们不惜时间，需要多久就花多久来讨论这个问题，双方都在自己的家里向主祷告，求他帮助，因为基督徒的和平最蒙他喜乐，让我们对这个重大的讨论，这个我们出于如此美好的愿望开始的讨论，得出一个圆满的结论。请写信告诉我，你们和他对这个建议有何意见。

书信 45：奥古斯丁致保利努斯
（约 398 年初）

奥古斯丁请求保利努斯在沉默二年之后给他写信（n.1），并把他不久前听说他（保利努斯）所完成的驳异教徒的书寄给他（n.2）。

阿利比乌斯（Alypius）和奥古斯丁在主内问候最可亲可敬的大人，在基督里可嘉的保利努斯和塞拉西娅（Therasia）：

奥古斯丁对朋友的沉默感到忧伤

1. 自从两位最可爱的弟兄罗马努斯和阿基利斯离开我们到你们那里去，已有两年整，我们没有收到过你的片言只语，不明白你为何沉默如斯。但是我们并不因此疏于给你写信。虽然在其他事上，一个人越是为人所爱，就越值得被人模仿，但在这件事上正好相反。所以，我们越是热切地爱你，就越难以忍受你不给我们写信，我们完全不愿意在这点上效仿你。因此你瞧瞧，我们即使没有你的来信需要回复——我们没有收到你的任何来信——也写个信送去对你的问候，至少发发怨言，但没有任何遗憾。毫无疑问，如果阁下知道你发出的信没有送到我们手上，你会伤心抱怨，反过来也一样，如果我们写给你的信没有送到你手里，我们也伤心抱怨。如果真是那样，那就让我们把抱怨转变为向主祷告，愿他不拒绝给予我们这般的安慰。

索要《驳异教徒》一书

2. 我听说你正在写一本反驳异教徒的书。如果写完了，恳请你不要耽搁，直接把它交给此信的带信人。他是我们亲近之人，我们可以提供充分而确凿的证据表明他在此地享有好名声。他藉着我们请求阁下好心地将他举荐给那些与他有生意往来的人。他担心他的好生意会受到他们反对。至于什么生意，最好让他自己来告诉你，你也可以询问他细节问题，那些事或许困扰着他的心。如果藉着你的帮助，我们可以乐见一位基督徒弟兄的平安，那我们将视之为恩惠，藉着主我们的上帝感谢你最真诚的好意。

书信 46：普布利科拉致奥古斯丁
（约 398 年）

普布利科拉（Publicola）① 向奥古斯丁提出了很多问题，要求他解答。

普布利科拉问候可敬可亲的父亲奥古斯丁主教大人：

经上写道："问你的父亲，他必指示你；问你的长者，他必告诉你。"② 因此我断定，关于我在本信所阐述的问题，我必可以从司铎之口求得法则，同时也指望在其他一些问题上得到指教。我已经分出几个问题，每个问题单独用一个段落陈述，恳请你费心对每个问题按序给予回答。

关于化外人以鬼神起誓的问题

1. 我听说，在阿尔祖格（Arzuges）有个习俗，当化外人签订协议从事护送行李或看护庄稼的工作时，就会在管理边境的什长（decurio）或酋长（tribunus）面前指着他们自己的鬼神（daemones）起誓。各位地主和农场主一般只要收到什长写的信，证明这些人已经这样起誓，就雇用他们护送行李或看护庄稼，似乎他们必是忠心耿耿的人。那些必须经过这个国家的旅行者也雇用这些人，似乎他们是可

---

① 这位信作者显然不是以拉丁语为母语的，他的语言表述聱牙佶屈，遣词造句捉襟见肘，因为词汇有限，行文颇不流畅。
② 《申命记》三十二章 7 节。

靠之人。我心里不免产生一点疑惑，这样一个化外人，通过向鬼神起誓保证他的忠诚，那么接受他的雇主本人，或者雇用他看护的庄稼，或者雇他作向导的旅行者，是否会被他玷污呢？当然，你应该知道，那起誓的化外人接受地主钱财为他看护庄稼，作向导的也从旅行者接受报酬。然而在这两种交易中，除了报酬之外，还有在什长或酋长面前公开起的致命誓言。令我困惑的是，这罪是否玷污接受化外人起誓的人，或者化外人所看护的物。无论如何，即使支付金子或者给予抵押物作担保，这个有罪的起誓总是交易的真实部分。请你明确而清晰地解答我的疑惑，因为如果你的回答模棱两可，我就会陷入比请教你之前更大的困惑。

关于因其不敬起誓的事物

2. 我还听闻，管理我财产的那些管家们也接受化外人向鬼神起的誓，雇用他们来看护庄稼。请你告诉我，如果那些指着自己的鬼神起誓的人来看护我的庄稼，会不会玷污了庄稼，从而一个基督徒在知情下食用这些庄稼，或者出售庄稼赚钱，也就被玷污了？劳驾你回答！

如果不确定是否起誓，该当如何

3. 同样，我从一人口中听说，化外人并没有向管家起誓，但另一人说他向管家起誓了。如果说向管家起誓的人对我说了谎，那我是否仅仅因为这样的耳闻就不应食用这些庄稼，或者仅因耳闻就不能利用它们赚钱？因为经上写着："若有人对你们说：'这是献过祭的物'，就要为那告诉你们的人……不吃。"[①] 这样的情形与献过祭的食物属于同类案例吗？如果是，那我该如何对待这些庄稼，或者如何处

---

① 《哥林多前书》十章 28 节。

理它们的价值?

关于起誓如何确定谁说了真话

4. 这两个人,一个说向管家起誓了,一个说没有起誓,我是否应该追查他们,找出证据证明究竟哪个说了真话,只要这个问题没有查清,就把那些庄稼或者它们的价钱置之不顾?

如果基督徒起这样的恶誓会怎样?

5. 如果起了恶誓的化外人要求那个基督徒管家或掌管边境的什长也向他起誓——就像他自己起的誓一样,是邪恶的誓——以便确保他在看护庄稼一事上守信用,那么是否唯有基督徒被这样的恶誓玷污呢?那些他因之起誓的物是否不受玷污?如果管理边境的是一个异教徒,他以这样的恶誓向化外人保证守信用,那他是否不会玷污他为之起誓的事物?如果我派某人到阿尔朱基,如果允许他从化外人接受那样的异教誓言,那么一个基督徒接受这样的誓言是否不受玷污呢?

祭过鬼神的祭品是否可吃

6. 如果从打谷场上的麦子豆子或榨汁机里的酒油拿出一部分祭了鬼神,而一个基督徒明知此事,是否允许他吃这些食物呢?

7. 一个知情的基督徒是否可以从小树林①拿木头使用?

关于可能祭过偶像的肉

8. 如果有人去市场买了一块未曾祭过鬼神的肉,但他心里产生两个念头,一个认为它祭过鬼神,一个认为它未曾祭过,最后他坚定了未曾祭过的念头,那么他若吃了这块肉,是否犯罪呢?

---

① 许多小树林被异教徒视为神圣之地,里面住着树精和诸如此类的神灵。

对善恶认知不确定的事能否去行?

9. 如果有人行了善,但他不确定此行为是善是恶,因为他虽然在做时确实认为它是善的,但曾经可能认为它是恶的,那会归罪于他吗?

关于被误认为祭过偶像的食物

10. 如果有人说某物祭过偶像,后来又说他撒了谎,而他被认为确实说了谎,那么基督徒基于他所听到的信息,是否可以吃此物,或者出售它并使用赚取的价钱?

必要时能否吃献祭过的食物?

11. 如果某个基督徒赶路时弹尽粮绝,饿了一天两天甚至多日,已经快要撑不住,就在他饥饿难忍,眼看着自己要饿死之时,他看到摆放在偶像前的食物,周围没有其他人,他又无法找到其他食物,那么他是应该饿死,还是应该吃祭过的食物?他应该靠毅力坚持到何时?

关于"与恶人作对"

12. 如果基督徒看到一个化外人或罗马人想要杀他,那这个基督徒是否可以先下手为强,为避免被他们杀,而先杀了他们?或者他尽管没杀他们,但是否可以与其搏斗,把他赶走,因为经上说:"不要与恶人作对?"[1]

13. 如果基督徒因有仇敌的缘故要为自己的财产造一垛墙,他造好墙之后,如果有人利用高墙开始争斗并杀死敌人,那么这个基督徒

---

[1] 《马太福音》五章 39 节。

是否不应该看作杀戮的原因呢?

关于泉水或井水

14. 一口泉或井里扔进了献祭用过的东西,基督徒是否允许饮用里面的水呢?如果庙里有口井,现在废弃了,基督徒是否可以饮用里面的水?如果供奉偶像的庙里有口井或有个泉,没有对它做过任何污秽之事,那么基督徒是否可以取里面的水喝呢?

关于供奉偶像之地的浴池

15. 基督徒是否可以在祭偶像的浴池或温泉洗澡[①]?基督徒是否可以去异教徒在节日洗澡的浴池洗澡,不论是与他们一起,还是不与他们一起?

关于拜祭偶像的浴池

16. 如果异教徒在他们过节时来到坐浴池,并在坐浴池里做崇拜偶像的举止,而基督徒知道这一切,他是否可以下到同一个坐浴池?

关于祭过偶像的肉

17. 如果一个基督徒受邀作客,看到摆在面前的肉,有人告诉他这是祭过偶像的,所以他没吃;但是后来,出于偶然,他看到同样的肉出售并买了,或者邀请他的另一人把它摆在桌上,但他并不知道是同样的肉,吃了,那他是否有罪?

关于异教的蔬菜水果

18. 基督徒在知情的情况下是否可以从供奉偶像的花园或田地或

---

① 罗马许多大型娱乐场所,附带建有洗澡室,里面也设有诸神的龛或坛。

它们的祭司那里购买蔬菜水果并食用?

我所谈到的关于起誓和偶像的问题,我决定把我在主的帮助下所找到的经文陈列在你面前,省得你再费心去搜寻《圣经》;但是如果你在《圣经》里发现有更清楚或更恰当的经文,请务必告诉我。比如,当拉班对雅各说:"亚伯拉罕的神和拿鹤的神。"① 但《圣经》并没有指明是哪一位神;又如,亚比米勒来见以撒,在那里他与那些随他一起去的人起誓②,但《圣经》也没有说这是哪一类誓;再者关于偶像,在《士师记》里耶和华吩咐基甸用他所杀的小公牛献上燔祭③;在《约书亚记》里,耶利哥城嫩的儿子约书亚说,所有金子、银子和铜铁的器皿都要入耶和华的库中,从那个被咒诅的城里找到的东西都被称为圣④;以及《申命记》里说的:"可憎的物,你不可带进家去,不然,你就成了当毁灭的,与那物一样。"⑤

愿主保守你;我向你致敬。请为我祷告。

---

① 《创世记》三十一章 53 节。
② 参见《创世记》二十六章 26—31 节。
③ 参见《士师记》六章 26 节。
④ 参见《约书亚记》六章 19 节。
⑤ 参见《申命记》七章 26 节。

书信 47：奥古斯丁致普布利科拉
（约 398 年）

奥古斯丁回复普布利科拉，开场白说他难以满足普布利科拉的要求（n.1），然后对他提出的一些问题作了解答（n.2－6）。

奥古斯丁在主内问候可敬而可爱的孩子普布利科拉：

奥古斯丁难以满足朋友的要求

1. 读了你的来信，得知你内心的焦虑，我也变得焦虑万分，倒不是因为你所说的困扰你的那些事同样困扰我，而是因为——我承认——如何才能去除你的焦虑这个问题让我感到焦虑，尤其因为你要求我清晰地回答，告诉你明确的答案，免得你陷入比请教我之前更大的困惑之中。事实上，我知道自己无法做到这一点，因为我可以论述在我看来确定无疑的事，但如果我的表述不足以令你信服，那你肯定会比以前更加困惑。我说服自己的方式不一定能说服别人。但思考片刻之后，我还是决定回复你的一些问题，尽管帮助有限，也不负你的深爱。

基督徒是否可以通过信心和敬虔使用假誓

2. 你感到非常困惑的问题之一是，一个人若指着鬼神（daemonium）起誓他必守信用，你是否可以相信他雇用他。首先我希望你想一想，如果有人指着假神起誓他必守信，但却没有守信，你是否认为他犯了两次罪。但是如果他在起了这样的誓之后,守信行事,你是否就会认为他只犯了一个罪,就是指着这样的假神起誓的罪。可以肯定,谁也没有权力指责一个守信用的人。这样说来,因为他不该指着这样的神起誓却这样起誓了;不该违背所起的誓却又违背了,所以他无疑犯了两次罪。因此很显然,虽然他的诺言是指着假神发的,但只要这诺言不是为邪恶目的,而是为善良而合法的目的服务,那么你利用他的诺言(即相信他并雇用他做事),并不分有(socio)他向鬼神起誓的罪,而是分有他遵守信用的好行为。这里的信用,我不是指那些在基督里受洗被称为信徒的人的信心,因为那种信心是完全不同的,与人际间的契约、合同完全不可同日而语。但是毫无疑问,指着假神真诚地起誓,比起向着真神虚假起誓,是更小的罪。因为使人起誓的事物越是神圣,虚假起誓的行为就越是有罪。至于一个崇拜假神的人强迫另一人指着他的假神向他起誓,他是否犯罪,这是另一个问题。当然,这个问题也可以找到证据来解释,比如你自己所提到的,拉班和亚比米亚的例子——如果亚比米亚确实以自己的神起誓,而拉班以拿鹤的神起誓。① 但是,如我说过的,那是另一个问题,若不是有以撒和雅各的例子②,以及其他可以找到的例子,这个问题很可能也会使我困惑。不过现在更让人困惑的是新约里写的话:什么誓都不可起。③ 在我看来,之所以这样说,不是因为真正的起誓是一种罪,而是因为虚假起誓是极恶的罪,所以主告诫我们不可起任何誓,因为他希望我们远离那种罪。我知道你对此似乎有另外的理解,所以目前对此我们不加讨论,而是继续回到你想要解决的问题。正如你自己不起誓——如果你乐意这样——同样,你也不强迫别人起誓。尽管经上说我们不可起誓,但我不记得在圣经里读到过我们不可接受别人

---

① 参见《创世记》三十一章53节。
② 参见《创世记》二十六章26—31节。
③ 参见《马太福音》五章34—36节。

起誓的话。说真的，我们是否可以利用别人彼此之间通过起誓建立起来的和平，这是另外一个问题。如果我们不愿意这样做，我就不知道我们是否能在地上找到可以生存之处，因为和平是通过化外人的誓言得到保障的，不仅边境如此，整个行省亦如此。由此可以得出，不仅得到那些以假神起誓的人保护的庄稼，而且通过合约协议——往往以同样的起誓加以确认——而得到守护的其他一切，都会成为污秽的。如果觉得这样说实在荒谬至极，那就不要被那样的顾虑困扰了。

是否可以使用祭过偶像的物

3. 同样，如果在基督徒知道的情形下，从他的打谷场或酒榨机拿走部分物品去祭鬼神，那么，如果他有能力阻止但没有阻止，任其发生，他就犯了罪；如果他发现事情已经发生，或者他无力阻止，那么他可以放心使用留下的谷物或酒，它们并无污秽，正如我们确切地知道从泉里取了水用于献祭偶像，我们仍然可以使用泉水。同样的原则也适用于沐浴。我们也知道从所有祭坛的焚香飘升的烟都进入空气中，但我们并不停止呼吸空气。由此很清楚，有一事是禁止不能做的，那就是不能使用任何物件荣耀外邦的神祇，也不可接受这样的物件，免得被人认为要使用它们，因为我们虽然内心鄙视它们，却可能会使那些不了解我们内心的人以为我们是在尊崇它们。当庙宇、偶像、园林以及其他诸如此类的事物被授权拆除时，虽然很显然我们参与拆除不是尊崇而是鄙视它们，但我们仍然不应拿走任何东西私用或个人使用，这样才能表明我们拆除它们是出于敬虔，而非贪婪。然而当这些事物为公共目的而非私人或个人用途被拆除时，比如把它们转用于对真上帝的崇拜，对待它们的方式与对待人——当他们抛弃渎神和不敬行径，转向真宗教时——是一样的。我们从你所引用的那些经文可以理解，上帝已经有这样的教导。他命令［基甸］从异教神的小树林里拿来的木头都要作燔祭，又命令所有金子、银子和铜铁的器皿都要入耶和华的库中。① 因此,《申命记》就写道:"他们的金银你不可贪图,也不可收取,免得你因此陷入网罗,这原是耶和华你的上帝所憎恶的。可憎的物,你不可带进家去,不然,你就成了当毁灭的,与那物一样,你要十分厌恶、十分憎嫌,因为这是当毁灭的物。"② 非常清楚,私用这样的物是禁止的,把任何这样的物带回家尊崇也是禁止的;因为这是上帝眼里看为可憎之事,是可咒诅的,只有把它们公开销毁,才能彻底遏制对这些偶像的不敬崇拜。

关于祭偶像的食物

4. 关于祭献偶像的食物,可以确定,我们只要遵循使徒的教训就行。先回忆一下他关于这个问题所说的话,如果它们不是很清晰,我会尽我所能加以解释。一个人先是拒吃祭过偶像的食物,但后来不知情地吃了,他并没有犯罪。任何田地里生长的任何菜蔬和果子都属于创造它们的上帝,因为"地和其中所充满的,都属耶和华"③,而"凡上帝所造的物都是好的"④。但是,如果那田地生长的物被拿来献给偶像,或者在祭献中供奉,那必须认为它成了属偶像的。如果我们相信,那生长在神庙的花园里的菜蔬,我们不可吃,那我们可要小心提防这样的想法:众使徒在雅典不应吃任何食物,因为那个城市属于米涅瓦,把她作守护神崇拜。关于神庙里的井或泉的问题,我也会作这样的回答。不过,如果把祭祀的残留物倒入井里或泉里,那问题会更为严重一点。但是可比照上面我们讲过的关于吸收各种烟的空气的例子,如果说有什么区别,那就是:祭祀的烟混入空气但它不祭空气,只祭某个偶像或鬼神,而祭物倒入水里的行为有时就是对水的崇

---

① 参见《士师记》六章 19 节。
② 参见《申命记》七章 25—26 节。
③ 参见《诗篇》二十三篇 1 节;《哥林多前书》十章 26 节。
④ 《提摩太前书》四章 4 节。

拜。不过可以肯定，我们不会因为崇拜偶像者只要可能就不断地祭拜太阳，就停止使用阳光。甚至还有人祭拜四风的，虽然它们似乎浸淫那些祭祀的烟，但我们仍然充分使用它们。如果有人对事实上未曾祭过偶像的肉有所怀疑，那么只要他确立此肉未曾祭过偶像的观点，然后吃了，他当然没有犯罪，因为它事实上未曾祭过，现在也被认为未曾祭过，即使他原先以为祭过偶像。显然，用正确的观念来纠正错误的观念是正当的。但是，如果有人以为某事是好的，其实却是坏的，然后他做了，那么他那样认为当然是犯罪。凡有人把坏事误以为是好事的，全都是无知之罪。

在何时向何人可以自我防卫

5. 关于为避免被人杀而杀人这一点，我不太赞同[①]，除非杀人者是士兵或公职人员。若是这类人，那他杀人不是为了自己，而是为了别人或者自己的国家，拥有与其公共职务对应的合法权力。甚至那些因恐惧而避免作恶的人，也可以说得到了某种帮助。因此经上说："不要与恶人作对"[②]，免得我们以复仇为乐，那是以别人的痛苦作自己心灵的营养。但我们也不可忽视纠正别人的职责。一个人在自己地产周围筑墙，如果有人撞墙，然后被倒下的墙砸死，那筑墙者并无罪过。如果基督徒的牛踩死了人或者马踢死了人，这个基督徒也无罪过。不然的话，他的牛就不可有角，马不可有蹄，狗不可有齿。同样，按照这样的原则，当保罗小心谨慎地告知百夫长一些亡命之徒为保罗设了陷阱，于是就得到军队护送，如果这些亡命之徒与士兵冲突死了，保罗就得承认对流他们的血负有罪责。如果我们为善良而合法目的所做的事或所拥有的物在我们意愿之外导致某人受伤害，那绝不

---

① 奥古斯丁在《论自由意志》I.5 里对这个问题有更详尽讨论。
② 《马太福音》五章 39 节。

能认为我们应受指责。否则，我们就不该拥有铁制的农具或家具，免得有人用它们杀死自己或别人；我们也不应拥有树木或绳子，免得有人把自己吊死；也不应装窗子，免得有人从窗口跳出去。这样的例子无穷，何须再举？或者说，凡是人可用于正当而合法目的的事物，有哪个不可以被误用于破坏性的目的呢？

紧急情形下基督教是否可以吃属偶像之物

6. 最后，如果我没弄错，要说说那个基督徒旅行者，按你的描述，他极端饥饿，找不到其他食物，只有陈列在偶像前的祭物，周围也无人经过。他是饿死更好呢，还是吃上面所说的食物更好？就这个问题来说，想当然地认为那食物必属于偶像，并不符合逻辑，因为它也有可能是旅行者从路上转到那个地方休息时偶然并有意留在那里，或者出于另外的原因留在那里，所以我只能简洁回答：或者可以确定那食物属于偶像，或者可以确定它不属于偶像，或者不能确定它是否属于偶像。如果可以确定，最好以基督徒的坚毅拒绝它；如果不知道它祭过偶像，或者对此有疑惑，那么在这种极端情形下还是可以食用，不必受任何良心困扰。

书信 48：奥古斯丁致优多克西乌斯
（398 年）

奥古斯丁写信给科西嘉（Corsica）最北部的加普拉利亚（Capraria）岛上一个修道院的院长优多克西乌斯（Eudoxius），劝勉他利用安闲走向敬虔，而不是陷入懒散；如果教会需要他的事奉，不可拒绝（n.1-2）；又提醒他要常求上帝的荣耀（n.3-4）。

奥古斯丁携众弟兄在主内问候最亲爱的大人、最渴念的弟兄、同为司铎的优多克西乌斯：

善好在奥秘身体的各肢体之间扩展

1. 当我们想到你在基督里拥有的安宁生活，即便我们被繁重而琐碎的事务缠身，也在你的爱里找到安息。我们是在同一个头下的同一个身体，因此可以说，你在我们里面忙忙碌碌，我们在你里面无忧无虑，因为"若一个肢体受苦，所有的肢体就一同受苦；若一个肢体得荣耀，所有的肢体就一同快乐"[1]。由此，我们藉着基督最深刻的谦卑和最仁慈的高威，敦促你、恳请你、祈求你，要在你的祷告中记念我们，我们相信你的祷告必是更加警醒，更加谨慎，而我们的祷告常常被俗事之迷雾和混乱所伤害和削弱，似乎我们没有自己的事情，

---

[1] 《哥林多前书》十二章 26 节。

时间全被那些"强迫你走一里路"而主又命令我们"你就同他走二里"① 的人的各种烦杂事务填满，以致我们几乎无法呼吸。但是我们相信，借助于你的祷告，"被囚之人的叹息达到他面前"② 的主——只要我们坚守在他屈尊分派给我们的职位上——必会通过他所应许的报赏释放我们的所有痛苦。

在行动与冥想之间恰当穿行

2. 但是弟兄啊，我们在主里劝告你，要保守你的目标，并坚持到底，如果你的母亲即教会需要你的主动事奉，既不可过分傲慢居高临下地接受她的要求，也不要过分懒怠不屑一顾地拒绝她；而要以温柔的心听从上帝，谦卑地顺从那主宰你的："他必在论断上引领谦卑人，将他的道教训温柔人。"③ 不要偏爱你自己的安逸，不顾教会的需要；否则，如果没有好人来为她服务，你就不可能找到灵命的开始。正如人必须在火与水之间谨慎择路，以便既不被火烧也不被水淹，同样，我们应当在骄傲的顶点与懒怠的旋涡之间开道前行，如经上所写："不要偏向左右。"④ 有些人由于过分担心被带上右边骄傲的最高处，就往下滑，结果在左边被淹；有些人则担心被左边懒怠的安逸所吸引，最终反而被另一边的炫耀显摆所败坏和毁灭，化成烟灰消失。所以，最敬爱的人啊，你必是深爱你的安宁与和平，所以你继续使自己脱离一切属世的快乐；但是你要记住，世上没有哪个地方是魔鬼不能撒布他的网罗的，我们都已是他的俘虏，他就是一切善之仇敌，他最怕我们脱离他的魔爪，飞回到上帝那里；最后，你要想想，

---

① 参见《马太福音》五章41节。
② 参见《诗篇》七十八篇11节。
③ 参见《诗篇》二十四篇9节。
④ 参见《申命记》十七章11节；《箴言》四章27节。

对我们来说没有完全的安息,"直到灾难过去,审判转向公义"①。

常求上帝的荣耀,得好的指导

3. 同样,当你发挥你的能量和热情,无论做什么事,是勤勉地祷告、禁食、施舍,还是捐助穷人,宽恕过犯,"正如上帝在基督里饶恕了你们一样"②,是克服自己的恶习,"攻克自己身,叫身服我"③,还是忍受患难,尤其是在爱里彼此忍耐——不能忍受弟兄的人,能受什么患难呢?——或是抵挡试探者的伎俩和网罗,"拿着信德当盾牌,灭尽那恶者的火箭"④,或是"口唱心和地赞美主"⑤——"无论作什么,都要为荣耀上帝而行"⑥,因为他是"在众人里面运行一切事"⑦的那位,所以要"心里火热"⑧,从而"你的心才会在耶和华主里得夸耀"⑨。这就是正道的方向,"它的眼目时常仰望耶和华,因为他必将你的脚从网里拉出来"⑩。这样的生命之路,不会被繁忙的事务干扰,不会因悠闲清静而变得冷漠,既不喧闹,也会懒散,既不胆大妄为,也不羞怯无为,既不草率鲁莽,也不苟且偷生。"这些事你们都要去行,赐平安的上帝就必与你们同在。"⑪

奥古斯丁希望见谅

4. 冒昧给你写信,请阁下不要视之为无礼。我提醒你这些事,

---

① 《诗篇》五十六篇 2 节与九十三篇 15 节的合成。
② 《以弗所书》四章 32 节。
③ 《哥林多前书》九章 27 节。
④ 参见《以弗所书》六章 16 节。
⑤ 参见《以弗所书》五章 19 节。
⑥ 参见《哥林多前书》十章 31 节。
⑦ 参见《哥林多前书》十二章 6 节。
⑧ 参见《罗马书》十二章 11 节。
⑨ 参见《诗篇》三十三篇 3 节。
⑩ 参见《诗篇》二十四篇 15 节。
⑪ 参见《腓立比书》四章 9 节。

并不是因为我认为你没有做这些事，而是因为我相信，如果你在崇拜上帝时能想到我所说的话，那么我就可能得到你更频繁地向上帝交托。一段时间前，有人给我们带来关于你的生活方式的基督的馨香之气，如今从你那里来的两位弟兄，优斯塔士（Eustasius）和安德烈（Andreas），带来了更多这方面的信息。其中一位即优斯塔士已经先我们进入安息，不再受任何波浪——就如你们岛上的那些波浪——打击。不，他不再为卡普拉里亚叹息，因为他不再寻求麻衣裹体。①

---

① 这个因果从句里包含着双关语。加普拉里亚（Capraria）这个岛最初被发现时遍布野山羊，故得此岛名（caper 就是山羊的意思）。麻衣的拉丁文原是 cilicium，是忏悔时穿的衣服，之所以如此命名是因为它最初就是由西利西亚的羊毛织成的。因此，已在天堂的优斯塔士不再为他的山羊岛叹息，因为他不再需要毛衣了。

书信49：奥古斯丁致荷诺拉图斯
（398年）

奥古斯丁感谢多纳图派主教荷诺拉图斯决定讨论基督教之和平（n.1），他请求通过书信冷静地回答，对于圣经预言要传遍全天下的普世教会（n.2），他为何将其截断为只限于他们多纳图派（n.3）。

大公教主教奥古斯丁致多纳图派主教荷诺拉图斯（Honoratus）：

讨论教会的和平

1. 你屈尊授意埃罗斯（Eros）弟兄——他是我们亲爱之人，也是基督里可嘉之人——说，我们彼此可以通过书信方式展开辩论。这个提议令我非常高兴，这样就不会有嘈杂的人群打扰我们的争论——它本来就应该以完全平静而安宁的心灵从事并展开，如使徒所说："然而主的仆人不可争竞；只要温温和和地待众人，善于教导、存心忍耐，用温柔劝戒那抵挡的人。"① 因此我们简要地把我们希望得到你回答的问题阐明如下。

基督预言教会要遍天下

2. 我们看到，上帝的教会，即被称为大公的教会，就如关于它

---

① 参见《提摩太后书》二章24—25节。

的预言所说的，传遍全世界，所以我们认为，很显然，我们不应怀疑神圣预言已经应验成全了，主甚至在他的福音里确证这预言，众使徒——按照预言，这大公教会藉着他们传向海外——也证实了预言。圣《诗篇》一开头就写到上帝的儿子说："耶和华曾对我说：你是我的儿子，我今日生你。你求我，我就将列国赐你为基业，将地极赐你为田产。"① 主耶稣基督自己也说，他的福音将传遍天下。② 使徒保罗在上帝的道还没传到非洲之前，在他写给罗马人的书信的一开头就说："我们从他受了恩惠并使徒的职分，在万国之中叫人为他的名信服真道。"③ 然后他自己"从耶路撒冷"穿过整个小亚细亚，"直转到以利哩古"④，到处传讲福音，建立教会，但"这原不是我，乃是上帝的恩与我同在"⑤，如他所证实的。我们在他的书信里看到那么多的地名和城市名，还能找到比这些更好的证据吗？他写信给罗马人，给哥林多人，给加拉太人，给以弗所人，以腓立比人，给帖撒罗尼迦人，给歌罗西人；约翰也写信给七个教会⑥，就是建立在那七个地方的教会——我们认为这七个教会就是指教会整体——以弗所、士每拿、别迦摩、推雅推喇、撒狄、非拉铁非、老底嘉。很显然，我们今天与所有那些教会都是合一的，正如很显然你们与那些教会不是合一的一样。

不可把普世教会引向分裂的教派

3. 所以，我们请你不要拒绝回答我们——毫无疑问你是知道原因的——基督为何失去了他遍布天下的产业，突然之间这产业只存在于

---

① 参见《诗篇》二篇 7—8 节。
② 参见《马太福音》二十四章 14 节。
③ 《罗马书》一章 5 节。
④ 《罗马书》十五章 19 节。
⑤ 《哥林多前书》十五章 10 节。
⑥ 参见《启示录》一章 11 节。

非洲人中间，并且也不是所有非洲人。大公教会甚至也存在于非洲，因为上帝希望并预言这教会要遍布全天下。而你的教派，所谓的多纳图派，并非建立在那些众使徒的书信、传讲和活动所渗透的地方。另外你应该知道，而且你也很容易就可以知道，在基督的福音开始传播的所有那些源头之地，既没有多纳图的名字，也没有马卡里乌斯的名字，这样你就不会说我们的教会不是大公教会，而是马卡里乌斯教会。但你不能否认，众所周知，不论你的教会存在于哪里，你的教派就叫多纳图派。那就请你写信给我们，叫我们知道，基督是如何失去他那遍布全天下的教会，而开始只拥有存在于你们中间的教会。证明这一点的重担就落在你身上，因为我们这边有充分的证据让我们看到预言和圣经在全天下成全。我，奥古斯丁，之所以写下这些话，是因为很长时间以来我一直希望能与你交谈，在我看来，由于我们相距很近，我们可以在需要时，藉着上帝的帮助，通过书信毫无妨碍地交流这个问题。

书信50：奥古斯丁致苏菲斯的长官
（约399年）

奥古斯丁写信给苏菲斯（Sufes）的长官，要求解释六十位基督徒死亡之事，并提出可以归还他们的赫尔克勒斯。

主教奥古斯丁致苏菲斯殖民地的长官、首领或长老[①]：

1. 你们的大街上和神殿里血流成河，你们的杀戮者挥舞屠刀声嘶力竭，你们这种臭名昭著的滔天大罪和难以启齿的残暴行径，让天地震惊，令日月变容。罗马的法律被你们埋葬，对正义审判的敬畏被你们踩在脚下践踏。可以肯定，你们对皇帝既没有尊重，也毫无畏惧。我们六十位弟兄无辜的血抛洒在你们中间，而你们的屠杀者只要证明自己杀人多，就得到你们的称颂，在你们的会众中拥有权位。那么，现在让我们来看看这种暴行的主要缘由吧。如果你们说赫尔克勒斯（Hercules）是属于你们的，那我们无论如何都可以把他还给你们；我们有铜，我们不缺石头，还有各类大理石，更有一批工匠随时可用。所以，你们的神可以被细致雕刻出来，打磨得光滑平整，然后对它加以装饰；我们可以加上红土，把它漆成红色[②]，好让你们的祷告

[①] 霍诺留斯（Honorius）皇帝于399年颁布了反偶像的法令。在北非的苏菲斯镇，基督徒把一个赫尔克勒斯雕像推倒并打碎。为了报复，异教徒攻击他们，并杀死了其中六十人，这些人被载入罗马大公教会的殉道者列传，他们殉道的日子是8月30日。
[②] 把雕像漆成红色或朱红色，似乎是罗马的一个习俗，借此实现对古代雕像的模仿。早期雕像是由土陶制成，所以是自然的红色。

拥有真正的圣洁性。如果你们说赫尔克勒斯是你们的神，必须由你们自己创作，那我们可以发起募捐，然后从你们自己的工匠那里为你们买回一个神。我们只有一个条件，把那些被你们残暴夺走的生命还给我们；我们怎样把你们的神赫尔克勒斯还给你们，你们也怎样把那些鲜活的生命还给我们。

译名对照表

人名

Abaddires,阿巴底勒斯
Academicus,学园派
Academos,阿卡德穆
Aeneas,埃涅阿斯
Aeschinus,埃奇努斯
Agilis,阿基利斯
Alaric,阿拉里克
Alypius,阿利比乌斯
Ambrosius,安波罗修
Andreas,安德烈
Antoninus 安托尼努斯
Apollonius of Tyana,台阿纳的阿波罗尼乌斯
Apuleius of Madaura,马道拉的阿普列乌斯
Arcesilas,阿尔克西劳

Argentius,阿尔根提乌斯
Arians,阿里乌派
Asiarch,阿西亚克
Asterius,奥斯特里乌斯
Athanasius,阿塔那修
Atreus,阿特柔斯
Aurelius,奥勒留
Bacchus,巴克斯
Boniface,波尼法士
Caecilianus,凯西利阿努斯
Caelestinus,凯勒斯提努斯
Callippides,卡利庇德斯
Calliope,卡利奥佩
Carneades,卡尔奈亚德
Casulanus,卡苏拉努斯
Celestine,塞莱斯汀
Cicero,西塞罗
Circumcellions,西尔库塞利奥
Chremes,克雷梅斯

译名对照表

Chrysippus，克里西普

Comes，考梅士

Constans，康斯坦士

Constantinus，康士坦丁

Constantius，康士坦丢

Daucus，道库斯

Delphinus，德尔菲努斯

Deogratias，德奥格拉提亚斯

Diogenes，狄奥根尼

Dioscorus，狄奥斯科鲁斯

Domnio，多姆尼奥

Donatists，多纳图派

Grammaticus，格拉马提库斯

Ecdicia，埃克迪西娅

Eleusius，埃莱厄西乌斯

Eros，埃罗斯

Eucaddires，优卡底勒斯

Eudoxius，优多克西乌斯

Eustasius，优斯塔士

Evander，伊凡德

Felician of Musti，穆斯迪的弗利西安

Felix of Aptunga，阿普吞加的弗利克斯

Felixes，弗利克斯

Florentina，福罗莱提娜

Fortunatus，福尔图那图斯

Fortunius，福尔图尼乌斯

Gaius，盖伊乌斯

Genethlius，格奈士利乌斯

Glorius，格罗里乌斯

Hannibal，汉尼拔

Hercules，赫尔克勒斯

Hermogenianus，赫尔摩格尼亚努斯

Hieromymus Jerome，杰罗姆

Hilarinus，希拉里努斯

Honorius，霍诺留斯

Honoratus，荷诺拉图斯

Horace，贺拉斯

Jerome，杰罗姆

Isocrates，艾索克拉底

Julianus，朱利阿努斯

Julius，朱利乌斯

Juno，朱诺

Jupiter，朱庇特

Justina，朱斯提娜

Laetitia，莱提提亚

Lampius，兰姆比乌斯

Licentius，利肯提乌斯

Lucan，卢坎

Lucilla，卢西拉

Lucianus，鲁西亚努斯

Lucilianus，鲁西利亚努斯

Lucinianus，鲁西尼亚努斯
Lucitas，卢西塔斯
Macarius，马卡里乌斯
Maiorinus，马约里努斯
Manicheism，摩尼教
Mantuanus，迈图亚努斯
Maximianus，马克西米亚努斯
Maximus，马克西姆
Medea，美狄亚
Megalius，梅迦利乌斯
Melchiades，梅尔奇亚德
Mensurius，曼苏里乌斯
Micio，米西奥
Minerva，米涅瓦
Mygdo，米格多
Naevius，奈维乌斯
Namphamon，拿姆法蒙
Nebridius，内布利提乌斯
Novatianists，诺瓦提亚努派
Nundinarius，努底那里乌斯
Ovid，奥维德
Romanianus，罗马尼亚努斯
Romanus，罗马努斯
Palinurus，帕利努鲁斯
Parmeno，帕尔梅诺
Parthenius，帕尔塞尼乌斯
Paulina，保利娜

Paulinus，保利努斯
Praesidius，普莱西狄乌斯
Praetextatus of Assur，阿苏尔的普莱泰克斯塔图斯
Primianus，普里米阿努斯
Primus，普里姆斯
Priscillian，普里斯西利安
Proculeianus，普洛库莱亚努斯
Proba，普罗巴
Profuturus，普洛福图鲁斯
Publicola，普布利科拉
Purpurius，普尔普里乌斯
Samsucius，撒姆苏西乌斯
Sanae，萨奈
Sapida，萨庇达
Saturninus，萨图尼努斯
Secundus of Tigisis，提基西斯的塞昆都斯
Silvanus of Cirta，西尔塔的西尔瓦努斯
Simplicianus，辛普利奇
St. Thmas Aquinas，托马斯·阿奎那
Stesichorus，斯特西克鲁斯
Terence，特伦斯
Therasia，塞拉西娅
Thyestes，堤厄斯忒斯

Tubursicum，图布西昆

Tyconius，泰科尼乌斯

Urbicus，乌尔比库斯

Valentinian，瓦伦提尼安

Valerius，瓦勒里乌斯

Venus，维纳斯

Vetustinus，维图斯提努斯

Verecundus，维莱昆都斯

Vesta，维斯塔

Victor，维克多

Zenobius，芝诺比乌斯

Zenophilus，芝诺菲卢斯

地名、民族名

Actiacum，亚克兴

Antiochea，安提阿

Arles 阿尔勒

Asna，阿斯那

Arzuges，阿尔祖格

Autun，奥顿

Aventine，阿文丁山

Avila 阿维拉

Azov，亚述

Barcelona，巴塞罗那

Bordeaux，波尔多

Calama，卡拉马

Campania，坎帕尼

Capraria，加普拉里亚

Caspia，卡斯庇亚

Casius，卡西乌斯

Cirta，西尔塔

Cologne，科隆

Constantina，康斯坦蒂纳

Constantinople，康斯坦丁堡

Corsica，科西嘉

Cyrene，昔勒尼

Dnieper，第涅伯河

Dodona，多多纳

Epirus，伊庇鲁斯

Eridanus，厄里达诺斯

Exampean lake，埃克萨姆派湖

Hypanis，叙帕尼斯

Felix，腓立克斯

Geliza，格利扎

Ister，伊斯特河

Kephisos，克菲索

Liege，列日

Linia，利尼亚

Madaura，马道拉

Madauros，马道罗斯

Milevis，米勒维斯

Molossi，摩罗西亚人

Neuri，奈乌里

Nola，诺拉
Numidia，努米底亚
Palatine，帕拉丁山
Phlegethon，佛勒格顿河
Pindus，品都斯山
Po River，波河
Sarmatia，萨尔玛提亚
Sardica，萨迪卡
Saragossa，撒拉哥沙
Saturnus，萨图努斯
Scythia，西塞亚
Spania，西班尼亚
Sufes，苏菲斯
Talari，塔拉里亚人
Taurus，陶鲁斯
Thagaste，塔迦斯特
Thamugada，塔姆迦达
Turris，图里斯
Vandals，汪达尔人
Villa Titiana，提提亚那庄园

中译者后记

《奥古斯丁书信全集》虽然没有奥斯丁其他作品有名,但信息量之大,涉猎论题之多,跨越时间之长,为其他作品所不可相比。《奥古斯丁书信全集》有独特非凡的意义,是人类历史上极富价值的文献。书信共有三百多封,考虑到篇幅,中译本将前五十封书信作为第1卷,写作时间涵盖公元386年到399年。所有书信都按时间顺序排列,每封书信都以通信者的名字为标题,都有一个简短的内容提要,书信的每一段落都有小标题。

中译本主要依据拉丁文本 Migne, *Patrologia Latina* 33 翻译,参考了以下三个英译本:

1. The Fathers of the Church, A New Translation, vol. 12, Saint Augustine, *Letters*, vol.1, translated by sister Wilfrid Parsons, S. N. D., the Catholic University of America Press, Washington. D. C. 1951, 这个英译本依据的拉丁文本是 *Goldbacher in the Vienna Corpus Scriptorum Ecclesiasticorum Latinorum* (*CSEL*)。

2. Nicene and Post-Nicene Fathers Series 1, vol. 1, Philip Schaff, *Letters of St. Augustine*, translated by the Rev. J. G. Cunningham, M. A., 这个英译本使用的是本笃本的拉丁文(Benedictine edition)。

3. The Works of Saint Augustine, A Translation of 21th Century, *Letters 1-99*, translated and noted by Roland Teske, S. J., editor John E.

Rotelle O. S. A. ，New City Press，Hyde park New York，2001。

中译本采纳 Wilfrid Parsons 修女的英译本导论，翻译时有所删减。这个导论是针对全部书信的一个总序，对奥古斯丁书信的类别、论题、特点、意义以及文风、格式等都作了较为全面的评述，读者可以参考。感谢花威教授为我们提供 Roland Teske 的英译本和 CSEL 拉丁文本。

圣经引文的翻译主要参考和合本，但由于奥古斯丁使用的拉丁文圣经与和合本有出入，故注释里都加了"参见"一词。

书信中涉及大量人名、地名，其中不少无法通过工具书查到，故采取了音译的方式；除了个别常用的英文形式，基本上保留其拉丁文的拼写。

译文中难免有不足与讹误，敬请读者指正。

石敏敏
浙江工商大学
2021 年 2 月